《人民检察院行政诉讼监督规则》
理解与适用

RENMINJIANCHAYUAN XINGZHENG SUSONG JIANDU GUIZE
LIJIE YU SHIYONG

最高人民检察院第七检察厅／编

中国检察出版社

图书在版编目（CIP）数据

《人民检察院行政诉讼监督规则》理解与适用 / 最高人民检察院第七检察厅编. —北京：中国检察出版社，2022.7

ISBN 978-7-5102-2719-6

Ⅰ.①人… Ⅱ.①最… Ⅲ.①行政诉讼—司法监督—法律解释—中国②行政诉讼—司法监督—法律适用—中国 Ⅳ.①D926.34

中国版本图书馆 CIP 数据核字（2022）第 043775 号

《人民检察院行政诉讼监督规则》理解与适用

最高人民检察院第七检察厅　编

责任编辑：	常嘉文
技术编辑：	王英英
封面设计：	曹　晓

出版发行	中国检察出版社
社　　址	北京市石景山区香山南路 109 号（100144）
网　　址	中国检察出版社（www.zgjccbs.com）
编辑电话：（010）86423709	
发行电话：（010）86423726　86423727　86423728	
（010）86423730　86423732	
经　　销	新华书店
印　　刷	河北宝昌佳彩印刷有限公司
开　　本	710mm×960mm　16 开
印　　张	23.25
字　　数	401 千字
版　　次	2022 年 7 月第一版　2025 年 4 月第五次印刷
书　　号	ISBN 978-7-5102-2719-6
定　　价	78.00 元

检察版图书，版权所有，侵权必究
如遇图书印装质量问题本社负责调换

《人民检察院行政诉讼监督规则》理解与适用

编委会

主　　编：张相军

副 主 编：张步洪　齐占洲

编　　委：田　力　罗　箭　张立新　韩成军
　　　　　朱荣力　胡文正　杨冬梅　冯孝科

撰稿人员：（以撰写章节先后为序）
　　　　　闫俊瑛　杨秋梅　张昊天　何　湘
　　　　　何艳敏　胡巧绒　国小丹　王晓丹
　　　　　王　斌　黄金娜　罗志丰　陈　健
　　　　　马　睿

编写说明

修订后的《人民检察院行政诉讼监督规则》(以下简称《规则》)经 2021 年 4 月 8 日最高人民检察院第十三届检察委员会第六十五次会议审议通过,于 9 月 1 日施行。《规则》深入贯彻习近平法治思想,适应新时代人民群众新需求新期盼,全面落实最高人民检察院党组做实行政检察新理念新要求,对 2016 年《人民检察院行政诉讼监督规则(试行)》作出了全面系统的修订。这是行政检察程序规范走向完善的一个里程碑,也是向建党百年华诞和党绝对领导下的人民检察制度创建九十周年的献礼。包括《规则》在内的"四大检察"监督办案规则全部公布,标志着检察法律制度体系进一步完善。

最高人民检察院检察委员会在审议并原则通过《行政诉讼监督规则(修订草案)》时明确要求,第七检察厅要在《规则》颁布施行后组织开展相关业务培训,指导各地检察机关学习掌握并贯彻执行好《规则》,进一步做实行政检察工作。为贯彻落实最高人民检察院检察委员会要求,便于广大检察人员及法律工作者正确理解和适用《规则》,第七检察厅组织参与修订工作的有关同志编写了本书。第一章至第三章由闫俊瑛、杨秋梅、张昊天、何湘编写;第四章由何艳敏、胡巧绒编写;第五章、第六章由国小丹、王晓丹编写;第七章由王斌、黄金娜、罗志丰、陈健编写；第八章、第九章、第十章由马睿编写。张步洪、田力、齐占洲、马睿对初稿进行了审核修改，最后由主编张相军进行统稿和定稿。

本书对每个条文按照【条文主旨】【条文释义】【实务指南】的体例编写，力求阐释准确。当然，一些观点和分析仍有待进一步探讨，欢迎各位读者批评指正，我们将适时予以修正和完善。

编　者

2021 年 12 月

代 序[*]

最高人民检察院党组成员、副检察长　杨春雷

修订后的《人民检察院行政诉讼监督规则》（以下简称《规则》）已经最高人民检察院第十三届检察委员会第六十五次会议审议通过，于2021年9月1日起施行。

一、修订背景和过程

《人民检察院行政诉讼监督规则（试行）》于2016年3月22日经最高人民检察院第十二届检察委员会第四十九次会议审议通过，对检察机关贯彻落实2014年修改的行政诉讼法，规范行政诉讼监督，提高工作质效发挥了重要作用。

中国特色社会主义进入新时代，人民群众对公平正义的需求在行政案件中得到越来越多的体现，推进国家治理体系和治理能力现代化对行政检察工作提出了新的更高的要求。随着司法体制改革深入推进，法律立改废步伐加快，同时最高人民检察院党组确立的"四大检察"全面协调充分发展的法律监督总体布局有效推动了行

---

* 代序由最高人民检察院党组成员、副检察长杨春雷在2021年8月25日"深化行政检察监督，促进案结事了政和"新闻发布会上的通报整理而来，载 https://www.spp.gov.cn/spp/xzssjdgz/xwfbh.shtml。

政检察工作，客观上要求对行政诉讼监督规则作相应的修改、补充和完善。最高人民检察院《2018—2022年检察改革工作规划》《中共中央办公厅关于深化司法责任制综合配套改革的意见》均将修订《人民检察院行政诉讼监督规则（试行）》（以下简称《规则（试行）》）列为一项重要改革任务。

为更好地践行习近平法治思想，满足实践需求，顺应司法规律，修订过程中，我们就重点修订内容进行深入调研，广泛征求中央有关部门、地方检察机关、专家学者等各方面意见，对各方面意见逐一梳理、分析、研究、吸纳，修订后的《规则》最大限度凝聚了各方共识。

二、修订的主要考虑

整个修订工作，严格遵循司法解释的定位，坚持问题导向，力争使《规则》条文具有较强的系统性、针对性和可操作性。

第一，坚持以人民为中心。新时代，人民群众对民主、法治、公平、正义、安全、环境等方面的新需求在行政检察工作中日益凸显，近年来行政诉讼监督案件呈现出数量持续上升、类型分布广泛多样、矛盾集中突出、息诉化解难度大等特点。修订过程中，我们积极回应人民群众对行政检察工作的新需求，依法保障当事人申请监督的权利，努力解决"诉讼程序空转"等人民群众反映强烈的突出问题。

第二，建立独立的行政检察规则体系。《规则（试行）》共三十七条，对一些具体程序问题未作规定，而是在第三十六条规定"适用《人民检察院民事诉讼监督规则（试行）》的相关规定"。在司法实践中，哪些可以适用，哪些完全不能适用，哪些可以部分适用，基层行政检察人员反映难以准确把握，产生了一些困惑甚至争议。为推动"四大检察"全面协调充分发展，基于行政诉讼及行政诉讼监督的自身属性和特点，这次修订采取了制定单独且体例完整的《人民检察院行政诉讼监督规则》的方式，以便为办理行政诉讼监督案件提供明确的规范指引。

第三，落实新时代检察监督新理念。最高人民检察院党组坚持以习近平新时代中国特色社会主义思想为指导，深入贯彻落实习近平法治思想，适应新时代、新要求，提出在办案中监督在监督中办案、精准监督、智慧借助、双赢多赢共赢等一系列检察监督新理念。修订工作坚持以理念更新和变革为引领，注意将精准监督、"穿透式"监督、智慧借助、双赢多赢共赢等理念要求贯穿于总则和行政诉讼监督案件受理、办理、争议化解等各环节。

第四，巩固司法改革成果。随着司法责任制改革和综合配套改革不断深化，全国人大及其常委会相继制定了一些新法律，最高人民法院、最高人民检察院制定了一些新司法解释及规定，对行政诉讼监督工作提出了新要求。特别是2018年检察机关内设机构实施重塑性改革，最高人民检察院党组提出"做实行政检察"以来，行政诉讼监督不断创新发展。修订后的《规则》坚持以改革为主基调，贯彻中央深化司法责任制综合配套改革精神，落实人民检察院组织法、检察官法等新要求,总结、吸收行政非诉执行监督、实质性化解行政争议等专项活动的经验。

三、修订的主要内容

修订后的《规则》共十章一百三十七条。与《规则(试行)》七章三十七条相比,增加了三章一百条。其中,新增"回避""案件管理"两章,将原第五章"对审判程序中审判人员违法行为的监督与对执行活动的监督"分立为两章。归纳起来,主要有以下几个方面:

(一)畅通司法救济渠道,保障当事人的程序权利

一是明确申请监督期限起算点。申请监督期限的起算点,由原来的"人民法院作出驳回再审申请裁定之日"修改为"送达之日",解决了作出日期与送达日期存在时间差,行政诉讼监督期限起算点设置不合理的问题。

二是严格办案期限。原则上,行政诉讼监督案件应当在三个月内审查终结并作出决定。有需要调查核实、实质性化解行政争议等特殊情况的,经检察长批准后可以延长。同时,对中止审查的,在中止审查的原因消除后,应当及时恢复审查,严防无故拖延办案时限。

三是规范听证程序。修订后的《规则》单设一节专门规定听证程序,进一步规范了听证的条件、范围和步骤。增加听取听证员意见的评议环节,评议意见既是监督意见,又是专家意见,是人民检察院审查案件的重要参考。

（二）践行精准监督理念，提升办案质效

一是建立繁简分流制度。在总则中明确，办理行政诉讼监督案件，实行繁简分流，繁案精办、简案快办。新增一节规定简易案件办理程序，规定简易案件的审查终结报告、审批程序应当简化。

二是完善调查核实制度。进一步明确调查核实适用条件，丰富调查核实内容，完善对妨碍调查核实的处置措施。比如新增对于"被诉行政行为及相关行政行为可能违法的""行政相对人、权利人合法权益未得到依法实现的"情形，可以调查核实；对于拒绝或妨碍人民检察院调查核实的，人民检察院向有关单位或者其上级主管机关提出检察建议，责令纠正，必要时可以通报同级政府、监察机关。

三是新增智慧借助和类案检索。在总则中新增智慧借助原则，在审查一章中规定，对于事实认定、法律适用的重大疑难复杂问题，听取专家意见的具体方式。同时，增加规定，办案中应当全面检索相关案例，并在审查终结报告中作出说明。

四是进一步明确抗诉条件。将"人民检察院调查取得的证据"列入新证据的范围；围绕证据证明力及其审查判断，修改完善对"认定事实的主要证据不足"的认定标准；将"导致原判决、裁定结果确有错误"作为"适用法律、法规确有错误"的要件，同时将"违背法律、法规的立法目的和基本原则"增加为"适用法律、法规确有错误"的情形之一。

(三)落实司法责任制,完善案件办理程序

一是增加检察官异议程序。增加办理行政诉讼监督案件实行司法责任制的要求,改变原来"承办人承办—部门负责人审核—检察长(检察委员会)审批决定"的办案机制,建立完善办理行政诉讼监督案件的办案组织形式,改革讨论和审核案件程序;检察官认为检察长决定错误的,在执行的同时,可以提出异议。

二是完善再审检察建议备案和监督程序。明确检察机关在提出再审检察建议之日起五日内将《再审检察建议书》及审查终结报告等案件材料报上一级检察院备案。同时,加强上级检察机关对再审检察建议的监督,增加规定上级检察院认为再审检察建议错误或不当的,指令下级撤回或变更的程序。

三是明确跟进监督程序。完善对抗诉的跟进监督机制,包括督促、审判程序违法行为监督、再次提出抗诉等方式,避免"一抗了之",落实监督责任。

(四)新增实质性化解行政争议,促进案结事了政和

针对行政诉讼程序空转的突出问题,将推动实质性化解行政争议作为行政诉讼监督办案的一个重要目标,并在修订后的《规则》第一章"总则"第二条中予以明确。同时,对2019年10月以来开展的"加强行政检察监督,促进行政争议实质性化解"专项活动经验进行了总结、提炼,增加第六条规定实质性化解行政争议的原则、方式等,进一步明确行政诉讼监督案件"一案三查"的办理思路。

（五）加强穿透式监督，促进法治政府建设

新增专项监督和类案监督方式。基于完善监督方式，强化监督职责，深化监督作用，促进解决行政诉讼中存在的共性问题的考虑，增加人民检察院针对行政诉讼监督中的普遍性问题或者突出问题，组织开展某一领域或者某一方面的专项监督工作，和针对多起案件中的同类问题开展类案监督的规定，这是检察机关发挥"一手托两家"职能，积极参与社会治理的重要体现。

（六）自觉接受监督，实现双赢多赢共赢

一是明确听取审判人员、执行人员意见。在通过阅卷以及调查核实难以认定有关事实的情形下，检察机关可以听取审判、执行人员的意见，全面了解案件审判、执行的相关事实和理由。

二是增加规定人民检察院应当积极督促和支持人民法院落实检察建议，建立完善人民法院的异议及处理程序，形成与法院的良性互动，实现双赢多赢共赢。

《规则》是规范行政检察职能运行的"总章程"。下一步，我们要深入贯彻习近平法治思想，全面落实《中共中央关于加强新时代检察机关法律监督工作的意见》，持续抓好《规则》的学习贯彻，使广大行政检察人员熟悉、掌握和运用好《规则》的各项规定，进一步提升办案质效和规范化水平，为"四大检察"全面协调充分发展，助力国家治理体系和治理能力现代化贡献行政检察力量。

凡 例

本书凡属国家法律的，均简称"某法"，不加书名号。例如，《中华人民共和国行政诉讼法》简称为行政诉讼法、《中华人民共和国民事诉讼法》简称为民事诉讼法、《中华人民共和国人民检察院组织法》简称为人民检察院组织法。

对于本书出现较多的司法解释或司法解释性文件使用缩略语。例如，2021年9月1日施行的《人民检察院行政诉讼监督规则》，简称《规则》。2016年4月15日施行的《人民检察院行政诉讼监督规则（试行）》，简称2016年《行政诉讼监督规则》。2013年11月18日施行的《人民检察院民事诉讼监督规则（试行）》，简称2013年《民事诉讼监督规则》。

目 录

人民检察院行政诉讼监督规则 …………………………… 1

《人民检察院行政诉讼监督规则》理解与适用 …………… 27

附 录

《人民检察院行政诉讼监督规则》的理解与适用
………………………… 张相军 张步洪 马 睿 223

修订后《人民检察院行政诉讼监督规则》重点条文解读
………………………… 张相军 张步洪 马 睿 234

中华人民共和国行政诉讼法 ……………………………… 247

中华人民共和国民事诉讼法 ……………………………… 264

人民检察院民事诉讼监督规则 …………………………… 308

人民检察院检察建议工作规定 …………………………… 331

最高人民检察院关于做好《人民检察院行政诉讼监督规则》
　施行衔接工作的通知 ………………………………… 337

《人民检察院行政诉讼监督规则》理解与适用

第一章 总 则

第一条 ··· 27
　　[条文主旨] 本条是关于《规则》制定目的和依据的规定 ········ 27

第二条 ··· 30
　　[条文主旨] 本条是关于人民检察院依法独立行使检察权原则和行政诉讼监督任务的规定 ········ 30

第三条 ··· 32
　　[条文主旨] 本条是关于监督范围和监督方式的规定 ········ 32

第四条 ··· 34
　　[条文主旨] 本条是关于行政诉讼监督原则的规定 ········ 34

第五条 ··· 37
　　[条文主旨] 本条是关于行政诉讼监督实行繁简分流、强化智慧借助的规定 ········ 37

第六条 ··· 38
　　[条文主旨] 本条是关于开展行政争议实质性化解工作方式方法的规定 ········ 38

第七条 ··· 40
　　[条文主旨] 本条是关于检察机关受理、办理、管理行政诉讼监督案件的内部工作分工的规定 ········ 40

第八条 ·· 41
    [条文主旨] 本条是关于人民检察院在办理行政诉讼监督案件中落实司法责任制的规定 ·· 41

第九条 ·· 43
    [条文主旨] 本条是关于在行政诉讼监督中检察机关办案组织设置的规定 ·· 43

第十条 ·· 44
    [条文主旨] 本条是关于办理行政诉讼监督案件中人民检察院领导体制的规定 ·· 44

第十一条 ·· 46
    [条文主旨] 本条是关于列席人民法院审判委员会会议的规定 ········ 46

第十二条 ·· 47
    [条文主旨] 本条是关于检察人员办案纪律的规定 ················ 47

第二章　回　避

第十三条 ·· 49
    [条文主旨] 本条是关于回避适用情形的规定 ···················· 49

第十四条 ·· 51
    [条文主旨] 本条是关于检察人员自行回避的规定 ················ 51

第十五条 ·· 52
    [条文主旨] 本条是关于当事人申请回避的规定 ·················· 52

第十六条 ·· 53
    [条文主旨] 本条是关于回避决定的规定 ························ 53

第十七条 ·· 53
    [条文主旨] 本条是关于对回避申请的决定程序以及复议的规定 ······ 53

第三章 受 理

第十八条 ·· 55
　[条文主旨] 本条是关于行政诉讼监督案件受理途径的规定 ·········· 55

第十九条 ·· 57
　[条文主旨] 本条是关于当事人申请监督的情形的规定 ················ 57

第二十条 ·· 60
　[条文主旨] 本条是关于当事人申请监督期限的规定 ··················· 60

第二十一条 ··· 62
　[条文主旨] 本条是关于当事人向人民检察院申请监督时应当提交的
　　　　　　材料以及材料不齐备的法律后果的规定 ·················· 62

第二十二条 ··· 64
　[条文主旨] 本条是关于监督申请书内容的规定 ························ 64

第二十三条 ··· 66
　[条文主旨] 本条是关于身份证明的规定 ································· 66

第二十四条 ··· 67
　[条文主旨] 本条是关于申请人提交的相关法律文书的规定 ·········· 67

第二十五条 ··· 67
　[条文主旨] 本条是关于委托代理人的规定 ······························ 67

第二十六条 ··· 68
　[条文主旨] 本条是关于当事人申请监督受理条件的规定 ············· 68

第二十七条 ··· 70
　[条文主旨] 本条是关于检察机关不予受理情形的规定 ················ 70

目 录

第二十八条 ·· 74

[条文主旨] 本条是关于受理当事人对生效判决、裁定、调解书申请监督的检察机关级别和部门的规定 ··················· 74

第二十九条 ·· 75

[条文主旨] 本条是关于人民检察院对审判人员存在违法行为、执行活动存在违法情形监督申请的受理级别和部门的规定····· 75

第三十条 ·· 76

[条文主旨] 本条是关于对人民检察院不依法受理当事人监督申请的救济途径的规定 ··································· 76

第三十一条 ·· 76

[条文主旨] 本条是关于负责控告申诉检察的部门对监督申请审查处理的规定 ·· 76

第三十二条 ·· 77

[条文主旨] 本条是关于负责控告申诉检察的部门受理程序的规定····· 77

第三十三条 ·· 78

[条文主旨] 本条是关于移送案件材料的规定 ······················ 78

第三十四条 ·· 79

[条文主旨] 本条是关于当事人以外的公民、法人和其他组织控告的规定 ·· 79

第三十五条 ·· 80

[条文主旨] 本条是关于交办涉及行政诉讼监督的信访案件的规定····· 80

第三十六条 ·· 81

[条文主旨] 本条是关于依职权监督情形的规定 ···················· 81

第三十七条 ·· 83

[条文主旨] 本条是关于负责案件管理的部门受理案件的规定 ········ 83

第三十八条 ……………………………………………………… 84

　　[条文主旨] 本条是关于受理行政诉讼监督案件的登记、审查、移送以及法律文书制作与发送的规定 ……………………………… 84

第四章　审　查

第一节　一般规定

第三十九条 ……………………………………………………… 85

　　[条文主旨] 本条是关于行政诉讼监督案件审查部门的规定 …… 85

第四十条 ………………………………………………………… 86

　　[条文主旨] 本条是关于行政诉讼案件分案的规定 ……………… 86

第四十一条 ……………………………………………………… 87

　　[条文主旨] 本条是关于上级人民检察院交办案件的规定 ……… 87

第四十二条 ……………………………………………………… 88

　　[条文主旨] 本条是关于行政诉讼监督案件提办、指办的规定 … 88

第四十三条 ……………………………………………………… 89

　　[条文主旨] 本条是关于行政诉讼监督案件审查范围和内容的规定 … 89

第四十四条 ……………………………………………………… 90

　　[条文主旨] 本条是关于人民检察院在审查案件过程中收到证据材料应出具收据的规定 ……………………………………………… 90

第四十五条 ……………………………………………………… 90

　　[条文主旨] 本条是关于被诉行政机关以外的当事人向人民检察院申请调取证据的规定 …………………………………………… 90

第四十六条 ……………………………………………………… 91

　　[条文主旨] 本条是关于告知回避权利的规定 …………………… 91

目 录

第四十七条 ·· 92
    [条文主旨] 本条是关于听取意见、调查核实的规定 ········ 92

第四十八条 ·· 93
    [条文主旨] 本条是关于听取当事人意见的方式和内容的规定 ········ 93

第四十九条 ·· 94
    [条文主旨] 本条是关于调阅人民法院诉讼卷宗和执行卷宗的规定 ··· 94

第五十条 ·· 96
    [条文主旨] 本条是关于听取专家意见的规定 ············ 96

第五十一条 ·· 97
    [条文主旨] 本条是关于案例检索的规定 ··············· 97

第五十二条 ·· 98
    [条文主旨] 本条是关于承办检察官制作审查终结报告的规定 ········ 98

第五十三条 ·· 99
    [条文主旨] 本条是关于案件讨论和审核程序的规定 ········ 99

第五十四条 ·· 100
    [条文主旨] 本条是关于检察长或者检察委员会决定程序的规定 ········ 100

第五十五条 ·· 101
    [条文主旨] 本条是关于行政诉讼监督案件审结后决定方式的规定 ········ 101

第五十六条 ·· 104
    [条文主旨] 本条是关于行政诉讼监督案件审查期限的规定 ········ 104

第五十七条 ·· 105
    [条文主旨] 本条是关于人民检察院司法警察执行职务的规定 ······ 105

第二节 调查核实

第五十八条 …………………………………………………………………… 105
　　[条文主旨] 本条是关于人民检察院调查核实适用条件的规定 …… 105

第五十九条 …………………………………………………………………… 107
　　[条文主旨] 本条是关于人民检察院向审判、执行人员听取意见的
　　规定 …………………………………………………………………… 107

第六十条 ……………………………………………………………………… 108
　　[条文主旨] 本条是关于调查核实措施的规定 …………………… 108

第六十一条 …………………………………………………………………… 109
　　[条文主旨] 本条是关于人民检察院向银行业金融机构调查核实以及
　　检察技术人员审查技术性证据的规定 …………………………… 109

第六十二条 …………………………………………………………………… 110
　　[条文主旨] 本条是关于人民检察院对专门性问题咨询以及鉴定、
　　评估、审计的规定 ………………………………………………… 110

第六十三条 …………………………………………………………………… 111
　　[条文主旨] 本条是关于勘验物证或者现场的规定 ……………… 111

第六十四条 …………………………………………………………………… 112
　　[条文主旨] 本条是关于调查核实决定程序的规定 ……………… 112

第六十五条 …………………………………………………………………… 112
　　[条文主旨] 本条是关于调查核实程序问题的规定 ……………… 112

第六十六条 …………………………………………………………………… 113
　　[条文主旨] 本条是关于指令和委托调查程序的规定 …………… 113

第六十七条 …………………………………………………………………… 114
　　[条文主旨] 本条是关于被调查人协助调查义务和对妨碍调查核实的
　　处置措施的规定 …………………………………………………… 114

第三节 听 证

第六十八条 ··· 114
　　[条文主旨] 本条是关于听证范围的规定 ······················ 114

第六十九条 ··· 115
　　[条文主旨] 本条是关于听证人员的规定 ······················ 115

第七十条 ·· 116
　　[条文主旨] 本条是关于听证准备工作的规定 ··············· 116

第七十一条 ··· 117
　　[条文主旨] 本条是关于听证纪律的规定 ······················ 117

第七十二条 ··· 118
　　[条文主旨] 本条是关于组织听证以及全程录音录像的规定 ········ 118

第七十三条 ··· 118
　　[条文主旨] 本条是关于听证内容的规定 ······················ 118

第七十四条 ··· 119
　　[条文主旨] 本条是关于听证流程的规定 ······················ 119

第七十五条 ··· 120
　　[条文主旨] 本条是关于听证笔录制作、听证评议、听证意见效力的
　　　　　　　规定 ·· 120

第七十六条 ··· 121
　　[条文主旨] 本条是关于听证秩序的规定 ······················ 121

第四节 简易案件办理

第七十七条 ··· 121
　　[条文主旨] 本条是关于简易案件范围的规定 ··············· 121

第七十八条 ··· 122
　　[条文主旨] 本条是关于简易案件审查方式和转化规则的规定 ······ 122

第七十九条 ··· 123
　　[条文主旨] 本条是关于简案快办的规定 ··· 123

第五节 中止审查和终结审查

第八十条 ··· 123
　　[条文主旨] 本条是关于中止审查的规定 ··· 123

第八十一条 ··· 125
　　[条文主旨] 本条是关于终结审查的规定 ··· 125

第五章 对生效行政判决、裁定、调解书的监督

第一节 一般规定

第八十二条 ··· 127
　　[条文主旨] 本条是关于"有新的证据，足以推翻原判决、裁定"的认定标准的规定 ··· 127

第八十三条 ··· 129
　　[条文主旨] 本条是关于"认定事实的主要证据不足"的认定标准的规定 ·· 129

第八十四条 ··· 132
　　[条文主旨] 本条是关于"适用法律、法规确有错误"认定标准的规定 ·· 132

第八十五条 ··· 134
　　[条文主旨] 本条是关于"违反法律规定的诉讼程序，可能影响公正审判"认定标准的规定 ··· 134

第八十六条 ……………………………………………………………… 137

 [条文主旨] 本条是关于"审判组织的组成不合法"认定标准的规定 …………………………………………………………… 137

第八十七条 ……………………………………………………………… 138

 [条文主旨] 本条是关于"违反法律规定,剥夺当事人辩论权"认定标准的规定 …………………………………………………… 138

第二节 提出再审检察建议和提请抗诉、提出抗诉

第八十八条 ……………………………………………………………… 141

 [条文主旨] 本条是关于提出再审检察建议案件范围的规定 …… 141

第八十九条 ……………………………………………………………… 144

 [条文主旨] 本条是关于适用再审检察建议例外情形的规定 …… 144

第九十条 ………………………………………………………………… 145

 [条文主旨] 本条是关于应当提请抗诉案件范围的规定 ………… 145

第九十一条 ……………………………………………………………… 147

 [条文主旨] 本条是关于对同级人民法院作出的行政调解书监督的规定 ……………………………………………………… 147

第九十二条 ……………………………………………………………… 148

 [条文主旨] 本条是关于再审检察建议制作、发送、备案以及撤回、变更的规定 ………………………………………………… 148

第九十三条 ……………………………………………………………… 150

 [条文主旨] 本条是关于提请抗诉报告书制作及发送的规定 …… 150

第九十四条 ……………………………………………………………… 150

 [条文主旨] 本条是关于抗诉条件及跟进监督的规定 …………… 150

第九十五条 ·· 153
 [条文主旨] 本条是关于抗诉书制作及发送的规定 ················· 153

第九十六条 ·· 154
 [条文主旨] 本条是关于行政裁判结果监督案件不支持监督申请
     决定书的制作及发送的规定 ································ 154

第九十七条 ·· 155
 [条文主旨] 本条是关于人民检察院向行政机关提出审查建议的
     规定 ··· 155

第三节 出席法庭

第九十八条 ·· 157
 [条文主旨] 本条是关于人民检察院派员出席抗诉案件再审法庭和
     指令下级人民检察院出席抗诉案件再审法庭的规定 ··· 157

第九十九条 ·· 159
 [条文主旨] 本条是关于检察人员出席抗诉案件再审法庭准备工作的
     规定 ··· 159

第一百条 ·· 160
 [条文主旨] 本条是关于检察人员出席再审法庭任务的规定 ········ 160

第一百零一条 ··· 161
 [条文主旨] 本条是关于维护出庭秩序的规定 ····························· 161

第一百零二条 ··· 162
 [条文主旨] 本条是关于检察人员出席再审检察建议案件再审法庭和
     人民监督员旁听再审案件的规定 ························· 162

第六章　对行政审判程序中审判人员违法行为的监督

第一百零三条 ··· 164
　　[条文主旨]　本条是关于对行政审判程序及审判人员监督范围的
　　　　　　　　规定 ··· 164

第一百零四条 ··· 166
　　[条文主旨]　本条是关于对行政审判程序违法的监督情形的规定 ··· 166

第一百零五条 ··· 176
　　[条文主旨]　本条是关于对行政审判人员违法行为的监督情形的
　　　　　　　　规定 ··· 176

第一百零六条 ··· 177
　　[条文主旨]　本条是关于审判违法监督检察建议的制作和发送的
　　　　　　　　规定 ··· 177

第一百零七条 ··· 178
　　[条文主旨]　本条是关于对审判违法监督案件不支持监督申请决定的
　　　　　　　　制作及发送的规定 ····································· 178

第七章　对行政案件执行活动的监督

第一百零八条 ··· 179
　　[条文主旨]　本条是关于对人民法院行政案件执行活动实行法律监督
　　　　　　　　的原则规定 ··· 179

第一百零九条 ··· 181
　　[条文主旨]　本条是关于人民检察院对人民法院执行裁定、决定等
　　　　　　　　实施监督的规定 ······································· 181

第一百一十条 ··· 189
　　[条文主旨]　本条是关于人民检察院对执行实施措施进行监督的

规定 …………………………………………………………… 189

第一百一十一条 ……………………………………………………… 191

　　[条文主旨] 本条是关于人民检察院对人民法院不履行或者怠于履行执行职责情形实施监督的规定 …………………………… 191

第一百一十二条 ……………………………………………………… 196

　　[条文主旨] 本条是关于要求人民法院说明案件执行情况的规定 … 196

第一百一十三条 ……………………………………………………… 198

　　[条文主旨] 本条是关于执行监督检察建议的决定程序、发送、告知等的引致性适用规定 …………………………………… 198

第一百一十四条 ……………………………………………………… 200

　　[条文主旨] 本条是关于不支持监督申请决定书作出及发送的规定… 200

第一百一十五条 ……………………………………………………… 201

　　[条文主旨] 本条是关于人民法院执行人员违法行为监督参照适用的规定 …………………………………………………………… 201

第八章　案件管理

第一百一十六条 ……………………………………………………… 203

　　[条文主旨] 本条是关于案件管理部门对行政诉讼监督案件管理的总体规定 …………………………………………………… 203

第一百一十七条 ……………………………………………………… 204

　　[条文主旨] 本条是关于案件管理部门对法律文书实施监督管理的规定 …………………………………………………………… 204

第一百一十八条 ……………………………………………………… 204

[条文主旨] 本条是关于案件管理部门对行政诉讼监督案件办理活动的监督情形和程序的规定 ………………………… 204

第九章 其他规定

第一百一十九条 …………………………………………………… 207
  [条文主旨] 本条是关于人民检察院对人民法院的类案监督和对有关单位提出检察建议的规定 ………………………… 207

第一百二十条 ………………………………………………………… 208
  [条文主旨] 本条是关于检察建议数量的规定 ……………… 208

第一百二十一条 ……………………………………………………… 209
  [条文主旨] 本条是关于制发行政诉讼监督年度报告或者专题报告的规定 ………………………………………………… 209

第一百二十二条 ……………………………………………………… 210
  [条文主旨] 本条是关于组织开展专项监督活动的规定 …… 210

第一百二十三条 ……………………………………………………… 211
  [条文主旨] 本条是关于案件线索移送的规定 ……………… 211

第一百二十四条 ……………………………………………………… 211
  [条文主旨] 本条是关于监督结果审查的规定 ……………… 211

第一百二十五条 ……………………………………………………… 212
  [条文主旨] 本条是关于跟进监督与接续监督的规定 ……… 212

第一百二十六条 ……………………………………………………… 213
  [条文主旨] 本条是关于向上一级人民检察院请示的规定 … 213

第一百二十七条 ……………………………………………………… 215
  [条文主旨] 本条是关于撤回或者变更监督意见的规定 …… 215

第一百二十八条 ··· 215
    [条文主旨]　本条是关于人民法院异议的处理程序的规定 ············ 215

第一百二十九条 ··· 216
    [条文主旨]　本条是关于行政诉讼监督法律文书格式的规定 ········ 216

第一百三十条 ··· 217
    [条文主旨]　本条是关于法律文书送达的规定 ···························· 217

第一百三十一条 ··· 217
    [条文主旨]　本条是关于法律文书补正的规定 ···························· 217

第一百三十二条 ··· 218
    [条文主旨]　本条是关于行政诉讼监督案件立卷的规定 ··············· 218

第一百三十三条 ··· 218
    [条文主旨]　本条是关于案件受理费和相关费用的规定 ··············· 218

第一百三十四条 ··· 219
    [条文主旨]　本条是关于对行政相对人实施司法救助和社会救助的
              规定 ··· 219

第十章　附　则

第一百三十五条 ··· 220
    [条文主旨]　本条是关于适用《民事诉讼监督规则》的规定 ········ 220

第一百三十六条 ··· 221
    [条文主旨]　本条是关于适用《人民检察院检察建议工作规定》的
              规定 ··· 221

第一百三十七条 ··· 222
    [条文主旨]　本条是关于施行时间的规定 ···································· 222

人民检察院行政诉讼监督规则

（2021年4月8日最高人民检察院第十三届检察委员会第六十五次会议通过　2021年7月27日最高人民检察院公告公布　自2021年9月1日起施行　高检发释字〔2021〕3号）

目　录

第一章　总　则
第二章　回　避
第三章　受　理
第四章　审　查
　第一节　一般规定
　第二节　调查核实
　第三节　听　证
　第四节　简易案件办理
　第五节　中止审查和终结审查
第五章　对生效行政判决、裁定、调解书的监督
　第一节　一般规定
　第二节　提出再审检察建议和提请抗诉、提出抗诉
　第三节　出席法庭
第六章　对行政审判程序中审判人员违法行为的监督
第七章　对行政案件执行活动的监督
第八章　案件管理
第九章　其他规定
第十章　附　则

《人民检察院行政诉讼监督规则》理解与适用

第一章 总 则

第一条 为了保障和规范人民检察院依法履行行政诉讼监督职责，根据《中华人民共和国行政诉讼法》《中华人民共和国民事诉讼法》《中华人民共和国人民检察院组织法》和其他有关规定，结合人民检察院工作实际，制定本规则。

第二条 人民检察院依法独立行使检察权，通过办理行政诉讼监督案件，监督人民法院依法审判和执行，促进行政机关依法行使职权，维护司法公正和司法权威，维护国家利益和社会公共利益，保护公民、法人和其他组织的合法权益，推动行政争议实质性化解，保障国家法律的统一正确实施。

第三条 人民检察院通过提出抗诉、检察建议等方式，对行政诉讼实行法律监督。

第四条 人民检察院对行政诉讼实行法律监督，应当以事实为根据，以法律为准绳，坚持公开、公平、公正，依法全面审查，监督和支持人民法院、行政机关依法行使职权。

第五条 人民检察院办理行政诉讼监督案件，应当实行繁简分流，繁案精办、简案快办。

人民检察院办理行政诉讼监督案件，应当加强智慧借助，对于重大、疑难、复杂问题，可以向专家咨询或者组织专家论证，听取专家意见建议。

第六条 人民检察院办理行政诉讼监督案件，应当查清案件事实、辨明是非，综合运用监督纠正、公开听证、释法说理、司法救助等手段，开展行政争议实质性化解工作。

第七条 负责控告申诉检察、行政检察、案件管理的部门分别承担行政诉讼监督案件的受理、办理、管理工作，各部门互相配合，互相制约。

当事人不服人民法院生效行政赔偿判决、裁定、调解书的案件，由负责行政检察的部门办理，适用本规则规定。

第八条 人民检察院办理行政诉讼监督案件，由检察官、检察长、检察委员会在各自职权范围内对办案事项作出决定，并依照规定承担相应司法责任。

检察官在检察长领导下开展工作。重大办案事项，由检察长决定。检察长可以根据案件情况，提交检察委员会讨论决定。其他办案事项，检察长可以自行决定，也可以委托检察官决定。

本规则对应当由检察长或者检察委员会决定的重大办案事项有明确规定的,依照本规则的规定;本规则没有明确规定的,省级人民检察院可以制定有关规定,报最高人民检察院批准。

以人民检察院名义制发的法律文书,由检察长签发;属于检察官职权范围内决定事项的,检察长可以授权检察官签发。

重大、疑难、复杂或者有社会影响的案件,应当向检察长报告。

第九条 人民检察院办理行政诉讼监督案件,根据案件情况,可以由一名检察官独任办理,也可以由两名以上检察官组成办案组办理。由检察官办案组办理的,检察长应当指定一名检察官担任主办检察官,组织、指挥办案组办理案件。

检察官办理行政诉讼监督案件,可以根据需要配备检察官助理、书记员、司法警察、检察技术人员等检察辅助人员。检察辅助人员依照有关规定承担相应的检察辅助事务。

第十条 最高人民检察院领导地方各级人民检察院和专门人民检察院的行政诉讼监督工作,上级人民检察院领导下级人民检察院的行政诉讼监督工作。

上级人民检察院认为下级人民检察院的决定错误的,有权指令下级人民检察院纠正,或者依法撤销、变更。上级人民检察院的决定,应当以书面形式作出,下级人民检察院应当执行。下级人民检察院对上级人民检察院的决定有不同意见的,可以在执行的同时向上级人民检察院报告。

上级人民检察院可以依法统一调用辖区的检察人员办理行政诉讼监督案件,调用的决定应当以书面形式作出。被调用的检察官可以代表办理案件的人民检察院履行相关检察职责。

第十一条 人民检察院检察长或者检察长委托的副检察长在同级人民法院审判委员会讨论行政诉讼监督案件或者其他与行政诉讼监督工作有关的议题时,可以依照有关规定列席会议。

第十二条 检察人员办理行政诉讼监督案件,应当秉持客观公正的立场,自觉接受监督。

检察人员不得违反规定与当事人、律师、特殊关系人、中介组织接触、交往。

检察人员有收受贿赂、徇私枉法等行为的,应当追究纪律责任和法律责任。

检察人员对过问或者干预、插手行政诉讼监督案件办理等重大事项的行为，应当依照有关规定全面、如实、及时记录、报告。

第二章 回 避

第十三条 检察人员办理行政诉讼监督案件，有下列情形之一的，应当自行回避，当事人有权申请他们回避：

（一）是本案当事人或者当事人、委托代理人近亲属的；

（二）担任过本案的证人、委托代理人、审判人员、行政执法人员的；

（三）与本案有利害关系的；

（四）与本案当事人、委托代理人有其他关系，可能影响对案件公正办理的。

检察人员接受当事人、委托代理人请客送礼及其他利益，或者违反规定会见当事人、委托代理人，当事人有权申请他们回避。

上述规定，适用于书记员、翻译人员、鉴定人、勘验人等。

第十四条 检察人员自行回避的，可以口头或者书面方式提出，并说明理由。口头提出申请的，应当记录在卷。

第十五条 当事人申请回避，应当在人民检察院作出提出抗诉或者检察建议等决定前以口头或者书面方式提出，并说明理由。口头提出申请的，应当记录在卷。依照本规则第十三条第二款规定提出回避申请的，应当提供相关证据。

被申请回避的人员在人民检察院作出是否回避的决定前，应当暂停参与本案工作，但案件需要采取紧急措施的除外。

第十六条 检察长的回避，由检察委员会讨论决定；检察人员和其他人员的回避，由检察长决定。检察委员会讨论检察长回避问题时，由副检察长主持，检察长不得参加。

第十七条 人民检察院对当事人提出的回避申请，应当在三日内作出决定，并通知申请人。对明显不属于法定回避事由的申请，可以当场驳回，并记录在卷。

申请人对驳回回避申请的决定不服的，可以在接到决定时向原决定机关申请复议一次。人民检察院应当在三日内作出复议决定，并通知复议申请人。复议期间，被申请回避的人员不停止参与本案工作。

第三章 受 理

第十八条 人民检察院受理行政诉讼监督案件的途径包括：

（一）当事人向人民检察院申请监督；

（二）当事人以外的公民、法人或者其他组织向人民检察院控告；

（三）人民检察院依职权发现。

第十九条 有下列情形之一的，当事人可以向人民检察院申请监督：

（一）人民法院驳回再审申请或者逾期未对再审申请作出裁定，当事人对已经发生法律效力的行政判决、裁定、调解书，认为确有错误的；

（二）认为再审行政判决、裁定确有错误的；

（三）认为行政审判程序中审判人员存在违法行为的；

（四）认为人民法院行政案件执行活动存在违法情形的。

当事人死亡或者终止的，其权利义务承继者可以依照前款规定向人民检察院申请监督。

第二十条 当事人依照本规则第十九条第一款第一项、第二项规定向人民检察院申请监督，应当在人民法院送达驳回再审申请裁定之日或者再审判决、裁定发生法律效力之日起六个月内提出；对人民法院逾期未对再审申请作出裁定的，应当在再审申请审查期限届满之日起六个月内提出。

当事人依照本规则第十九条第一款第一项、第二项规定向人民检察院申请监督，具有下列情形之一的，应当在知道或者应当知道之日起六个月内提出：

（一）有新的证据，足以推翻原生效判决、裁定的；

（二）原生效判决、裁定认定事实的主要证据系伪造的；

（三）据以作出原生效判决、裁定的法律文书被撤销或者变更的；

（四）审判人员在审理该案件时有贪污受贿、徇私舞弊、枉法裁判行为的。

当事人依照本规则第十九条第一款第三项、第四项向人民检察院申请监督，应当在知道或者应当知道审判人员违法行为或者执行活动违法情形发生之日起六个月内提出。

本条规定的期间为不变期间，不适用中止、中断、延长的规定。

第二十一条 当事人向人民检察院申请监督，应当提交监督申请书、身份证明、相关法律文书及证据材料。提交证据材料的，应当附证据清单。

申请监督材料不齐备的，人民检察院应当要求申请人限期补齐，并一次性明确告知应当补齐的全部材料以及逾期未按要求补齐视为撤回监督申请的法律后果。申请人逾期未补齐主要材料的，视为撤回监督申请。

第二十二条　本规则第二十一条规定的监督申请书应当记明下列事项：

（一）申请人的姓名、性别、年龄、民族、职业、工作单位、住址、有效联系方式，法人或者其他组织的名称、住所和法定代表人或者主要负责人的姓名、职务、有效联系方式；

（二）其他当事人的姓名、性别、工作单位、住址、有效联系方式等信息，法人或者其他组织的名称、住所、法定代表人或者主要负责人的姓名、职务、有效联系方式等信息；

（三）申请监督请求；

（四）申请监督的具体法定情形及事实、理由。

申请人应当按照其他当事人的人数提交监督申请书副本。

第二十三条　本规则第二十一条规定的身份证明包括：

（一）公民的居民身份证、军官证、士兵证、护照等能够证明本人身份的有效证件；

（二）法人或者其他组织的统一社会信用代码证书或者营业执照、法定代表人或者主要负责人的身份证明等有效证照。

对当事人提交的身份证明，人民检察院经核对无误留存复印件。

第二十四条　本规则第二十一条规定的相关法律文书是指人民法院在该案件诉讼过程中作出的全部判决书、裁定书、决定书、调解书等法律文书。

第二十五条　当事人申请监督，可以依照《中华人民共和国行政诉讼法》的规定委托代理人。

第二十六条　当事人申请监督同时符合下列条件的，人民检察院应当受理：

（一）符合本规则第十九条的规定；

（二）符合本规则第二十条的规定；

（三）申请人提供的材料符合本规则第二十一条至第二十四条的规定；

（四）属于本院受理案件范围；

（五）不具有本规则规定的不予受理情形。

第二十七条　当事人向人民检察院申请监督，有下列情形之一的，人民检察院不予受理：

（一）当事人对生效行政判决、裁定、调解书未向人民法院申请再审的；

（二）当事人申请再审超过法律规定的期限的；

（三）人民法院在法定期限内正在对再审申请进行审查的；

（四）人民法院已经裁定再审且尚未审结的；

（五）人民检察院已经审查终结作出决定的；

（六）行政判决、裁定、调解书是人民法院根据人民检察院的抗诉或者再审检察建议再审后作出的；

（七）申请监督超过本规则第二十条规定的期限的；

（八）根据法律规定可以对人民法院的执行活动提出异议、申请复议或者提起诉讼，当事人、利害关系人、案外人没有提出异议、申请复议或者提起诉讼的，但有正当理由或者人民检察院依职权监督的除外；

（九）当事人提出有关执行的异议、申请复议、申诉或者提起诉讼后，人民法院已经受理并正在审查处理的，但超过法定期限未作出处理的除外；

（十）其他不应当受理的情形。

第二十八条　当事人对已经发生法律效力的行政判决、裁定、调解书向人民检察院申请监督的，由作出生效判决、裁定、调解书的人民法院所在地同级人民检察院负责控告申诉检察的部门受理。

第二十九条　当事人认为行政审判程序中审判人员存在违法行为或者执行活动存在违法情形，向人民检察院申请监督的，由审理、执行案件的人民法院所在地同级人民检察院负责控告申诉检察的部门受理。

当事人不服审理、执行案件人民法院的上级人民法院作出的复议裁定、决定等，向人民检察院申请监督的，由作出复议裁定、决定等的人民法院所在地同级人民检察院负责控告申诉检察的部门受理。

第三十条　人民检察院不依法受理当事人监督申请的，当事人可以向上一级人民检察院申请监督。上一级人民检察院认为当事人监督申请符合受理条件的，应当指令下一级人民检察院受理，必要时也可以直接受理。

第三十一条　人民检察院负责控告申诉检察的部门对监督申请，应当在七日内根据以下情形作出处理，并答复申请人：

（一）符合受理条件的，应当依照本规则规定作出受理决定；

（二）不属于本院受理案件范围的，应当告知申请人向有关人民检察院申请监督；

（三）不属于人民检察院主管范围的，告知申请人向有关机关反映；

（四）不符合受理条件，且申请人不撤回监督申请的，可以决定不予受理。

第三十二条 负责控告申诉检察的部门应当在决定受理之日起三日内制作《受理通知书》,发送申请人,并告知其权利义务。

需要通知其他当事人的,应当将《受理通知书》和监督申请书副本发送其他当事人,并告知其权利义务。其他当事人可以在收到监督申请书副本之日起十五日内提出书面意见;不提出意见的,不影响人民检察院对案件的审查。

第三十三条 负责控告申诉检察的部门应当在决定受理之日起三日内将案件材料移送本院负责行政检察的部门,同时将《受理通知书》抄送本院负责案件管理的部门。负责控告申诉检察的部门收到其他当事人提交的书面意见等材料,应当及时移送负责行政检察的部门。

第三十四条 当事人以外的公民、法人或者其他组织认为人民法院行政审判程序中审判人员存在违法行为或者执行活动存在违法情形的,可以向同级人民检察院控告。控告由人民检察院负责控告申诉检察的部门受理。

负责控告申诉检察的部门对收到的控告,应当依照《人民检察院信访工作规定》等办理。

第三十五条 负责控告申诉检察的部门可以依照《人民检察院信访工作规定》,向下级人民检察院交办涉及行政诉讼监督的信访案件。

第三十六条 人民检察院在履行职责中发现行政案件有下列情形之一的,应当依职权监督:

(一)损害国家利益或者社会公共利益的;

(二)审判人员、执行人员审理和执行行政案件时有贪污受贿、徇私舞弊、枉法裁判等行为的;

(三)依照有关规定需要人民检察院跟进监督的;

(四)人民检察院作出的不支持监督申请决定确有错误的;

(五)其他确有必要进行监督的。

人民检察院对行政案件依职权监督,不受当事人是否申请再审的限制。

第三十七条 下级人民检察院提请抗诉、提请其他监督等案件,由上一级人民检察院负责案件管理的部门受理。

依职权监督的案件,负责行政检察的部门应当到负责案件管理的部门登记受理。

第三十八条 负责案件管理的部门接收案件材料后,应当在三日内登记并将案件材料和案件登记表移送负责行政检察的部门;案件材料不符合规定的,应当要求补齐。

负责案件管理的部门登记受理后,需要通知当事人的,负责行政检察的部门应当制作《受理通知书》,并在三日内发送当事人。

第四章 审 查

第一节 一般规定

第三十九条 人民检察院负责行政检察的部门负责对受理后的行政诉讼监督案件进行审查。

第四十条 负责行政检察的部门收到负责控告申诉检察、案件管理的部门移送的行政诉讼监督案件后,应当按照随机分案为主、指定分案为辅的原则,确定承办案件的独任检察官或者检察官办案组。

第四十一条 上级人民检察院可以将受理的行政诉讼监督案件交由下级人民检察院办理,并限定办理期限。交办的案件应当制作《交办通知书》,并将有关材料移送下级人民检察院。下级人民检察院应当依法办理,在规定期限内提出处理意见并报送上级人民检察院,上级人民检察院应当在法定期限内作出决定。

上级人民检察院交办案件需要通知当事人的,应当制作通知文书,并发送当事人。

第四十二条 上级人民检察院认为确有必要的,可以办理下级人民检察院受理的行政诉讼监督案件。

下级人民检察院受理的行政诉讼监督案件,认为需要由上级人民检察院办理的,可以报请上级人民检察院办理。

最高人民检察院、省级人民检察院根据实质性化解行政争议等需要,可以指定下级人民检察院办理案件。

第四十三条 人民检察院审查行政诉讼监督案件,应当围绕申请人的申请监督请求、争议焦点、本规则第三十六条规定的情形以及发现的其他违法情形,对行政诉讼活动进行全面审查。其他当事人在人民检察院作出决定前也申请监督的,应当将其列为申请人,对其申请监督请求一并审查。

第四十四条 人民检察院在审查行政诉讼监督案件期间收到申请人或者其他当事人提交的证据材料的,应当出具收据。

第四十五条 被诉行政机关以外的当事人对不能自行收集的证据,在原审中向人民法院申请调取,人民法院应当调取而未予以调取,在诉讼监督阶段向人民检察院申请调取，符合下列情形之一的，人民检察院可以调取：

（一）由国家机关保存只能由国家机关调取的证据；

（二）涉及国家秘密、商业秘密和个人隐私的证据；

（三）确因客观原因不能自行收集的其他证据。

当事人依照前款规定申请调取证据，人民检察院认为与案件事实无关联、对证明案件事实无意义或者其他无调取收集必要的，不予调取。

第四十六条 人民检察院应当告知当事人有申请回避的权利，并告知办理行政诉讼监督案件的检察人员、书记员等的姓名、法律职务。

第四十七条 人民检察院审查案件，应当听取当事人意见，调查核实有关情况，必要时可以举行听证，也可以听取专家意见。

对于当事人委托律师担任代理人的，人民检察院应当听取代理律师意见，尊重和支持代理律师依法履行职责，依法为代理律师履职提供相关协助和便利，保障代理律师执业权利。

第四十八条 人民检察院可以采取当面、视频、电话、传真、电子邮件、由当事人提交书面意见等方式听取当事人意见。

听取意见的内容包括：

（一）申请人认为生效行政判决、裁定、调解书符合再审情形的主要事实和理由；

（二）申请人认为人民法院行政审判程序中审判人员违法的事实和理由；

（三）申请人认为人民法院行政案件执行活动违法的事实和理由；

（四）其他当事人针对申请人申请监督请求所提出的意见及理由；

（五）行政机关作出行政行为的事实和理由；

（六）申请人与其他当事人有无和解意愿；

（七）其他需要听取的意见。

第四十九条 人民检察院审查案件，可以依照有关规定调阅人民法院的诉讼卷宗、执行卷宗。

通过拷贝电子卷、查阅、复制、摘录等方式能够满足办案需要的，可以不调阅卷宗。

对于人民法院已经结案尚未归档的行政案件，正在办理或者已经结案尚未归档的执行案件，人民检察院可以直接到办理部门查阅、复制、拷贝、摘录案件材料，不调阅卷宗。

在对生效行政判决、裁定或者调解书的监督案件进行审查过程中，需要调取人民法院正在办理的其他案件材料的，人民检察院可以商办理案件的人民法院调取。

第五十条　人民检察院审查案件,对于事实认定、法律适用的重大、疑难、复杂问题,可以采用以下方式听取专家意见:

(一)召开专家论证会;

(二)口头或者书面咨询;

(三)其他咨询或者论证方式。

第五十一条　人民检察院办理行政诉讼监督案件,应当全面检索相关指导性案例、典型案例和关联案例,并在审查终结报告中作出说明。

第五十二条　承办检察官对审查认定的事实负责。审查终结后,应当制作审查终结报告。审查终结报告应当全面、客观、公正地叙述案件事实,依照法律提出明确的处理意见。

第五十三条　承办检察官办理案件过程中,可以提请负责行政检察的部门负责人召集检察官联席会议讨论。

负责行政检察的部门负责人对本部门的办案活动进行监督管理。需要报请检察长决定的事项和需要向检察长报告的案件,应当先由部门负责人审核。部门负责人可以主持召开检察官联席会议进行讨论,也可以直接报请检察长决定或者向检察长报告。

检察官联席会议讨论情况和意见应当如实记录,由参加会议的检察官签名后附卷保存。讨论结果供办案参考。

第五十四条　检察长不同意检察官意见的,可以要求检察官复核,也可以直接作出决定,或者提请检察委员会讨论决定。

检察官执行检察长决定时,认为决定错误的,应当书面提出意见。检察长不改变原决定的,检察官应当执行。

第五十五条　人民检察院对审查终结的案件,应当区分情况依法作出下列决定:

(一)提出再审检察建议;

(二)提请抗诉或者提请其他监督;

(三)提出抗诉;

(四)提出检察建议;

(五)不支持监督申请;

(六)终结审查。

对于负责控告申诉检察的部门受理的当事人申请监督案件,负责行政检察的部门应当将案件办理结果告知负责控告申诉检察的部门。

第五十六条　人民检察院受理当事人申请对人民法院已经发生法律效力的行政判决、裁定、调解书监督的案件，应当在三个月内审查终结并作出决定，但调卷、鉴定、评估、审计、专家咨询等期间不计入审查期限。

有需要调查核实、实质性化解行政争议及其他特殊情况需要延长审查期限的，由本院检察长批准。

人民检察院受理当事人申请对行政审判程序中审判人员违法行为监督的案件和申请对行政案件执行活动监督的案件的审查期限，参照第一款、第二款规定执行。

第五十七条　人民检察院办理行政诉讼监督案件，在当面听取当事人意见、调查核实、举行听证、出席法庭时，可以依照有关规定指派司法警察执行职务。

第二节　调查核实

第五十八条　人民检察院因履行法律监督职责的需要，有下列情形之一的，可以向当事人或者案外人调查核实有关情况：

（一）行政判决、裁定、调解书可能存在法律规定需要监督的情形，仅通过阅卷及审查现有材料难以认定的；

（二）行政审判程序中审判人员可能存在违法行为的；

（三）人民法院行政案件执行活动可能存在违法情形的；

（四）被诉行政行为及相关行政行为可能违法的；

（五）行政相对人、权利人合法权益未得到依法实现的；

（六）其他需要调查核实的情形。

人民检察院不得为证明行政行为的合法性调取行政机关作出行政行为时未收集的证据。

第五十九条　人民检察院通过阅卷以及调查核实难以认定有关事实的，可以听取人民法院相关审判、执行人员的意见，全面了解案件审判、执行的相关事实和理由。

第六十条　人民检察院可以采取以下调查核实措施：

（一）查询、调取、复制相关证据材料；

（二）询问当事人、有关知情人员或者其他相关人员；

（三）咨询专业人员、相关部门或者行业协会等对专门问题的意见；

（四）委托鉴定、评估、审计；

（五）勘验物证、现场；

（六）查明案件事实所需要采取的其他措施。

检察人员应当保守国家秘密和工作秘密，对调查核实中知悉的商业秘密和个人隐私予以保密。

人民检察院调查核实，不得采取限制人身自由和查封、扣押、冻结财产等强制性措施。

第六十一条 有下列情形之一的，人民检察院可以向银行业金融机构查询、调取、复制相关证据材料：

（一）可能损害国家利益、社会公共利益的；

（二）审判、执行人员可能存在违法行为的；

（三）当事人有伪造证据、恶意串通损害他人合法权益可能的。

人民检察院可以依照有关规定指派具备相应资格的检察技术人员对行政诉讼监督案件中的鉴定意见等技术性证据进行专门审查，并出具审查意见。

第六十二条 人民检察院可以就专门性问题书面或者口头咨询有关专业人员、相关部门或者行业协会的意见。口头咨询的，应当制作笔录，由接受咨询的专业人员签名或者盖章。拒绝签名盖章的，应当记明情况。

人民检察院对专门性问题认为需要鉴定、评估、审计的，可以委托具备资格的机构进行鉴定、评估、审计。在诉讼过程中已经进行过鉴定、评估、审计的，除确有必要外，一般不再委托鉴定、评估、审计。

第六十三条 人民检察院认为确有必要的，可以勘验物证或者现场。勘验人应当出示人民检察院的证件，并邀请当地基层组织或者当事人所在单位派人参加。当事人或者当事人的成年家属应当到场，拒不到场的，不影响勘验的进行。

勘验人应当将勘验情况和结果制作笔录，由勘验人、当事人和被邀参加人签名或者盖章。

第六十四条 需要调查核实的，由承办检察官在职权范围内决定，或者报检察长决定。

第六十五条 人民检察院调查核实，应当由二人以上共同进行。

调查笔录经被调查人校阅后，由调查人、被调查人签名或者盖章。被调查人拒绝签名盖章的，应当记明情况。

第六十六条 人民检察院可以指令下级人民检察院或者委托外地人民检察院调查核实。

人民检察院指令调查或者委托调查的，应当发送《指令调查通知书》或者《委托调查函》，载明调查核实事项、证据线索及要求。受指令或者受委托人民检察院收到《指令调查通知书》或者《委托调查函》后，应当在十五日内完成调查核实工作并书面回复。因客观原因不能完成调查的，应当在上述期限内书面回复指令或者委托的人民检察院。

人民检察院到外地调查的，当地人民检察院应当配合。

第六十七条 人民检察院调查核实，有关单位和个人应当配合。拒绝或者妨碍人民检察院调查核实的，人民检察院可以向有关单位或者其上级主管机关提出检察建议，责令纠正，必要时可以通报同级政府、监察机关；涉嫌违纪违法犯罪的，依照规定移送有关机关处理。

第三节 听 证

第六十八条 人民检察院审查行政诉讼监督案件，在事实认定、法律适用、案件处理等方面存在较大争议，或者有重大社会影响，需要当面听取当事人和其他相关人员意见的，可以召开听证会。

第六十九条 人民检察院召开听证会，可以邀请与案件没有利害关系的人大代表、政协委员、人民监督员、特约检察员、专家咨询委员、人民调解员或者当事人所在单位、居住地的居民委员会、村民委员会成员以及专家、学者、律师等其他社会人士担任听证员。

人民检察院应当邀请人民监督员参加听证会，依照有关规定接受人民监督员监督。

第七十条 人民检察院决定召开听证会的，应当做好以下准备工作：

（一）制定听证方案，确定听证会参加人；

（二）在听证三日前告知听证会参加人案由、听证时间和地点；

（三）告知当事人主持听证会的检察官及听证员的姓名、身份。

第七十一条 当事人和其他相关人员应当按时参加听证会。当事人无正当理由缺席或者未经许可中途退席的，听证程序是否继续进行，由主持人决定。

第七十二条 听证会由检察官主持，书记员负责记录，司法警察负责维持秩序。

听证过程应当全程录音录像。经检察长批准，人民检察院可以通过中国检察听证网和其他公共媒体，对听证会进行图文、音频、视频直播或者录播。

第七十三条 听证会应当围绕行政诉讼监督案件中的事实认定和法律适用等问题进行。

对当事人提交的有争议的或者新的证据材料和人民检察院调查取得的证

据，应当充分听取各方当事人的意见。

第七十四条 听证会一般按照下列步骤进行：
（一）承办案件的检察官介绍案件情况和需要听证的问题；
（二）申请人陈述申请监督请求、事实和理由；
（三）其他当事人发表意见；
（四）申请人和其他当事人提交新证据的，应当出示并予以说明；
（五）出示人民检察院调查取得的证据；
（六）案件各方当事人陈述对听证中所出示证据的意见；
（七）听证员、检察官向申请人和其他当事人提问；
（八）当事人发表最后陈述意见；
（九）主持人对听证会进行总结。

第七十五条 听证应当制作笔录，经参加听证的人员校阅后，由参加听证的人员签名。拒绝签名的，应当记明情况。

听证会结束后，主持人可以组织听证员对事实认定、法律适用和案件处理等进行评议，并制作评议笔录，由主持人、听证员签名。

听证员的意见是人民检察院依法处理案件的重要参考。

第七十六条 参加听证的人员应当服从听证主持人指挥。

对违反听证秩序的，人民检察院可以予以批评教育，责令退出听证场所；对哄闹、冲击听证场所，侮辱、诽谤、威胁、殴打他人等严重扰乱听证秩序的，依法追究相应法律责任。

第四节 简易案件办理

第七十七条 行政诉讼监督案件具有下列情形之一的，可以确定为简易案件：
（一）原一审人民法院适用简易程序审理的；
（二）案件事实清楚，法律关系简单的。

地方各级人民检察院可以结合本地实际确定简易案件具体情形。

第七十八条 审查简易案件，承办检察官通过审查监督申请书等材料即可以认定案件事实的，可以直接制作审查终结报告，提出处理建议。

审查过程中发现案情复杂或者需要调查核实，不宜适用简易程序的，转为普通案件办理程序。

第七十九条 办理简易案件，不适用延长审查期限的规定。

简易案件的审查终结报告、审批程序应当简化。

第五节 中止审查和终结审查

第八十条 有下列情形之一的,人民检察院可以中止审查:
（一）申请监督的公民死亡,需要等待继承人表明是否继续申请监督的;
（二）申请监督的法人或者其他组织终止,尚未确定权利义务承受人的;
（三）本案必须以另一案的处理结果为依据,而另一案尚未审结的;
（四）其他可以中止审查的情形。

中止审查的,应当制作《中止审查决定书》,并发送当事人。中止审查的原因消除后,应当及时恢复审查。

第八十一条 有下列情形之一的,人民检察院应当终结审查:
（一）人民法院已经裁定再审或者已经纠正违法行为的;
（二）申请人撤回监督申请,且不损害国家利益、社会公共利益或者他人合法权益的;
（三）申请人在与其他当事人达成的和解协议中声明放弃申请监督权利,且不损害国家利益、社会公共利益或者他人合法权益的;
（四）申请监督的公民死亡,没有继承人或者继承人放弃申请,且没有发现其他应当监督的违法情形的;
（五）申请监督的法人或者其他组织终止,没有权利义务承受人或者权利义务承受人放弃申请,且没有发现其他应当监督的违法情形的;
（六）发现已经受理的案件不符合受理条件的;
（七）人民检察院依职权发现的案件,经审查不需要监督的;
（八）其他应当终结审查的情形。

终结审查的,应当制作《终结审查决定书》,需要通知当事人的,发送当事人。

第五章 对生效行政判决、裁定、调解书的监督

第一节 一般规定

第八十二条 申请人提供的新证据以及人民检察院调查取得的证据,能够证明原判决、裁定确有错误的,应当认定为《中华人民共和国行政诉讼法》第九十一条第二项规定的情形,但原审被诉行政机关无正当理由逾期提供证据的除外。

第八十三条 有下列情形之一的，应当认定为《中华人民共和国行政诉讼法》第九十一条第三项规定的"认定事实的主要证据不足"：

（一）认定的事实没有证据支持，或者认定的事实所依据的证据虚假的；

（二）认定的事实所依据的主要证据不合法的；

（三）对认定事实的主要证据有无证明力、证明力大小或者证明对象的判断违反证据规则、逻辑推理或者经验法则的；

（四）认定事实的主要证据不足的其他情形。

第八十四条 有下列情形之一，导致原判决、裁定结果确有错误的，应当认定为《中华人民共和国行政诉讼法》第九十一条第四项规定的"适用法律、法规确有错误"：

（一）适用的法律、法规与案件性质明显不符的；

（二）适用的法律、法规已经失效或者尚未施行的；

（三）违反《中华人民共和国立法法》规定的法律适用规则的；

（四）违背法律、法规的立法目的和基本原则的；

（五）应当适用的法律、法规未适用的；

（六）适用法律、法规错误的其他情形。

第八十五条 有下列情形之一的，应当认定为《中华人民共和国行政诉讼法》第九十一条第五项规定的"违反法律规定的诉讼程序，可能影响公正审判"：

（一）审判组织的组成不合法的；

（二）依法应当回避的审判人员没有回避的；

（三）未经合法传唤缺席判决的；

（四）无诉讼行为能力人未经法定代理人代为诉讼的；

（五）遗漏应当参加诉讼的当事人的；

（六）违反法律规定，剥夺当事人辩论权、上诉权等重大诉讼权利的；

（七）其他严重违反法定程序的情形。

第八十六条 有下列情形之一的，应当认定为本规则第八十五条第一项规定的"审判组织的组成不合法"：

（一）应当组成合议庭审理的案件独任审判的；

（二）再审、发回重审的案件没有另行组成合议庭的；

（三）审理案件的人员不具有审判资格的；

（四）审判组织或者人员不合法的其他情形。

第八十七条 有下列情形之一的，应当认定为本规则第八十五条第六项

规定的"违反法律规定,剥夺当事人辩论权":

(一)不允许或者严重限制当事人行使辩论权利的;

(二)应当开庭审理而未开庭审理的;

(三)违反法律规定送达起诉状副本或者上诉状副本,致使当事人无法行使辩论权利的;

(四)违法剥夺当事人辩论权利的其他情形。

第二节 提出再审检察建议和提请抗诉、提出抗诉

第八十八条 地方各级人民检察院发现同级人民法院已经发生法律效力的行政判决、裁定有下列情形之一的,可以向同级人民法院提出再审检察建议:

(一)不予立案或者驳回起诉确有错误的;

(二)有新的证据,足以推翻原判决、裁定的;

(三)原判决、裁定认定事实的主要证据不足、未经质证或者系伪造的;

(四)违反法律规定的诉讼程序,可能影响公正审判的;

(五)原判决、裁定遗漏诉讼请求的;

(六)据以作出原判决、裁定的法律文书被撤销或者变更的。

第八十九条 符合本规则第八十八条规定的案件有下列情形之一的,地方各级人民检察院应当提请上一级人民检察院抗诉:

(一)判决、裁定是经同级人民法院再审后作出的;

(二)判决、裁定是经同级人民法院审判委员会讨论作出的;

(三)其他不适宜由同级人民法院再审纠正的。

第九十条 地方各级人民检察院发现同级人民法院已经发生法律效力的行政判决、裁定具有下列情形之一的,应当提请上一级人民检察院抗诉:

(一)原判决、裁定适用法律、法规确有错误的;

(二)审判人员在审理该案件时有贪污受贿、徇私舞弊、枉法裁判行为的。

审判人员在审理该案件时有贪污受贿、徇私舞弊、枉法裁判行为,是指已经由生效刑事法律文书或者纪律处分决定所确认的行为。

第九十一条 地方各级人民检察院发现同级人民法院已经发生法律效力的行政调解书损害国家利益或者社会公共利益的,可以向同级人民法院提出再审检察建议,也可以提请上一级人民检察院抗诉。

第九十二条 人民检察院提出再审检察建议,应当制作《再审检察建议

书》，在决定之日起十五日内将《再审检察建议书》连同案件卷宗移送同级人民法院，并制作通知文书，发送当事人。

人民检察院提出再审检察建议，应当经本院检察委员会决定，并在提出再审检察建议之日起五日内将《再审检察建议书》及审查终结报告等案件材料报上一级人民检察院备案。上一级人民检察院认为下级人民检察院发出的《再审检察建议书》错误或者不当的，应当指令下级人民检察院撤回或者变更。

第九十三条　人民检察院提请抗诉，应当制作《提请抗诉报告书》，在决定之日起十五日内将《提请抗诉报告书》连同案件卷宗等材料报送上一级人民检察院，并制作通知文书，发送当事人。

第九十四条　最高人民检察院对各级人民法院已经发生法律效力的行政判决、裁定、调解书，上级人民检察院对下级人民法院已经发生法律效力的行政判决、裁定、调解书，发现有《中华人民共和国行政诉讼法》第九十一条、第九十三条规定情形的，应当向同级人民法院提出抗诉。

人民检察院提出抗诉后，接受抗诉的人民法院未在法定期限内作出审判监督的相关裁定的，人民检察院可以采取询问、走访等方式进行督促，并制作工作记录。人民法院对抗诉案件裁定再审后，对于人民法院在审判活动中存在违反法定审理期限等违法情形的，依照本规则第六章规定办理。

人民检察院提出抗诉的案件，接受抗诉的人民法院将案件交下一级人民法院再审，下一级人民法院审理后作出的再审判决、裁定仍符合抗诉条件且存在明显错误的，原提出抗诉的人民检察院可以再次提出抗诉。

第九十五条　人民检察院提出抗诉，应当制作《抗诉书》，在决定之日起十五日内将《抗诉书》连同案件卷宗移送同级人民法院，并由接受抗诉的人民法院向当事人送达再审裁定时一并送达《抗诉书》。

人民检察院应当制作决定抗诉的通知文书，发送当事人。上级人民检察院可以委托提请抗诉的人民检察院将通知文书发送当事人。

第九十六条　人民检察院认为当事人不服人民法院生效行政判决、裁定、调解书的监督申请不符合监督条件，应当制作《不支持监督申请决定书》，在决定之日起十五日内发送当事人。

下级人民检察院提请抗诉的案件，上级人民检察院可以委托提请抗诉的人民检察院将《不支持监督申请决定书》发送当事人。

第九十七条　人民检察院办理行政诉讼监督案件，发现地方性法规同行政法规相抵触的，或者认为规章以及国务院各部门、省、自治区、直辖市和设区的市、自治州的人民政府发布的其他具有普遍约束力的行政决定、命令同法律、行政法规相抵触的，可以层报最高人民检察院，由最高人民检察院向国务院书面提出审查建议。

第三节 出席法庭

第九十八条 人民检察院提出抗诉的案件，人民法院再审时，人民检察院应当派员出席法庭，并全程参加庭审活动。

接受抗诉的人民法院将抗诉案件交下级人民法院再审的，提出抗诉的人民检察院可以指令再审人民法院的同级人民检察院派员出庭。

第九十九条 检察人员在出庭前，应当做好以下准备工作：

（一）进一步熟悉案情，掌握证据情况；

（二）深入研究与本案有关的法律问题；

（三）拟定出示和说明证据的计划；

（四）对可能出现证据真实性、合法性和关联性争议的，拟定应对方案并准备相关材料；

（五）做好其他出庭准备工作。

第一百条 检察人员出席再审法庭的任务是：

（一）宣读抗诉书；

（二）对人民检察院调查取得的证据予以出示和说明；

（三）经审判长许可，对证据采信、法律适用和案件情况予以说明，针对争议焦点，客观、公正、全面地阐述法律监督意见；

（四）对法庭审理中违反诉讼程序的情况予以记录；

（五）依法从事其他诉讼活动。

出席法庭的检察人员发现庭审活动违反诉讼程序的，应当待休庭或者庭审结束之后，及时向检察长报告。人民检察院对违反诉讼程序的庭审活动提出检察建议，应当由人民检察院在庭审后提出。

第一百零一条 当事人或者其他参加庭审人员在庭审中有哄闹法庭，对检察机关或者出庭检察人员有侮辱、诽谤、威胁等不当言论或者行为，法庭未予制止的，出庭检察人员应当建议法庭即时制止；情节严重的，应当建议法庭依照规定予以处理，并在庭审结束后向检察长报告。

第一百零二条 人民法院开庭审理人民检察院提出再审检察建议的案件，人民检察院派员出席再审法庭的，参照适用本节规定。

人民检察院派员出席法庭的再审案件公开审理的，可以协调人民法院安排人民监督员旁听。

第六章　对行政审判程序中审判人员违法行为的监督

第一百零三条　人民检察院依法对人民法院下列行政审判程序中审判人员违法行为进行监督：

（一）第一审普通程序；

（二）简易程序；

（三）第二审程序；

（四）审判监督程序。

《中华人民共和国行政诉讼法》第九十三条第三款的规定适用于法官、人民陪审员、法官助理、书记员。

第一百零四条　人民检察院发现人民法院行政审判活动有下列情形之一的，应当向同级人民法院提出检察建议：

（一）判决、裁定确有错误，但不适用再审程序纠正的；

（二）调解违反自愿原则或者调解协议内容违反法律的；

（三）对公民、法人或者其他组织提起的诉讼未在法定期限内决定是否立案的；

（四）当事人依照《中华人民共和国行政诉讼法》第五十二条规定向上一级人民法院起诉，上一级人民法院未按该规定处理的；

（五）审理案件适用审判程序错误的；

（六）保全、先予执行、停止执行或者不停止执行行政行为裁定违反法律规定的；

（七）诉讼中止或者诉讼终结违反法律规定的；

（八）违反法定审理期限的；

（九）对当事人采取罚款、拘留等妨害行政诉讼的强制措施违反法律规定的；

（十）违反法律规定送达的；

（十一）其他违反法律规定的情形。

第一百零五条　人民检察院发现同级人民法院行政审判程序中审判人员有《中华人民共和国法官法》第四十六条等规定的违法行为且可能影响案件公正审判、执行的，应当向同级人民法院提出检察建议。

第一百零六条　人民检察院依照本章规定提出检察建议，应当经检察长批准或者检察委员会决定，制作《检察建议书》，在决定之日起十五日内将《检察建议书》连同案件卷宗移送同级人民法院。当事人申请监督的案件，人民检察院应当制作通知文书，发送申请人。

第一百零七条 人民检察院认为当事人申请监督的行政审判程序中审判人员违法行为认定依据不足的，应当作出不支持监督申请的决定，并在决定之日起十五日内制作《不支持监督申请决定书》，发送申请人。

第七章 对行政案件执行活动的监督

第一百零八条 人民检察院对人民法院行政案件执行活动实行法律监督。

第一百零九条 人民检察院发现人民法院执行裁定、决定等有下列情形之一的，应当向同级人民法院提出检察建议：

（一）提级管辖、指定管辖或者对管辖异议的裁定违反法律规定的；

（二）裁定受理、不予受理、中止执行、终结执行、终结本次执行程序、恢复执行、执行回转等违反法律规定的；

（三）变更、追加执行主体错误的；

（四）裁定采取财产调查、控制、处置等措施违反法律规定的；

（五）审查执行异议、复议以及案外人异议作出的裁定违反法律规定的；

（六）决定罚款、拘留、暂缓执行等事项违反法律规定的；

（七）执行裁定、决定等违反法定程序的；

（八）对行政机关申请强制执行的行政行为作出准予执行或者不准予执行的裁定违反法律规定的；

（九）执行裁定、决定等有其他违法情形的。

第一百一十条 人民检察院发现人民法院在执行活动中违反规定采取调查、查封、扣押、冻结、评估、拍卖、变卖、保管、发还财产，以及信用惩戒等执行实施措施的，应当向同级人民法院提出检察建议。

第一百一十一条 人民检察院发现人民法院有下列不履行或者怠于履行执行职责情形之一的，应当向同级人民法院提出检察建议：

（一）对依法应当受理的执行申请不予受理又不依法作出不予受理裁定的；

（二）对已经受理的执行案件不依法作出执行裁定、无正当理由未在法定期限内采取执行措施或者执行结案的；

（三）违法不受理执行异议、复议或者受理后逾期未作出裁定、决定的；

（四）暂缓执行、停止执行、中止执行的原因消失后，不按规定恢复执行的；

（五）依法应当变更或者解除执行措施而不变更、解除的；

（六）对拒绝履行行政判决、裁定、调解书的行政机关未依照《中华人民共和国行政诉讼法》第九十六条规定采取执行措施的；

（七）其他不履行或者怠于履行执行职责行为的。

第一百一十二条　人民检察院认为人民法院在行政案件执行活动中可能存在怠于履行职责情形的，可以向人民法院发出《说明案件执行情况通知书》，要求说明案件的执行情况及理由，并在十五日内书面回复人民检察院。

第一百一十三条　人民检察院依照本章规定提出检察建议，适用本规则第一百零六条的规定。

第一百一十四条　对于当事人申请的执行监督案件，人民检察院认为人民法院执行活动不存在违法情形的，应当作出不支持监督申请的决定，并在决定之日起十五日内制作《不支持监督申请决定书》，发送申请人。

第一百一十五条　人民检察院发现同级人民法院行政案件执行活动中执行人员存在违法行为的，参照本规则第六章有关规定执行。

第八章　案件管理

第一百一十六条　人民检察院负责案件管理的部门对行政诉讼监督案件的受理、期限、程序、质量等进行管理、监督、预警。

第一百一十七条　负责案件管理的部门对以本院名义制发行政诉讼监督法律文书实施监督管理。

第一百一十八条　负责案件管理的部门发现本院办案活动有下列情形之一的，应当及时提出纠正意见：

（一）法律文书制作、使用不符合法律和有关规定的；

（二）违反办案期限有关规定的；

（三）侵害当事人、委托代理人诉讼权利的；

（四）未依法对行政诉讼活动中的违法行为履行法律监督职责的；

（五）其他应当提出纠正意见的情形。

情节轻微的，可以口头提示；情节较重的，应当发送《案件流程监控通知书》，提示办案部门及时查明情况并予以纠正；情节严重的，应当同时向检察长报告。

负责行政检察的部门收到《案件流程监控通知书》后，应当在十日内将核查情况书面回复负责案件管理的部门。

第九章 其他规定

第一百一十九条 人民检察院发现人民法院在多起同一类行政案件中有下列情形之一的，可以提出检察建议：

（一）同类问题适用法律不一致的；

（二）适用法律存在同类错误的；

（三）其他同类违法行为。

人民检察院发现有关单位的工作制度、管理方法、工作程序违法或者不当，需要改正、改进的，可以提出检察建议。

第一百二十条 人民检察院依照有关规定提出改进工作、完善治理的检察建议，对同类违法情形，应当制发一份检察建议。

第一百二十一条 人民检察院办理行政诉讼监督案件，可以对行政诉讼监督情况进行年度或者专题分析，向人民法院、行政机关通报，向党委、人大报告。通报、报告包括以下内容：

（一）审判机关、行政机关存在的普遍性问题和突出问题；

（二）审判机关、行政机关存在的苗头性、倾向性问题或者某方面问题的特点和趋势；

（三）促进依法行政、公正司法的意见和建议；

（四）认为需要通报、报告的其他情形。

第一百二十二条 人民检察院可以针对行政诉讼监督中的普遍性问题或者突出问题，组织开展专项监督活动。

第一百二十三条 人民检察院负责行政检察的部门在履行职责过程中，发现涉嫌违纪违法犯罪以及需要追究司法责任的行为，经检察长批准，应当及时将相关线索及材料移送有管辖权的机关或者部门。

人民检察院其他职能部门在履行职责中发现符合本规则规定的应当依职权监督的行政诉讼监督案件线索，应当及时向负责行政检察的部门通报。

第一百二十四条 人民法院对行政诉讼监督案件作出再审判决、裁定或者其他处理决定后，提出监督意见的人民检察院应当对处理结果进行审查，并填写《行政诉讼监督案件处理结果审查登记表》。

第一百二十五条 有下列情形之一的，人民检察院可以依照有关规定跟进监督或者提请上级人民检察院监督：

（一）人民法院审理行政抗诉案件作出的判决、裁定、调解书仍符合抗诉条件且存在明显错误的；

（二）人民法院、行政机关对人民检察院提出的检察建议未在规定的期限内作出处理并书面回复的；

（三）人民法院、行政机关对检察建议的处理错误的。

第一百二十六条 地方各级人民检察院对适用法律确属疑难、复杂，本院难以决断的重大行政诉讼监督案件，可以向上一级人民检察院请示。

请示案件依照最高人民检察院关于办理下级人民检察院请示件、下级人民检察院向最高人民检察院报送公文的相关规定办理。

第一百二十七条 人民检察院发现作出的相关决定确有错误或者有其他情形需要撤回、变更的，应当经检察长批准或者检察委员会决定。

第一百二十八条 人民法院对人民检察院监督行为提出书面异议的，人民检察院应当在规定期限内将处理结果书面回复人民法院。人民法院对回复意见仍有异议，并通过上一级人民法院向上一级人民检察院提出的，上一级人民检察院认为人民法院异议正确，应当要求下级人民检察院及时纠正。

第一百二十九条 制作行政诉讼监督法律文书，应当符合规定的格式。

行政诉讼监督法律文书的格式另行制定。

第一百三十条 人民检察院可以参照《中华人民共和国行政诉讼法》《中华人民共和国民事诉讼法》有关规定发送法律文书。

第一百三十一条 人民检察院发现制作的法律文书存在笔误的，应当作出《补正决定书》予以补正。

第一百三十二条 人民检察院办理行政诉讼监督案件，应当依照规定立卷归档。

第一百三十三条 人民检察院办理行政诉讼监督案件，不收取案件受理费。申请复印、鉴定、审计、勘验等产生的费用由申请人直接支付给有关机构或者单位，人民检察院不得代收代付。

第一百三十四条 人民检察院办理行政诉讼监督案件，对于申请人诉求具有一定合理性，但通过法律途径难以解决，且生活困难的，可以依法给予司法救助。

对于未纳入国家司法救助范围或者实施国家司法救助后仍然面临生活困难的申请人，可以引导其依照相关规定申请社会救助。

第十章 附 则

第一百三十五条 人民检察院办理行政诉讼监督案件，本规则没有规定的，适用《人民检察院民事诉讼监督规则》的相关规定。

第一百三十六条 人民检察院办理行政诉讼监督案件，向有关单位和部门提出检察建议，本规则没有规定的，适用《人民检察院检察建议工作规定》的相关规定。

第一百三十七条 本规则自 2021 年 9 月 1 日起施行，《人民检察院行政诉讼监督规则（试行）》同时废止。本院之前公布的其他规定与本规则内容不一致的，以本规则为准。

《人民检察院行政诉讼监督规则》理解与适用

第一章 总 则

第一条

为了保障和规范人民检察院依法履行行政诉讼监督职责,根据《中华人民共和国行政诉讼法》《中华人民共和国民事诉讼法》《中华人民共和国人民检察院组织法》和其他有关规定,结合人民检察院工作实际,制定本规则。

【条文主旨】

本条是关于《规则》制定目的和依据的规定。

【条文释义】

(一)修订背景

本次修订,沿用2016年《行政诉讼监督规则》第一条的规定。

2014年11月1日,第十二届全国人大常委会第十一次会议通过了《关于修改〈中华人民共和国行政诉讼法〉的决定》。修改后的行政诉讼法进一步强化了检察机关对行政诉讼的法律监督,拓展了监督范围,增加了监督方式,为检察机关充分有效履行行政诉讼监督职责提供了法律依据。2016年3月22日,最高人民检察院第十二届检察委员会第四十九次会议审议通过了《人民检察院行政诉讼监督规则(试行)》(以下简称2016年《行政诉讼监督规则》),为检察机关贯彻落实修改后行政诉讼法提供了更加明确细致的法律指引。随着中国特色社会主义进入新时代，为适应新时代人民群众的新需求、推进国家治理体系和治理能力现代化的新要求，最高人民检察院启动了2016年《行政诉讼监督规则》的修订工作。2021年4月8日，最高人民检察院第十三届检察委员会第六十五次会议对修改情况进行审议并原则通过。2021年7月27日，最高人民检察院以高检发释字〔2021〕3号公布《人民检察院行政诉讼监督规则》（以下简称《规则》），自2021年9月1日起施行。

围绕"保障和规范人民检察院依法履行行政诉讼监督职责"的目的，本次修订工作既严格遵循司法解释的定位，又坚持问题导向，力争使规则条文具有较强的系统性、针对性和可操作性。一是坚持以人民为中心。回应人民群众对行政诉讼监督工作的新需求，依法保障当事人申请监督的权利，努力解决"诉讼程序空转"等人民群众反映强烈的操心事、烦心事、揪心事。二是建立独立的行政诉讼监督规则体系。基于行政诉讼监督的属性和特点，制定体例相对完整的行政诉讼监督规则，解决参照适用民事诉讼监督规则带来的难以准确把握是否适用以及容易引起当事人质疑等问题。三是落实新时代检察监督新理念。以理念更新和变革为引领，注意将服务大局、司法为民、精准监督、"穿透式"监督、智慧借助、双赢多赢共赢等理念要求贯穿于总则和行政诉讼监督案件受理、办理等各环节。四是巩固司法改革成果。吸收人民检察院组织法、检察官法等新规定，贯彻中央关于深化司法责任制综合配套改革、人民监督员制度改革的意见要求，总结提炼行政非诉执行监督和实质性化解行政争议等专项活动经验。

（二）修订依据

关于《规则》制定的依据，主要有：

1. 行政诉讼法。《规则》是检察机关贯彻执行行政诉讼法的司法解释。检察机关开展行政诉讼监督工作，必须以行政诉讼法关于行政诉讼监督职责的规定为基本依据。行政诉讼法关于行政诉讼监督的规定主要有：第十一条关于人民检察院对行政诉讼实行法律监督的规定，第九十三条关于人民检察院提出抗诉或者检察建议的规定，以及第一百零一条关于适用民事诉讼法规定的规定。《规则》中关于监督范围、监督对象、监督方式、监督手段等内容，都是在严格遵循行政诉讼法基本规定的基础上进行的细化，以便实践操作。

2. 民事诉讼法。行政诉讼法脱胎于民事诉讼法。行政诉讼法第一百零一条规定："人民法院审理行政案件，关于期间、送达、财产保全、开庭审理、调解、中止诉讼、终结诉讼、简易程序、执行等，以及人民检察院对行政案件受理、审理、裁判、执行的监督，本法没有规定的，适用《中华人民共和国民事诉讼法》的相关规定。"民事诉讼法有八个条文规定了人民检察院民事诉讼监督制度，除第十四条、第二百一十五条规定与行政诉讼法第十一条、第九十三条规定基本相同外，第二百一十六条关于当事人申请民事诉讼监督的条件及检察机关审查期限的规定，第二百一十七条关于检察机关调查权的规定，第二百一十八条关于人民检察院抗诉的法律后果和抗诉案件审理的规定，第二百一十九条关于检察机关制作抗诉书的规定，第二百二十条关于检察机关关于抗诉案件派员出庭的规定，以及第二百四十二条关于民事执行活动法律监督的规定，均适用于行政诉讼监督。因此，民事诉讼法也是制定《规则》的重要依据。

3. 人民检察院组织法。人民检察院组织法是规定检察机关的设置、组织和职责权限的重要法律，是检察权运行的法律基础。2018年10月26日，第十三届全国人大常委会第六次会议审议通过了修改后的人民检察院组织法，自2019年1月1日起施行。修改后的人民检察院组织法明确了人民检察院的性质和任务，完善了人民检察院工作的基本原则和工作体制、内设机构设置和办案组织运行机制，明确了人民检察院职权范围、行使职权的措施和方式，以及行使职权的保障。人民检察院组织法是制定《规则》的重要依据之一。

4. 其他有关规定。除前述法律外，制定《规则》的重要依据还有：《中共中央关于加强新时代检察机关法律监督工作的意见》《中共中央办公厅关于深化司法责任制综合配套改革的意见》，检察官法、法官法，《人民检察院检察建议工作规定》《人民检察院办理群众来信工作规定》《人民检察院办案活动接受人民监督员监督的规定》《最高人民检察院民事行政诉讼监督案件专家咨询论证工作办法》《最高人民检察院关于完善人民检察院司法责任制的若干意见》《最高人民法院、最高人民检察院关于对民事审判活动与行政诉讼实行法律监督的若干意见（试行）》《最高人民法院、最高人民检察院关于民事执行活动法律监督若干问题的规定》《中央全面依法治国委员会关于加强综合治理从源头切实解决执行难问题的意见》《中共中央政法委员会、财政部、最高人民法院、最高人民检察院、公安部、司法部关于建立完善国家司法救助制度的意见（试行）》《最高人民法院、最高人民检察院、公安部、国家安全部、司法部关于进一步规范司法人员与当事人、律师、特殊关系人、中介组织接触交往行为的若干规定》《中共中央政法委员会、最高人民法院、最高人民检察院关于进一步优化司法资源配置全面提升司法效能的意见》等规定。

第二条

人民检察院依法独立行使检察权,通过办理行政诉讼监督案件,监督人民法院依法审判和执行,促进行政机关依法行使职权,维护司法公正和司法权威,维护国家利益和社会公共利益,保护公民、法人和其他组织的合法权益,推动行政争议实质性化解,保障国家法律的统一正确实施。

【条文主旨】

本条是关于人民检察院依法独立行使检察权原则和行政诉讼监督任务的规定。

【条文释义】

本次修订,在2016年《行政诉讼监督规则》第二条规定的基础上,新增人民检察院依法独立行使检察权原则以及"推动行政争议实质性化解"的任务。

(一)关于人民检察院依法独立行使检察权原则

人民检察院依法独立行使职权,自人民检察制度创建以来就已经确立,其内涵也在不断发展。早在1949年,《中央人民政府最高人民检察署试行组织条例》明确规定,"全国各级检察署均独立行使职权,不受地方机关干涉,只服从最高人民检察署之指挥"。1954年宪法第八十三条规定,"地方各级人民检察院独立行使职权,不受地方国家机关的干涉"。1982年宪法第一百三十一条规定,"人民检察院依照法律规定独立行使检察权,不受行政机关、社会团体和个人的干涉"。2014年党的十八届四中全会通过的《中共中央关于全面推进依法治国若干重大问题的决定》明确指出,"完善确保依法独立公正行使审判权和检察权的制度",并且就确保依法独立公正行使审判权和检察权作出了一系列改革部署。现行宪法第一百三十六条规定和2018年修改后的人民检察院组织法第四条规定,均与1982年宪法第一百三十一条规定保持一致。

(二)关于行政诉讼监督任务

检察机关对行政诉讼实行法律监督,主要有五个方面的任务:

1. 监督人民法院依法审判和执行,促进行政机关依法行使职权。这是行政诉讼监督的首要任务。行政诉讼是"民告官"的诉讼,主要包括两个方面内容：一是人民法院审理和执行行政案件，二是包括行政机关在内的行政诉讼参加人进行诉讼活动。检察机关对行政诉讼实行法律监督，是对公权力的监督，其最直接的监督对象是人民法院，最直接的任务是监督人民法院依法审判和执行。同时由于行政诉讼本身就是对行政机关行使职权的司法监督，对行政行为的合法性审查原则是行政诉讼的一个特有原则，检察机关在对人民法院审判和执行活动实行法律监督的同时，通过"穿透式"监督，间接地必然会对行政机关依法行使职权起到促进作用。因此，监督人民法院依法审判和执行，促进行政机关依法行使职权，是检察机关对行政诉讼实行法律监督的两项基本任务，二者应当有机结合。

2. 维护司法公正和司法权威。司法公正和司法权威是辩证统一的关系，二者互为支撑。司法公正是法治国家的基本要件，是司法工作的首要目标，是实体公正和程序公正的有机统一。没有司法公正，不可能有司法权威。检察机关通过行政诉讼监督维护司法公正和司法权威，表现在两个方面：一方面，对于人民法院作出的错误生效判决、裁定和损害国家利益、社会公共利益的调解书，以及审判程序中审判人员的违法行为、行政案件执行活动的违法行为，检察机关应当依法进行监督纠正。另一方面，对于不存在上述监督情形的，检察机关应当依法支持人民法院公正裁判，维护人民法院的审判权威和执行权威。

3. 维护国家利益和社会公共利益，保护公民、法人和其他组织的合法权益。检察机关是国家的法律监督机关，是维护国家利益和社会公共利益的重要力量。行政诉讼作为对行政相对人进行权利救济的渠道，一项重要目的就是保护行政相对人即公民、法人和其他组织的合法权益，使他们受损害的权益得到救济和恢复。行政诉讼监督通过对人民法院行政审判和执行活动的监督，以及对行政机关行政行为的间接监督（穿透式监督），客观上具有对公益或私益的保护作用。

4. 推动行政争议实质性化解。这是本条新增的行政诉讼监督的任务。贯彻落实习近平法治思想，切实践行以人民为中心的发展思想，对充分发挥行政检察监督职能，维护人民群众合法权益和社会稳定，增强人民群众的获得感、幸福感、安全感，具有重要的指导意义。"解决行政争议"是2014年修改行政诉讼法增加的行政诉讼的目的和任务，也是"保护权利"和"监督权力"的结合点和落脚点。检察机关行政诉讼监督与人民法院行政审判是同属行政诉讼法框架下的司法制度，将解决行政争议作为共同的价值追求和工作方向是应有之义。当事人不服法院生效行政判决、裁定、调解书向检察机关申请监督,说明先前的一审、二审、再审(审查)程序没有实现解决行政争议的目的,检察机关行政诉讼监督程序成为运用司法程序解决行政争议的又一重要时间窗口。如果经过检察机关行政诉讼监督程序仍不能有效解决行政争议,行政相对人不仅会延续对被诉行政机关和被诉行政行为的异议,而且会叠加对司法机关的不满。实践证明,检察机关开展行政争议实质性化解工作,符合行政诉讼法的立法目的,解决了人民群众的操心事、烦心事、揪心事,取得了较好的政治效果、社会效果、法律效果。最高人民检察院在2020年、2021年全国"两会"上所作《最高人民检察院工作报告》,连续报告行政争议实质性化解工作,得到全国人大代表、全国政协委员认可。检察机关开展行政争议实质性化解,也逐步得到行政法学界专家、学者的支持和认可。2021年1月,最高人民检察院第七检察厅与中国法学会行政法学研究会共同组织"2020年度十大行政检察典型案例"评选活动,经公开遴选、专家初评、公众投票、专家终评,从参选案例中评选出"2020年度十大行政检察典型案例"并对外发布。其中,有7件系行政争议实质性化解案例。可以说,检察机关实质性化解行政争议工作不仅在社会公众中的影响力越来越强,也得到越来越多的行政法专家学者支持。

5. 保障国家法律的统一正确实施。法律监督是法的实施的重要保障。人民检察院是国家的法律监督机关,是保障国家法律统一正确实施的司法机关。检察机关通过依法办理行政诉讼监督案件,充分发挥法律监督职能,保障行政法律规范的统一正确实施,是行政诉讼监督的一项重要任务。

第三条

人民检察院通过提出抗诉、检察建议等方式,对行政诉讼实行法律监督。

【条文主旨】

本条是关于监督范围和监督方式的规定。

【条文释义】

本次修订,沿用2016年《行政诉讼监督规则》第三条的规定。

（一）关于监督范围

检察机关对行政诉讼的监督是多角度、全过程的监督。加强检察机关对行政诉讼的监督，是2014年修改行政诉讼法的一项重要内容。2014年修改后的行政诉讼法第十一条规定："人民检察院有权对行政诉讼实行法律监督。"明确监督范围是"行政诉讼"；第九十三条借鉴2012年民事诉讼法第二百零八条的规定，对1989年行政诉讼法第六十四条作了重大修改，对检察监督作了全面规定，细化了抗诉的条件和程序，扩大了抗诉的范围，增加了再审检察建议和其他检察建议的监督方式。第一百零一条规定："人民法院审理行政案件，关于期间、送达、财产保全、开庭审理、调解、中止诉讼、终结诉讼、简易程序、执行等，以及人民检察院对行政案件受理、审理、裁判、执行的监督，本法没有规定的，适用《中华人民共和国民事诉讼法》的相关规定。"前述规定对检察机关行政诉讼监督作了全过程、多角度的规定，进一步明确地界定了检察机关行政诉讼监督的范围。行政诉讼从案件受理、审理、裁判到执行，均属检察机关行政诉讼监督的范围。

（二）关于监督方式

2014年修改的行政诉讼法第九十三条在抗诉之外增加了检察建议的监督方式。这主要是吸收了2001年《人民检察院民事行政抗诉案件办案规则》的相关规定，以及2011年最高人民法院、最高人民检察院《关于对民事审判活动与行政诉讼实行法律监督的若干意见（试行）》《关于在部分地方开展民事执行活动法律监督试点工作的通知》的重要司法成果和共识。

1. 抗诉。抗诉是检察机关行政诉讼监督传统的、重要的监督方式。1989年行政诉讼法第六十四条、1991年民事诉讼法第一百八十五条均明确规定了抗诉这一监督方式。2014年修改的行政诉讼法吸收了2007年和2012年民事诉讼法对抗诉相关规定修改完善的内容，抗诉的事由、启动和效力等更加明确。抗诉适用于对可以通过再审程序纠正的符合法定情形的生效行政判决、裁定和调解书的监督。

2. 再审检察建议。再审检察建议是地方各级人民检察院对同级人民法院的一种重要监督方式，其适用范围和情形与抗诉相同，但具有明显不同于抗诉的特点。第一，抗诉一般要由下级人民检察院向上级人民检察院提请，上级人民检察院提出抗诉后，受理抗诉的人民法院还可能要指令原审法院再审，而再审检察建议作为一种同级监督方式由同级人民检察院向原审人民法院提出，省去了检法两院内部的提请或指令环节，快捷、高效、及时的特点更为突出。第二，再审检察建议可以促使法院主动发现和纠正错误，监督方式更为柔和。

3. 其他检察建议。2014年修改的行政诉讼法第九十三条增加了检察建议的监督方式，包括再审检察建议和其他检察建议。《人民检察院检察建议工作规定》第二条规定，"检察建议是人民检察院依法履行法律监督职责，参与社会治理，维护司法公正，促进依法行政，预防和减少违法犯罪，保护国家利益和社会公共利益，维护个人和组织合法权益，保障法律统一正确实施的重要方式"。《人民检察院检察建议工作规定》第五条明确了五类检察建议，分别是再审检察建议、纠正违法检察建议、公益诉讼检察建议、社会治理检察建议和其他检察建议。在行政诉讼监督中，除再审检察建议以外的其他检察建议主要包括纠正违法检察建议、社会治理检察建议。根据《规则》第六章的规定，对行政审判程序中审判人员违法行为提出检察建议，以及根据《规则》第七章的规定对人民法院行政案件执行活动提出检察建议，均属于纠正违法检察建议。根据《规则》第一百三十六条、《人民检察院检察建议工作规定》第九条第三项的规定，"人民检察院办理行政诉讼监督案件或者执行监督案件，发现行政机关有违反法律规定、可能影响人民法院公正审理和执行的行为的"，可以向行政机关提出纠正违法检察建议。据此，人民检察院向有关单位和部门提出改进工作、完善治理的检察建议，属于社会治理检察建议。

第四条

人民检察院对行政诉讼实行法律监督，应当以事实为根据，以法律为准绳，坚持公开、公平、公正，依法全面审查，监督和支持人民法院、行政机关依法行使职权。

【条文主旨】

本条是关于行政诉讼监督原则的规定。

【条文释义】

本次修订，在2016年《行政诉讼监督规则》第四条规定的基础上，作了一处修改，将"坚持合法性审查"修改为"依法全面审查"。

从遵循行政诉讼法的立法目的、基本原则和精神出发，结合行政检察工作实际，人民检察院对行政诉讼实行法律监督应当坚持以下原则：

（一）以事实为根据，以法律为准绳

行政诉讼法第五条规定："人民法院审理行政案件，以事实为根据，以法律为准绳。"检察机关依照行政诉讼法对行政诉讼实行法律监督，同样应当遵循"以事实为根据，以法律为准绳"的原则。只有坚持实事求是，以法律的尺度严格衡量并作为定案的标准，才能确保检察机关办理行政诉讼监督案件的质量和效果。

"以事实为根据"，要求检察机关在办理行政诉讼监督案件中严格依法对证据进行审查判断，查明案件事实真相。一是对当事人在诉讼中提交的证据和申请检察监督提交的证据进行审查；二是对人民法院已经通过法庭调查和法庭辩论等认定的、有证据证明的事实，检察机关应当审查人民法院对证据能力、证明力的认定是否符合法律规定；三是对人民法院没有认定的事实，或现有证据不足以证明裁判认定事实的，检察机关还应当调查核实相关事实。检察机关审查认定案件事实，同样要坚持行政诉讼案件的证明标准。行政诉讼案件的证明标准既不同于刑事诉讼案件要求的证明标准，也不同于民事诉讼案件要求的证明标准。从一定程度上说，"以事实为根据"应当通过审查证据材料，最大限度地接近客观真实。

"以法律为准绳"中的"法律"应当作广义理解。根据行政诉讼法第六十三条的规定，检察机关办理行政诉讼监督案件，既可以依据全国人民代表大会及其常委会制定的法律、国务院制定的行政法规，也可以在本行政区域内依据地方性法规、自治条例和单行条例，还可以参照国务院部门规章、地方政府规章。行政诉讼案件涉及的法律规范层级和门类较多，在检察实践中尤其要注意正确识别法律依据，解决法律规范冲突等疑难问题。

（二）公开、公平、公正

公开原则是司法民主的必然要求，是公民知情权、参与权、监督权的基础和保障，是落实检务公开的具体体现，也是提高检察工作质效、实现司法公正的重要途径。公开原则要求检察机关在办理行政诉讼监督案件过程中，对不涉及国家秘密、商业秘密和个人隐私等有关的活动和事项，应当向社会和诉讼参与人公开。

公平原则是法律面前人人平等的体现。公平原则要求检察机关办理行政诉讼监督案件应当平等对待公民、法人和其他组织以及行政机关，做到对各方当事人合法权益的平等保护。

公正原则要求检察机关办理行政诉讼监督案件应当不偏不倚，居中进行监督，既要坚持过程中的程序公正，又要做到结果上的实体公正，维护国家法律的统一正确实施。公开听证制度作为办理行政诉讼监督案件的一项重要制度被写入《规则》，让公平、公正通过公开的方式更加可触、可感、可信。

（三）依法全面审查

《规则》将"坚持合法性审查"修改为"依法全面审查"。行政诉讼法第六条规定："人民法院审理行政案件，对行政行为是否合法进行审查。"这一规定确立了行政诉讼中的特有原则，即合法性审查原则。合法性审查原则既明确人民法院有权对行政行为的合法性进行审查，同时也限定了人民法院审查的范围为行政行为的合法性，除非行政行为明显不当。在修订过程中，有观点认为合法性审查是人民法院审理行政案件的原则，检察机关系国家的法律监督机关，不宜直接将合法性审查作为行政诉讼监督的原则。经研究，基于检察机关的法律监督性质，直接监督人民法院审判和执行活动，间接监督行政机关行政行为的穿透式监督特点，着眼于实现检察监督的多重目的，特别是推动行政争议实质性化解的任务，《规则》第四条将原"坚持合法性审查"修改为"依法全面审查"。这样修改并不是否定"合法性审查"原则，而是将合法性审查涵摄在内，在合法性审查的基础上进一步发展完善，使其内涵更为丰富。"依法全面审查"要求人民检察院不限于申请人的申请监督请求及理由，而应结合争议焦点对案件进行全面审查；不仅审查人民法院行政诉讼活动的合法性，还审查被诉行政机关的行政行为合法性，以及申请人诉求的合法性与正当性。

（四）监督和支持人民法院、行政机关依法行使职权

《规则》沿用了"监督和支持人民法院、行政机关依法行使职权"的表述。在修订过程中，有意见认为宜依照行政诉讼法第一条关于"监督行政机关依法行使职权"的规定，删除"支持"的表述，修改为"监督人民法院、行政机关依法行使职权"。检察机关履行行政诉讼监督职责，对法院诉讼活动提出监督意见或者不提出监督意见，是对人民法院诉讼活动的监督（纠正错误裁判）或者支持（维护正确裁判），最终都是为了维护司法公正。就行政诉讼监督对行政行为的影响而言，无论是通过抗诉等监督方式间接影响行政行为，还是向行政机关提出检察建议直接影响行政行为，在结果上也体现为对行政行为的监督和支持两个面向。因此，对人民法院、行政机关依法行使职权的"监督"和"支持"并不矛盾，而是具有高度关联性。虽然突出强调"监督"能够彰显检察机关的宪法定位，但"维护司法公正和司法权威""促进行政机关依法行使职权"同样是行政诉讼监督任务的重要内容，从法的指引作用来看，继续坚持强调"监督"和"支持"，有利于社会公众客观认识检

察机关对不同案件的不同处理决定,避免产生申请监督就必须提出抗诉或检察建议的误解,对当事人息诉服判具有积极的引导作用。

> **第五条**
>
> 人民检察院办理行政诉讼监督案件,应当实行繁简分流,繁案精办、简案快办。
>
> 人民检察院办理行政诉讼监督案件,应当加强智慧借助,对于重大、疑难、复杂问题,可以向专家咨询或者组织专家论证,听取专家意见建议。

【条文主旨】

本条是关于行政诉讼监督实行繁简分流、强化智慧借助的规定。

【条文释义】

本条是《规则》新增加的内容。

(一)实行繁简分流

繁简分流是体现行政诉讼监督案件特点、适应行政诉讼监督规律、促进司法资源优化配置、提升监督质量效果的有效举措。最高人民检察院《2018-2022年检察改革工作规划》第十三条,《中央政法委、最高人民法院、最高人民检察院关于进一步优化司法资源配置全面提升司法效能的意见》第二部分、《中共中央办公厅关于深化司法责任制综合配套改革的意见》第二十一条等都对繁简分流提出了明确要求。面对日益增长的行政诉讼监督案件数量,践行精准监督理念要求,通过繁简分流,可以改变以往不区分案件具体情况、对所有的案件均衡用力的做法。这就要求检察机关对案件进行必要的筛选、评估,准确识别繁简案件并分别纳入不同办理轨道,实现繁案精办、简案快办,促进形成"简案有效率、繁案有质效、办案有层次、结案有保证"的良性办案监督模式,努力以较小的司法成本和较少的时间成本取得较好的法律效果。

需要注意的是,简案快办是繁案精办的前提,但"快办"不等于"简办",重在加快办案进度,减轻当事人讼累。繁案精办是指对于办理的重大、疑难、复杂案件,既要坚持精准化导向,提出抗诉的重在对司法理念、法律适用、政策导向有纠偏、创新、引领价值的典型案件;又要坚持精细化审查,在全面审查案件卷宗的基础上,加大调查核实、公开听证、智慧借助、案例检索等工作力度,注意听取审判、执行人员的意见;还要坚持精品质效,在提升办案质量、增强办案效果上下功夫。

（二）加强智慧借助

最高人民检察院《2018-2022年检察改革工作规划》第十六条规定，"建立专家委员会制度。对于检察机关办理的案件，必要时可以邀请法学专家、专家型法官、律师以及有法律背景的人大代表、政协委员参加评议、咨询和研判，促进提升检察官司法办案能力和水平，强化办案质量和效果"。检察机关在办理行政诉讼监督案件中用好"外脑"，建立健全专家咨询制度，是践行智慧借助理念最主要的表现形式，也是落实精准监督要求的重要实现手段。其重要意义在于：一方面，是提升行政诉讼监督能力的现实需要。全国检察机关行政检察队伍整体结构较新，而行政检察涉及面广，还具有政治性、政策性、专业性强的特点，通过专家论证、共同研判等有助于迅速提升专业化水平。另一方面，是提升行政诉讼监督权威性、增强社会对检察工作认同感的需要。通过外部专家的参与，实现与检察人员的优势互补，增加"众人搭台"的智慧，避免"自说自话""唱独角戏"。

第六条

人民检察院办理行政诉讼监督案件，应当查清案件事实、辨明是非，综合运用监督纠正、公开听证、释法说理、司法救助等手段，开展行政争议实质性化解工作。

【条文主旨】

本条是关于开展行政争议实质性化解工作方式方法的规定。

【条文释义】

本条是《规则》新增加的内容。

《规则》第二条新增人民检察院"推动行政争议实质性化解"的任务。《中共中央关于加强新时代检察机关法律监督工作的意见》明确要求："在履行法律监督职责中开展行政争议实质性化解工作，促进案结事了。"实现解决行政争议的目标，需要对相应程序和工作模式进行调整、改进，向实质法治主义转型，使行政相对人权益得到实质救济，行政相对人与被诉行政机关之间的分歧和冲突真正得以消除。2019年10月至2020年12月，最高人民检察院在全国检察机关部署开展"加强行政检察监督促进行政争议实质性化解"专项活动。全国检察机关坚持以案结事了政和为目标，聚焦行政诉讼程序空转等突出问题，集中解决了一批人民群众反映强烈的揪心事。在总结提炼专项活动经验的基础上，《规则》在本条增加规定开展实质性化解行政争议工作的基本思路和方式方法，即在查清案件事实、辨明是非的基础上，根据案件具体情况综合运用相应方式开展行政争议实质性化解工作。这样规定，为今后深入开展、完善提升留出了空间。检察机关促进行政争议实质性化解的方式方法主要有：

（一）监督纠正

人民检察院办理行政诉讼监督案件，经审查符合抗诉或者提出再审检察建议条件的，应当依法提出抗诉或者再审检察建议。人民检察院向人民法院提出抗诉或者再审检察建议后，可以协同审理案件的人民法院共同开展行政争议实质性化解工作。

对于人民法院审判活动、执行活动违法，或者法院裁判并无不当但行政行为存在违法或程序瑕疵，损害行政相对人、利害关系人合法权益的，人民检察院可以根据案件情况，向人民法院、行政机关提出检察建议督促其纠正违法行为、依法履行职责。

（二）公开听证

公开听证是促进司法公开、保障司法公正、提升司法公信、落实普法责任、促进矛盾化解的重要途径。开展行政诉讼监督案件公开听证，既有利于保障行政相对人程序权利，也有利于检察机关客观准确认定事实和适用法律，还有利于消除当事人对司法办案的疑虑，提高检察机关处理决定的可接受性，促进案结事了政和。2020年9月14日，最高人民检察院印发《人民检察院审查案件听证工作规定》，为办理行政诉讼监督案件中开展公开听证提供了依据。《规则》对公开听证作了专节规定。实践中要根据行政诉讼监督案件的特点和具体情况，注意总结经验做法，进一步细化听证条件、案件范围、听证程序等，最大限度发挥公开听证在促进争议化解方面的功能。

（三）释法说理

释法说理是贯穿于办理行政诉讼监督案件始终的化解行政争议的基本方式。《最高人民检察院关于加强检察法律文书说理工作的意见》《最高人民检察院关于实行检察官以案释法制度的规定》等对释法说理提出了明确要求。从释法说理的形式来说，既可以通过书面法律文书，还可以当面释法说理。从释法说理的对象来说，一方面，要加强对行政相对人的释法说理，无论其诉求是否合理合法，都要向其阐明法律规定，解释立法原意，回应诉求主张，促进息诉服判；另一方面，也要加强对被诉行政机关的释法说理，尤其是在行政行为不合法或者明显不当的情况下，要更加重视向行政机关阐明利弊，促进纠正违法行政行为，推动行政争议解决。

（四）司法救助

对符合司法救助条件的当事人，由国家给予适当经济资助，帮助他们摆脱生活困境，既彰显党和政府的民生关怀，又有利于实现社会公平正义，促进社会和谐稳定，维护司法的权威和公信。中央政法委、财政部、最高人民法院、最高人民检察院、公安部、司法部（以下简称六部委）《关于建立完善国家司法救助制度的意见（试行）》规定，"涉法涉诉信访人，其诉求具有一定合理性，但通过法律途径难以解决，且生活困难，愿意接受国家司法救助后息诉息访的，可参照执行"。检察机关在办理行政诉讼监督案件中，应当坚持司法人文关怀，对生活确有困难，符合司法救助条件的行政相对人（涉法涉诉信访人），给予司法救助，用关爱传递司法的温暖。

第七条

负责控告申诉检察、行政检察、案件管理的部门分别承担行政诉讼监督案件的受理、办理、管理工作，各部门互相配合，互相制约。

当事人不服人民法院生效行政赔偿判决、裁定、调解书的案件，由负责行政检察的部门办理，适用本规则规定。

【条文主旨】

本条是关于检察机关受理、办理、管理行政诉讼监督案件的内部工作分工的规定。

【条文释义】

本条是《规则》新增加的内容。本次修订，在2013年《民事诉讼监督规则》第五条规定的基础上，增加一款规定，调整行政赔偿监督案件承办部门。

本条第一款明确了行政诉讼监督案件"受审管分离"原则，即行政诉讼监督案件的受理、审查和管理的职责分别由检察机关的不同部门行使，各部门各司其职，互相配合并监督制约。一方面，这是合理划分不同部门的职责分工，以加强协调配合、提升工作效率的需要；另一方面，这也是加强检察机关内部监督制约、提升监督质量的需要。根据检察机关内设机构改革精神，

《规则》对职能部门采用了"职能＋部门"的表述方法，即负责控告申诉检察的部门、负责行政检察的部门、负责案件管理的部门。

本条第二款是《规则》新增加的内容，对行政赔偿监督案件承办部门作了调整。此前，2010年《人民检察院国家赔偿工作规定》第三条规定，这类案件原由国家赔偿工作办公室（与刑事申诉检察部门合署办公）统一办理。《规则》将承办部门调整为行政检察部门，主要出于以下考虑：一是人民法院由行政审判庭审理行政赔偿案件。二是检察机关内设机构改革后，国家赔偿工作办公室与控告申诉检察部门合署办公，为体现受理与办理相分离的原则，客观上需要对职能作出调整。调整承办部门后，办理行政赔偿监督案件的程序，适用修订后的《人民检察院行政诉讼监督规则》，不再适用《人民检察院国家赔偿工作规定》。

第八条

人民检察院办理行政诉讼监督案件，由检察官、检察长、检察委员会在各自职权范围内对办案事项作出决定，并依照规定承担相应司法责任。

检察官在检察长领导下开展工作。重大办案事项，由检察长决定。检察长可以根据案件情况，提交检察委员会讨论决定。其他办案事项，检察长可以自行决定，也可以委托检察官决定。

本规则对应当由检察长或者检察委员会决定的重大办案事项有明确规定的，依照本规则的规定；本规则没有明确规定的，省级人民检察院可以制定有关规定，报最高人民检察院批准。

以人民检察院名义制发的法律文书，由检察长签发；属于检察官职权范围内决定事项的，检察长可以授权检察官签发。

重大、疑难、复杂或者有社会影响的案件，应当向检察长报告。

【条文主旨】

本条是关于人民检察院在办理行政诉讼监督案件中落实司法责任制的规定。

【条文释义】

本条是《规则》新增加的内容。

长期以来，检察机关办理行政诉讼监督案件实行"承办人承办—部门负责人审核—检察长（检察委员会）审批决定"的办案模式。虽然这种办案模式与司法责任制改革前检察机关的人员素质及管理模式相适应，在当时历史条件下，对于保证行政诉讼监督案件的办理质量，保证检察权的正确规范行使发挥了重要作用。但这种办案模式存在办案组织不健全、行政色彩较浓、检察官办案主体地位不明显等问题，已经不适应检察机关办理行政诉讼监督案件的现实需要，不利于落实"谁办案谁负责、谁决定谁负责"的司法责任制改革要求。

司法责任制改革作为党的十八届三中、四中全会部署的重要任务，是完善司法权运行机制的关键，在全面深化司法体制改革中具有基础性、全局性地位。司法责任制是基于检察机关的法定职权和履职规律，科学界定检察人员、办案组织的权限、责任，明确司法责任承担主体、范围和追责条件、方式，构建公正高效的检察权运行机制和公平合理的司法责任认定、追究机制的管理制度。2015年9月25日，最高人民检察院印发《关于完善人民检察院司法责任制的若干意见》（高检发〔2015〕10号），各省级人民检察院普遍结合本地实际制定了实施细则。人民检察院组织法第八条、第二十九条、第三十三条、第三十四条对司法责任制的原则，检察官、检察长、检察委员会的职权和责任，以及司法责任的承担与划分等作了规定，检察官法第九条对检察官与检察长的职责权限作了规定。根据以上规定，参考《人民检察院刑事诉讼规则》（高检发释字〔2019〕4号）第四条关于办理刑事案件实行司法责任制的相关规定，对办理行政诉讼监督案件实行司法责任制作了相应的规定。

关于检察官、检察长、检察委员会的办案权限划分。除《规则》规定的"重大办案事项"外，其他办案事项，检察长都可以委托检察官决定。重大办案事项，由检察长决定；检察长可以根据案件情况，提交检察委员会讨论决定。对于如何界定重大办案事项的具体范围，《规则》有明确规定属于"重大办案事项"的，依照其规定，如根据《规则》第五十六条第二款规定，有需要调查核实、实质性化解行政争议及其他特殊情况需要延长审查期限的，由本院检察长批准；《规则》没有明确规定属于"重大办案事项"的，省级检察院可根据行政诉讼法、民事诉讼法和《规则》的规定，结合当地实际，制定检察官权力清单，报请最高人民检察院批准。

关于检察官能否签发法律文书的问题。2017年《最高人民检察院关于完善检察官权力清单的指导意见》第七条规定："以人民检察院名义制发的法律文书属检察官职权范围内决定事项或不涉及办案事项决定权的，可以由检察官签发。"人民检察院组织法第二十九条规定："……检察长可以将部分职权委托检察官行使，可以授权检察官签发法律文书。"据此，《规则》明确规定，属于检察官职权范围内决定事项的,检察长可以授权检察官签发法律文书。

关于向检察长报告的问题。检察长统一领导人民检察院工作,依照法律和相关规定履行职责。如果属于重大、疑难、复杂或者有社会影响的案件,无论是否涉及"重大办案事项",都应当向检察长报告,由检察长决定对该案件的处理是授权检察官决定,还是自行决定。

应当注意的是,人民检察院的副检察长受检察长委托,可以履行相关职责。在《规则》没有专门区分检察长、副检察长的情况下,依据《最高人民检察院关于完善人民检察院司法责任制的若干意见》的规定,应理解为"检察长"包括检察长和主管行政诉讼监督工作的副检察长。

> **第九条**
>
> 人民检察院办理行政诉讼监督案件,根据案件情况,可以由一名检察官独任办理,也可以由两名以上检察官组成办案组办理。由检察官办案组办理的,检察长应当指定一名检察官担任主办检察官,组织、指挥办案组办理案件。
>
> 检察官办理行政诉讼监督案件,可以根据需要配备检察官助理、书记员、司法警察、检察技术人员等检察辅助人员。检察辅助人员依照有关规定承担相应的检察辅助事务。

【条文主旨】

本条是关于在行政诉讼监督中检察机关办案组织设置的规定。

【条文释义】

本条是《规则》新增加的内容。

办案组织是检察权运行机制的载体,也是司法责任制的基础。办案组织形式的科学性、完整性,直接关系到办案质效。根据司法责任制改革要求和人民检察院组织法第二十八条规定,《规则》明确了两种办案组织形式,即独任检察官和检察官办案组。办理行政诉讼监督案件,可以根据履行职权的需要、案件类型、复杂难易程度,具体确定采用何种办案组织形式。检察官办案组可以临时设置,也可以相对固定设置。组成检察官办案组的,检察长应当指定一名检察官担任主办检察官,履行组织、指挥办案组办理案件的职责。检察长作为检察官参与检察官办案组办案的,应由检察长担任主办检察官,组织、指挥案件办理。办案组是指两名以上检察官组成的办案组织，独任检察官在检察辅助人员协助下办理案件的，不是检察官办案组。

人民检察院组织法第四十条规定："人民检察院的检察官、检察辅助人员和司法行政人员实行分类管理。"检察官是依法行使国家检察权的检察人员，检察辅助人员是协助检察官履行职责的工作人员，包括检察官助理、书记员、司法警察、检察技术人员等，上述人员的职责明确规定在人民检察院组织法第四十三条、四十四条、四十五条和四十六条之中。根据需要配备检察辅助人员协助检察官工作，是建设革命化、正规化、专业化、职业化检察队伍的体现。无论是独任检察官，还是检察官办案组，均可根据需要在办理案件中配备检察辅助人员。

第十条

最高人民检察院领导地方各级人民检察院和专门人民检察院的行政诉讼监督工作，上级人民检察院领导下级人民检察院的行政诉讼监督工作。

上级人民检察院认为下级人民检察院的决定错误的，有权指令下级人民检察院纠正，或者依法撤销、变更。上级人民检察院的决定，应当以书面形式作出，下级人民检察院应当执行。下级人民检察院对上级人民检察院的决定有不同意见的，可以在执行的同时向上级人民检察院报告。

上级人民检察院可以依法统一调用辖区的检察人员办理行政诉讼监督案件，调用的决定应当以书面形式作出。被调用的检察官可以代表办理案件的人民检察院履行相关检察职责。

【条文主旨】

本条是关于办理行政诉讼监督案件中人民检察院领导体制的规定。

【条文释义】

本条是《规则》新增加的内容。本次修订，在2013年《民事诉讼监督规则》第七条规定的基础上，有两处修改。（1）在第二款中增加"上级人民检察院的决定应当以书面形式作出"的规定。（2）增加一款作为第三款，规定上级人民检察院可以依法统一调用辖区的检察人员办理行政诉讼监督案件。

本条第一款、第二款对检察机关行政诉讼监督工作的领导体制作出规定。根据宪法和人民检察院组织法的规定，最高人民检察院领导地方各级人民检察院和专门人民检察院的工作，上级人民检察院领导下级人民检察院的工作。检察长统一领导人民检察院的工作。即在组织体系上，检察机关实行上级领导下级的体制，在检察机关内部，实行检察长的统一领导。检察机关实行上级领导下级的体制，是检察机关履行法律监督职能，维护国家法律统一正确实施的重要制度保证。人民检察院组织法第二十四条规定："上级人民检察院对下级人民检察院行使下列职权：（一）认为下级人民检察院的决定错误的，指令下级人民检察院纠正，或者依法撤销、变更；（二）可以对下级人民检察院管辖的案件指定管辖；（三）可以办理下级人民检察院管辖的案件；（四）可以统一调用辖区的检察人员办理案件。上级人民检察院的决定，应当以书面形式作出。"第二十五条规定："下级人民检察院应当执行上级人民检察院的决定；有不同意见的，可以在执行的同时向上级人民检察院报告。"《规则》对在行政诉讼监督工作中贯彻落实上述规定作出了明确规定。

检察一体化是人民检察院行使法律监督权的基本组织原则，具有统一办案标准、调动办案力量、加强内部监督、保证检察机关统一协调运行的重要功能。依照人民检察院组织法第二十四条、第二十五条关于检察一体化的规定，本条第三款规定上级人民检察院可以依法统一调用辖区内的检察人员办理行政诉讼监督案件，并明确了被调用检察人员的职权。在征求意见过程中，有的部门提出，各级人民检察院的检察官是由相应的人大常委会任免的，所调用的检察官如果没有被任命为办理案件的人民检察院的检察官，不应授权其签发法律文书、出庭支持抗诉。《规则》采纳了上述意见，规定"履行相关检察职责"。履行职责的具体范围，根据最高人民检察院和地方人民检察院的具体规定执行。司法实践中，上级人民检察院调用辖区的检察人员办理案件，既包括检察官，也包括检察官助理；既包括调用本院的检察人员到辖区的下级人民检察院办理案件，也包括调用辖区的下级人民检察院的检察人员到本院或者辖区的其他下级人民检察院办理案件。上级检察机关的调用决定应当为书面形式，以保证办案的规范性和人员管理、业绩考核的科学性。

第十一条

人民检察院检察长或者检察长委托的副检察长在同级人民法院审判委员会讨论行政诉讼监督案件或者其他与行政诉讼监督工作有关的议题时,可以依照有关规定列席会议。

【条文主旨】

本条是关于列席人民法院审判委员会会议的规定。

【条文释义】

本条是《规则》新增加的内容。本次修订,在2013年《民事诉讼监督规则》第八条规定的基础上,依照人民检察院组织法第二十六条的规定,增加检察长委托的副检察长可以列席同级人民法院审判委员会会议的规定。

人民检察院检察长有权列席同级人民法院审判委员会会议,早在1954年人民检察院组织法、人民法院组织法中就有规定。2010年《最高人民法院、最高人民检察院关于人民检察院检察长列席人民法院审判委员会会议的实施意见》规定:"三、人民法院审判委员会讨论下列案件或者议题,同级人民检察院检察长可以列席:(一)可能判处被告人无罪的公诉案件;(二)可能判处被告人死刑的案件;(三)人民检察院提出抗诉的案件;(四)与检察工作有关的其他议题。"现行人民检察院组织法第二十六条规定:"人民检察院检察长或者检察长委托的副检察长,可以列席同级人民法院审判委员会会议。"据此,《规则》增加检察长委托的副检察长可以列席同级人民法院审判委员会会议的规定。

对于检察长列席人民法院审判委员会会议,可以从以下几个方面予以把握:一是列席人员,可以是检察长,也可以是检察长委托的副检察长。二是列席情形,同级人民法院审判委员会会议讨论行政诉讼监督案件,如检察机关提出抗诉或再审检察建议的案件;也可以是同级人民法院审判委员会会议讨论其他与行政诉讼监督工作有关的议题,如有的省级检察院检察长列席高级法院审判委员会会议,通报行政诉讼监督情况。三是列席的任务,对于审判委员会会议讨论的案件和其他有关议题发表意见,履行法律监督职责。

第十二条

　　检察人员办理行政诉讼监督案件，应当秉持客观公正的立场，自觉接受监督。

　　检察人员不得违反规定与当事人、律师、特殊关系人、中介组织接触、交往。

　　检察人员有收受贿赂、徇私枉法等行为的，应当追究纪律责任和法律责任。

　　检察人员对过问或者干预、插手行政诉讼监督案件办理等重大事项的行为，应当依照有关规定全面、如实、及时记录、报告。

【条文主旨】

本条是关于检察人员办案纪律的规定。

【条文释义】

　　本条是《规则》新增加的内容。本次修订，在2013年《民事诉讼监督规则》第十条规定的基础上，有四处修改。(1)在第一款中增加检察人员"应当秉持客观公正的立场"的规定。(2)在第二款对办案纪律采用不得违反规定接触交往的表述。(3)在第三款增加追究纪律责任的内容。(4)增加一款关于对过问或者干预、插手行政诉讼监督案件办理等重大事项的行为记录报告制度的规定。

　　检察人员办理行政诉讼监督案件，必须强化自身监督，严格遵守办案纪律，这是法律对检察人员履行法律监督职责的基本要求。本条中检察人员包括检察官和检察官助理、辅助办案的其他检察人员。

　　(一)检察人员办理行政诉讼监督案件应当秉持客观公正的立场，自觉接受监督

　　"秉持客观公正的立场"是2019年检察官法第五条规定增加的内容。"秉持客观公正的立场"，要求检察人员在履行职责中应当实事求是、不偏不倚，以维护公平、追求正义，避免陷入当事人一方的立场。在实践中，秉持客观公正的立场，一要避免预设立场，带着先入之见处理案件，形成对其中一方的倾斜；二要排除人情关系等因素干扰，始终以事实为根据，以法律为准绳；三要坚持兼听则明偏信则暗，查清案件事实。自觉接受监督，既包括检察机关内部的监督，也包括人大代表、政协委员、人民监督员的监督，还包括当

事人和案外人、新闻媒体、社会公众监督等。特别注意落实《人民检察院办案活动接受人民监督员监督的规定》等相关规定。

（二）检察人员不得有不当接触交往行为

在《规则》修订过程中，有的部门提出，2015年《最高人民法院、最高人民检察院、公安部、国家安全部、司法部关于进一步规范司法人员与当事人、律师、特殊关系人、中介组织接触交往行为的若干规定》第五条对不当接触交往行为作了明确规定，接受请客送礼及其他利益只是其中之一。因此，建议采取该规定关于接触交往的表述。经研究予以采纳，规定"检察人员不得违反规定与当事人、律师、特殊关系人、中介组织接触、交往"，涵盖范围更广，表述更为科学。

（三）对检察人员违法必究

检察人员有收受贿赂、徇私枉法等行为的，应当依照有关规定追究相应的纪律责任和法律责任。

（四）检察人员应当严格执行"三个规定"等重大事项记录报告制度

坚持将执行"三个规定"等重大事项记录报告制度嵌入办案过程，是健全检察权运行监督制约机制，加强党风廉政建设的重要措施。检察人员办理行政诉讼监督案件，应当严格执行中共中央办公厅、国务院办公厅《领导干部干预司法活动、插手具体案件处理的记录、通报和责任追究规定》（中办发〔2015〕23号）、中央政法委《司法机关内部人员过问案件的记录和责任追究规定》（中政委〔2015〕10号）、《最高人民法院、最高人民检察院、公安部、国家安全部、司法部关于进一步规范司法人员与当事人、律师、特殊关系人、中介组织接触交往行为的若干规定》，以及最高人民检察院为贯彻落实"三个规定"制定的《关于建立过问或干预、插手检察办案等重大事项记录报告制度的实施办法》《关于执行"三个规定"等重大事项记录报告制度若干问题的工作细则》等相关规定，对过问或者干预、插手行政诉讼监督案件办理等重大事项的行为，依照有关规定全面、如实、及时记录、报告。

第二章 回 避

本章是新增加的一章。对回避适用情形、回避方式、回避决定及复议等作出规定。

第十三条

检察人员办理行政诉讼监督案件,有下列情形之一的,应当自行回避,当事人有权申请他们回避:

(一)是本案当事人或者当事人、委托代理人近亲属的;

(二)担任过本案的证人、委托代理人、审判人员、行政执法人员的;

(三)与本案有利害关系的;

(四)与本案当事人、委托代理人有其他关系,可能影响对案件公正办理的。

检察人员接受当事人、委托代理人请客送礼及其他利益,或者违反规定会见当事人、委托代理人,当事人有权申请他们回避。

上述规定,适用于书记员、翻译人员、鉴定人、勘验人等。

【条文主旨】

本条是关于回避适用情形的规定。

【条文释义】

本条是《规则》新增加的内容。本次修订,在2013年《民事诉讼监督规则》第十八条规定的基础上,直接列举回避适用情形,同时结合法律职业人员交流任职情况,增加一项回避情形,即担任过本案的证人、委托代理人、审判人员、行政执法人员的,应当回避。

行政诉讼法第五十五条第一、二款对审判人员回避的情形作了规定,民事诉讼法第四十七条对审判人员回避情形的规定更为具体、清晰。本条参考关于审判人员回避的规定，结合行政诉讼监督工作实际，对检察人员的回避情形作出明确规定。

（一）关于回避适用情形

主要分为两类：一是原发性回避事由，即办案人员与案件有特定利害关系。本条第一款规定的四种情形属于原发性回避事由。二是继发性回避事由，即办案人员的特定行为可能对办案产生不公正影响，本条第二款规定的情形属于继发性回避事由。

对本条第一款规定的理解，注意把握以下几点：

1. 本条第一款第一项中"近亲属"的范围。《最高人民法院关于审判人员在诉讼活动中执行回避制度若干问题的规定》第一条第二款规定："本规定所称近亲属，包括与审判人员有夫妻、直系血亲、三代以内旁系血亲及近姻亲关系的亲属。"参考以上规定，本条第一款第一项中的"近亲属"，应当包括与检察人员有夫妻关系、直系血亲关系、三代以内旁系血亲以及近姻亲关系的亲属。

2. 本条第一款第二项针对的是特定身份。实践中，有的检察人员系从法院或行政机关经遴选、调任等途径进入检察机关，在办理行政诉讼监督案件时，这些检察人员可能在该案的诉讼程序中担任过审判人员，或在行政程序中担任过行政执法人员，或者担任过该案的证人、委托代理人等。因为在前一法律程序中担任某种特殊身份而对案件介入较深，在后一法律程序中虽然身份变换，但仍然存在先入为主、难以保持客观中立及进行自我纠正等风险，故将其纳入回避情形。

3. 本条第一款第三项中的"与本案有利害关系"的含义。是指检察人员与案件或案件当事人之间存在一定的实质性的利害关系。如检察人员可能与当事人有财产、人身的利害关系，或享有共同的权利或承担共同的义务，或与其中一方有直接的隶属关系等。

4. 本条第一款第四项中的"与本案当事人、委托代理人有其他关系，可能影响对案件公正办理"。"其他关系"可能是同学、朋友、同事等关系，或者曾经与当事人有过恩怨等。认定"其他关系"的关键在于此种关系是否可能影响案件公正办理，应当具体情况具体分析。

关于对本条第二款规定的理解。这种行为包括检察人员接受请客送礼，或接受其他利益，或违反规定会见。《最高人民法院、最高人民检察院、公安部、国家安全部、司法部关于进一步规范司法人员与当事人、律师、特殊关系人、中介组织接触交往行为的若干规定》第五条对不当接触交往行为作了列举，其中包括第三项规定的接受请客送礼或者其他利益。

（二）关于回避方式

检察人员办理行政诉讼监督案件过程中的回避方式，包括检察人员自行回避和当事人申请回避两种。自行回避是指检察人员在办案中认为自己符合法定回避情形，主动请求退出案件办理而改由其他人员办理。申请回避是指当事人及其委托代理人认为检察人员有法律规定的应当回避事项的，向人民检察院提出申请，人民检察院审查后决定是否更换其他检察人员办理案件。

（三）关于回避适用主体

本条系规定办理行政诉讼监督案件的回避，其中的检察人员是指具有办案权限的主体，包括检察官和检察官助理，与人民检察院组织法和分类管理改革所称的"检察人员"不是同一概念。

人民检察院的书记员负责案件记录等检察辅助事务。翻译人员是经检察机关指定或委托承担翻译工作的人员。鉴定人是经检察机关指定或委托，运用专业知识进行鉴定并向检察机关提供鉴定意见的人员。勘验人是检察机关的工作人员或指定的其他人员，在办案中进行现场勘查、检验，并制作勘验笔录的人员。书记员、翻译人员、鉴定人、勘验人的工作直接或间接影响司法办案的公正性，参照民事诉讼法第四十四条第四款规定，本条规定的回避情形一并适用于书记员、翻译人员、鉴定人、勘验人。

第十四条

检察人员自行回避的，可以口头或者书面方式提出，并说明理由。口头提出申请的，应当记录在卷。

【条文主旨】

本条是关于检察人员自行回避的规定。

【条文释义】

本条是《规则》新增加的内容。本次修订，沿用2013年《民事诉讼监督规则》第十九条的规定。

对自行回避作出规定，主要基于以下考虑：第一，根据《规则》第十三条的规定，检察人员自行回避是特定情形下的法定义务，必须予以重视。第二，检察人员相对于当事人而言，更能有效判断自己是否符合第十三条规定的回避情形。第三，相对于当事人申请回避，检察人员自行回避的主动态度也更有利于传递出司法公正的良好形象。

第十五条

当事人申请回避，应当在人民检察院作出提出抗诉或者检察建议等决定前以口头或者书面方式提出，并说明理由。口头提出申请的，应当记录在卷。依照本规则第十三条第二款规定提出回避申请的，应当提供相关证据。

被申请回避的人员在人民检察院作出是否回避的决定前，应当暂停参与本案工作，但案件需要采取紧急措施的除外。

【条文主旨】

本条是关于当事人申请回避的规定。

【条文释义】

本条是《规则》新增加的内容。本次修订，沿用2013年《民事诉讼监督规则》第二十条的规定。

关于当事人申请回避的时限、方式。一是申请时间。办理行政诉讼监督案件过程中，一方面要保障当事人的申请回避权利，另一方面也要保证办案程序顺利推进，规定申请回避的时间有利于督促当事人及时行使权利，也有助于案件的及时办理。检察机关办理行政诉讼监督案件，在抗诉或者检察建议之外，还有提请抗诉、不支持监督申请决定、终结审查等其他结案方式，因此"人民检察院作出提出抗诉或者检察建议等决定"中的"等"应作"等外"理解，包括一切结案决定。二是申请方式。申请方式包括口头申请和书面申请，口头申请的，应当记录在卷。三是申请理由。申请回避应当说明理由，以便检察机关进行审查。针对检察人员接受请客送礼、其他利益或违规会见的情形，当事人应当提供相关证据证明。

关于对被申请回避的检察人员的安排。在检察机关作出是否回避的决定前，被申请回避人员应当暂停参与本案工作。这是基于对回避权利的制度保障，被申请回避人员暂停参与本案工作，有利于保障案件办理的客观性、公正性和严肃性。同时，对停止参与工作将带来难以弥补的损失、需要采取紧急措施的情形，作出例外规定。

第十六条

检察长的回避，由检察委员会讨论决定；检察人员和其他人员的回避，由检察长决定。检察委员会讨论检察长回避问题时，由副检察长主持，检察长不得参加。

【条文主旨】

本条是关于回避决定的规定。

【条文释义】

本条是《规则》新增加的内容。本次修订，沿用 2013 年《民事诉讼监督规则》第二十一条的规定。

为了保障回避决定的严肃性和公正性，特别是防止被申请回避的人员自己作出是否回避的决定，参照民事诉讼法第四十六条的规定，明确检察人员和其他人员的回避，由检察长决定；检察长的回避，由检察委员会讨论决定。需要指出的是，本条中将检察长和副检察长作了区分，对副检察长的回避，仍由检察长决定。按照回避制度的精神，在检察委员会讨论检察长是否回避的问题时，检察长不得参加讨论，应当由副检察长主持。

第十七条

人民检察院对当事人提出的回避申请，应当在三日内作出决定，并通知申请人。对明显不属于法定回避事由的申请，可以当场驳回，并记录在卷。

申请人对驳回回避申请的决定不服的，可以在接到决定时向原决定机关申请复议一次。人民检察院应当在三日内作出复议决定，并通知复议申请人。复议期间，被申请回避的人员不停止参与本案工作。

【条文主旨】

本条是关于对回避申请的决定程序以及复议的规定。

【条文释义】

本条是《规则》新增加的内容。本次修订，在 2013 年《民事诉讼监督规则》第二十二条规定的基础上，参考《最高人民法院关于适用〈中华人民共和国行政诉讼法〉的解释》第七十四条第三款关于"对当事人提出的明显不属于法定回避事由的申请，法庭可以依法当庭驳回"之规定，增加对明显不属于法定回避事由的申请，人民检察院可以当场直接驳回，并记录在卷。

申请回避是当事人的重要权利，对当事人提出的回避申请依法作出决定，则是检察机关的应尽职责。明确检察机关对回避申请如何处理，有利于提高办案效率，避免无故拖延，实现保护当事人程序权利和保障行政诉讼监督办案顺利进行。对本条规定，具体可以从以下几个方面把握：

一是作出决定的时间。无论对当事人提出的回避申请是否准许，检察机关都应当在收到回避申请三日内作出决定并通知申请人。此处的"日"是指工作日。

二是当场驳回申请。参考《最高人民法院关于适用〈中华人民共和国行政诉讼法〉的解释》第七十四条第三款关于"对当事人提出的明显不属于法定回避事由的申请，法庭可以依法当庭驳回"之规定，在办理行政诉讼监督案件中，对于申请人提出的事由明显不符合法律规定的情况，亦应赋予检察官当场直接驳回的权力，以避免浪费司法资源、影响办案效率。对此种当场驳回的情形，应当记录在卷。

三是赋予当事人有限的申请复议权。对检察机关作出的驳回回避申请的决定，申请人可以向原决定机关申请复议。为避免当事人反复申请、滥用程序权利，限定申请复议次数为一次。检察机关应当在收到复议申请后三日内作出复议决定，并通知复议申请人。复议决定一经作出，立即发生法律效力。复议期间，被申请回避的人员不停止参与本案工作。

第三章 受 理

> **第十八条**
> 人民检察院受理行政诉讼监督案件的途径包括:
> (一)当事人向人民检察院申请监督;
> (二)当事人以外的公民、法人或者其他组织向人民检察院控告;
> (三)人民检察院依职权发现。

【条文主旨】

本条是关于行政诉讼监督案件受理途径的规定。

【条文释义】

本条是《规则》新增加的内容。本次修订,基本沿用2013年《民事诉讼监督规则》第二十三条的规定,将"案件来源"修改为"人民检察院受理途径"。

案件受理是检察机关办理行政诉讼监督案件的第一个程序,明确受理途径,有利于规范人民检察院的办案活动。行政诉讼法第九十三条规定:"最高人民检察院对各级人民法院已经发生法律效力的判决、裁定,上级人民检察院对下级人民法院已经发生法律效力的判决、裁定,发现有本法第九十一条规定情形之一,或者发现调解书损害国家利益、社会公共利益的,应当提出抗诉。地方各级人民检察院对同级人民法院已经发生法律效力的判决、裁定,发现有本法第九十一条规定情形之一,或者发现调解书损害国家利益、社会公共利益的,可以向同级人民法院提出检察建议,并报上级人民检察院备案;也可以提请上级人民检察院向同级人民法院提出抗诉。各级人民检察院对审判监督程序以外的其他审判程序中审判人员的违法行为,有权向同级人民法院提出检察建议"。上述规定中的"发现"不仅包括"依申请发现",还包括"依职权发现"。因此,明确检察机关"发现"的途径,对于完善行政诉讼监督程序、保障人民检察院依法履行职责具有重要意义。

本条规定了检察机关"发现"行政诉讼监督案件的三种途径:

第一项规定了"当事人向人民检察院申请监督"。当事人的范围包括行政审判活动的参加人,行政执行活动的申请执行人、被执行人、具有利害关系的案外第三人。当事人不服法院生效判决、裁定,认为法院行政诉讼审判程序中审判人员存在违法行为,认为法院执行活动违法的,符合本《规则》规定的申请监督条件,可以向检察机关申请监督。这是检察机关发现行政诉讼监督案件的最主要来源。本条使用的是"申请监督",而不是"申诉",延续了2016年《行政诉讼监督规则》的规定。主要考虑到:一是行政诉讼监督是对人民法院和行政机关公权力行使是否正当的监督,"申诉"一词与监督属性不符;二是行政诉讼监督是法定的法律监督程序,与一般的"信访申诉"程序不同,使用"申诉"一词容易引起混乱,甚至可能异化行政诉讼监督的功能;三是当事人反映审判人员和执行人员的违法行为,不存在申诉的问题,也不适宜用"申诉"一词,因此本《规则》中统称为"申请监督"。

第二项规定了"当事人以外的公民、法人或者其他组织向人民检察院控告"。当事人以外的公民、法人或者其他组织认为审判人员、执行人员存在违法行为,向人民检察院控告,是人民检察院发现案件线索的重要渠道。因此,本条特别将"当事人以外的公民、法人和其他组织向人民检察院控告"规定为人民检察院行政诉讼监督的来源之一,依法实行监督。实践中,当事人可能会通过控告的方式,对行政审判程序中审判人员违法行为等向检察机关申请监督。但是,案件当事人的控告实质仍是不服个案处理,认为人民法院审判权行使不当,因此当事人的控告可以归入"当事人申请监督"的途径之中。

第三项规定了"人民检察院依职权发现"。实践中,除申请监督、控告以外,人民检察院还可能通过履行法律监督职责、办理其他案件、新闻报道、网络媒介等途径发现需要监督的案件线索,这类案件统称为"依职权发现的案件"。依职权发现的案件是人民检察院主动介入案件,审查人民法院审判权或者执行权是否正当行使,应当审慎运用,严格按照本《规则》第三十六条的规定条件执行。

第十九条

有下列情形之一的，当事人可以向人民检察院申请监督：

（一）人民法院驳回再审申请或者逾期未对再审申请作出裁定，当事人对已经发生法律效力的行政判决、裁定、调解书，认为确有错误的；

（二）认为再审行政判决、裁定确有错误的；

（三）认为行政审判程序中审判人员存在违法行为的；

（四）认为人民法院行政案件执行活动存在违法情形的。

当事人死亡或者终止的，其权利义务承继者可以依照前款规定向人民检察院申请监督。

【条文主旨】

本条是关于当事人申请监督的情形的规定。

【条文释义】

本次修订，在2016年《行政诉讼监督规则》第五条规定的基础上，有两处修改：（1）2016年《行政诉讼监督规则》第五条第一项规定"人民法院对生效判决、裁定、调解书驳回再审申请或者逾期未对再审申请作出裁定的"，当事人可以申请监督。本次修订中，有的部门提出，该表述易产生"驳回再审申请裁定是抗诉对象"的歧义。经研究，对文字表述进行修改，以清晰表述人民检察院监督对象是生效行政判决、裁定、调解书。（2）明确当事人权利义务承继者的申请监督主体资格。《最高人民法院关于适用〈中华人民共和国民事诉讼法〉的解释》第三百七十五条第一款规定，"当事人死亡或者终止的，其权利义务承继者可以根据民事诉讼法第一百九十九条、第二百零一条的规定申请再审"。本次修订中，借鉴了上述规定增加"当事人死亡或者终止的，其权利义务承继者可以依照前款规定向人民检察院申请监督"。

当事人向人民检察院申请监督是人民检察院发现案件的最主要来源。本条概括列举了当事人可以申请监督的四种情形，实际上对应了检察机关办理行政诉讼监督案件的三种类型。依照行政诉讼法的规定，当事人可以向检察机关申请监督的情形应当包括以下三类：一是对生效行政判决、裁定、调解书申请监督；二是对行政审判程序中审判人员违法行为申请监督；三是对人民法院行政案件执行活动申请监督。

（一）对生效行政判决、裁定、调解书申请监督

本条第一款第一、二项规定的是对生效行政判决、裁定、调解书申请监

督的两种情形。在以往的司法实践中，不少当事人既向人民法院申请再审，又向人民检察院申请抗诉。为更好地配置司法资源，增强法律监督实效，民事诉讼法第二百一十六条第一款规定了当事人可以向检察机关申请监督的三种情形：一是人民法院驳回再审申请的；二是人民法院逾期未对再审申请作出裁定的；三是再审判决、裁定确有错误的。行政诉讼法虽然没有明确作出类似规定，但根据第一百零一条的规定，当事人针对生效判决、裁定和调解书申请监督，也应符合民事诉讼法第二百一十六条的规定。

关于调解书的申请再审和检察监督问题。行政诉讼法第九十条规定："当事人对已经发生法律效力的判决、裁定，认为确有错误的，可以向上一级人民法院申请再审，但判决、裁定不停止执行。"没有规定对调解书可以申请再审。民事诉讼法第二百零八条规定："当事人对已经发生法律效力的调解书，提出证据证明调解违反自愿原则或者调解协议的内容违反法律的，可以申请再审。经人民法院审查属实的，应当再审。"同时，《最高人民法院关于适用〈中华人民共和国行政诉讼法〉的解释》第一百一十条规定："当事人向上一级人民法院申请再审，应当在判决、裁定或者调解书发生法律效力后六个月内提出……"根据上述规定，当事人对已经发生法律效力的行政调解书，也可以申请再审。当事人对调解书申请再审，如果法院启动了再审并作出再审判决、裁定后，则该案件符合民事诉讼法第二百一十六条规定的情形，当事人可以向检察机关申请监督。如果法院逾期未作出裁定，或者裁定驳回再审申请，该案件也符合民事诉讼法第二百一十六条规定的情形，当事人可以就调解书申请检察监督。检察机关受理申请后，如查明原调解书存在损害国家利益、社会公共利益的情形，应根据行政诉讼法第九十三条的规定提出抗诉或者再审检察建议。

（二）对行政审判程序中审判人员违法行为申请监督

行政诉讼法第九十三条第三款规定："各级人民检察院对审判监督程序以外的其他审判程序中审判人员的违法行为，有权向同级人民法院提出检察建议。"这一条款的表述与民事诉讼法第二百一十五条第三款完全相同。实践中争议较多的是，法律规定"审判监督程序以外的其他审判程序"是否排除了"审判监督程序"。依照全国人大常委会法工委的解释，该条之所以表述为"审判监督程序以外的其他审判程序"，主要是为了强调人民检察院对审判监督程序以外的其他审判程序中审判人员的违法行为也有权监督，至于审判监督程序，由于检察机关的监督主要就是规定在审判监督程序中，检察机关能够依法参与到审判监督程序中，对审判监督程序具有监督的当然性，因此对审判人员存在违法行为进行监督，可以涵盖所有民事诉讼程序。本《规则》第一百零三条明确了人民检察院依法对人民法院第一审普通程序、简易程序、第二审程序和审判监督程序中审判人员违法行为进行监督。

（三）对人民法院行政案件执行活动申请监督

对行政案件执行活动的监督，既包括对执行行政判决、裁定、调解书活动的监督，也包括对非诉执行的监督。前者是指将已经生效的判决、裁定、调解书所确定的内容付诸实施的活动，主要依据是行政诉讼法第九十五条规定了"公民、法人或者其他组织拒绝履行判决、裁定、调解书的，行政机关或者第三人可以向第一审人民法院申请强制执行，或者由行政机关依法强制执行"。后者是指按照行政诉讼法第九十七条规定，行政机关对公民、法人或者其他组织作出行政行为后，行政相对人既不申请行政复议，也不起诉，又不自动履行或不完全履行义务，不具有强制执行权的行政机关申请人民法院强制执行，人民法院经审查作出准予执行或不准予执行的裁定，在准予执行情况下通过执行程序使行政行为得以实现的制度。

【实务指南】

1. 当事人申请检察监督，对人民法院逾期未对再审申请作出裁定，应当提供必要证明。对于人民法院逾期未对再审申请作出裁定的情形，如果没有相应的法律文书，检察机关在受理时难以把握。根据《最高人民法院关于适用〈中华人民共和国民事诉讼法〉的解释》第三百八十五条的规定，人民法院应当自收到符合条件的再审申请书等材料之日起五日内向再审申请人发送受理通知书，并向被申请人及原审其他当事人发送应诉通知书、再审申请书副本等材料。检察机关对于此种情况，一般应在受理前向人民法院作必要了解，以验证是否存在逾期不作出裁定的情形。

2. 关于再审判决、裁定的认定。对于何为再审判决、裁定，目前仍存在一定的争议。一般而言，按照审判监督程序作出的判决和裁定，均属再审判决、裁定，但又不能一概而论。对于上级人民法院再审撤销一、二审裁判发回重审的案件，当事人对重审的终审裁判是否有申请再审的权利，最高人民法院于2017年8月2日作出（2016）最高法民他118号《关于再审撤销一、二审裁判发回重审的案件当事人对重审的生效裁判是否有申请再审权利的答复》，明确提出再审后将案件发回重审作出的生效裁判，当事人不服的，可以根据2017年民事诉讼法第一百九十九条的规定申请再审。

第二十条

　　当事人依照本规则第十九条第一款第一项、第二项规定向人民检察院申请监督,应当在人民法院送达驳回再审申请裁定之日或者再审判决、裁定发生法律效力之日起六个月内提出;对人民法院逾期未对再审申请作出裁定的,应当在再审申请审查期限届满之日起六个月内提出。

　　当事人依照本规则第十九条第一款第一项、第二项规定向人民检察院申请监督,具有下列情形之一的,应当在知道或者应当知道之日起六个月内提出:

　　(一)有新的证据,足以推翻原生效判决、裁定的;

　　(二)原生效判决、裁定认定事实的主要证据系伪造的;

　　(三)据以作出原生效判决、裁定的法律文书被撤销或者变更的;

　　(四)审判人员在审理该案件时有贪污受贿、徇私舞弊、枉法裁判行为的。

　　当事人依照本规则第十九条第一款第三项、第四项向人民检察院申请监督,应当在知道或者应当知道审判人员违法行为或者执行活动违法情形发生之日起六个月内提出。

　　本条规定的期间为不变期间,不适用中止、中断、延长的规定。

【条文主旨】

本条是关于当事人申请监督期限的规定。

【条文释义】

本次修订,在2016年《行政诉讼监督规则》第六条规定的基础上,修改申请监督期限的起算点。

在第一款中将"应当在人民法院作出驳回再审申请裁定之日或者再审判决、裁定发生法律效力之日起六个月内提出"修改为"应当在人民法院送达驳回再审申请裁定之日或者再审判决、裁定发生法律效力之日起六个月内提出"。主要考虑到,实践中法院送达驳回再审申请裁定日期与作出裁定日期往往存在时间差,有的时间跨度甚至超过六个月,一些当事人因此被挡在检察监督大门之外。经研究,针对人民法院送达日期与作出裁定日期存在时间差的问题,将申请监督期限的起算点由人民法院作出驳回再审申请裁定之日修改为送达裁定之日,以保障当事人充分行使申请诉讼监督的权利。一般情况下,对生效裁判申请监督的六个月期限,应当从人民法院送达驳回再审申请裁定之日或者再审判决、裁定发生法律效力之日起算,对人民法院逾期未对再审申请作出裁定的,应当在再审申请审查期限届满之日起算。

在特殊情形下,六个月的期限应当从当事人"知道或者应当知道之日"起算。本条第二款规定了四种特殊情形,这四种特殊情形一般很难及时知道,民事诉讼法第二百一十二条规定的申请再审期限也是将这四种特殊情形作为例外。本次修订,将2016年《行政诉讼监督规则》第六条第二款第一、二、三项中的"再审判决、裁定"修改为"原生效判决、裁定",更有利于保障当事人的申请监督权利。本条第三款规定,当事人对审判人员违法或执行活动违法申请监督,亦以"知道或应当知道"违法情形发生之日为六个月的起算点。

本条还特别强调规定,申请监督期间为不变期间,不适用中止、中断、延长的规定。

【实务指南】

关于对本条第二款第四项规定的"审判人员在审理该案件时有贪污受贿、徇私舞弊、枉法裁判行为"的理解。行政诉讼法第九十一条第八项规定,"当事人的申请符合下列情形之一的,人民法院应当再审:……(八)审判人员在审理该案件时有贪污受贿、徇私舞弊、枉法裁判的行为的"。全国人大常委会法工委《中华人民共和国行政诉讼法释义》对于第九十一条第八项规定的解读为:"(2012年)民事诉讼法第四十三条规定,审判人员应当依法秉公办案,不得接受当事人及其诉讼代理人请客送礼。审判人员有贪污受贿、徇私舞弊、枉法裁判行为的,应当追究法律责任;构成犯罪的,依法追究刑事责任。"[①] 行政诉讼法没有规定以上内容,但无疑应当适用上述规定。因此,当事人认为审判人员在审理该案件时有贪污受贿、徇私舞弊或者枉法裁判行为的,可以申请再审;人民法院在审查过程中查证属实的,特别是该审判人员已经被追究法律责任的情况下,人民法院应当裁定再审。

本条第二款第四项规定,当事人以"审判人员在审理该案件时有贪污受贿、徇私舞弊、枉法裁判行为"为理由申请监督,应当在知道或者应当知道之日起六个月内提出。基于既保障当事人申请监督权利,畅通司法救济渠道,又避免当事人滥用权利的考虑,参考全国人大常委会法工委的解读,对该项

---

① 信春鹰主编:《中华人民共和国行政诉讼法释义》,法律出版社2014年版,第238页。

规定的理解宜兼采主观标准和客观标准,此处的"审判人员在审理该案件时有贪污受贿、徇私舞弊、枉法裁判行为"是指"有证据证明审判人员在审理该案件时有贪污受贿、徇私舞弊、枉法裁判行为"。

从充分发挥检察机关的法律监督职能,促进司法公正,保障人民群众合法权益和社会公平正义出发,根据公民、法人或者其他组织的举证能力,结合受理工作实际情况,在审查受理环节不宜对本条第二款第四项的规定作过严把握,只要申请人提交了有关证据,人民检察院经审查认为审判人员在审理该案件时可能存在贪污受贿、徇私舞弊、枉法裁判行为即可。

【第二十一条】

当事人向人民检察院申请监督,应当提交监督申请书、身份证明、相关法律文书及证据材料。提交证据材料的,应当附证据清单。

申请监督材料不齐备的,人民检察院应当要求申请人限期补齐,并一次性明确告知应当补齐的全部材料以及逾期未按要求补齐视为撤回监督申请的法律后果。申请人逾期未补齐主要材料的,视为撤回监督申请。

【条文主旨】

本条是关于当事人向人民检察院申请监督时应当提交的材料以及材料不齐备的法律后果的规定。

【条文释义】

本条是《规则》新增加的内容。本次修订,在2013年《民事诉讼监督规则》第二十五条规定的基础上,有两处修改。(1)对于申请监督材料不齐备的,人民检察院应当要求申请人限期补齐,并在一次性明确告知中增加"逾期未按要求补齐视为撤回监督申请的法律后果"的内容。(2)第二款原规定"申请人逾期未补齐的,视为撤回监督申请"对当事人有苛求之嫌,经研究修改为,"申请人逾期未补齐主要材料的,视为撤回监督申请"。

当事人向检察机关申请监督,是指公民、法人或者其他组织认为人民法院处理与其有关的案件中存在审判权或者执行权行使不当的情形,依法以自己的名义申请检察机关对人民法院行使审判权或者执行权予以监督的行为。当事人申请监督应当提交监督申请书、身份证明、相关法律文书及证据材料,供人民检察院审查。监督申请书是当事人阐明事实和理由、提出监督请求的载体，身份证明是反映申请人具有启动监督程序的主体资格要件的材料，相关法律文书是证明行政诉讼案件经过相关诉讼程序处理的载体，证据材料则是据以支持申请人监督请求和理由的依据，上述材料对开展行政诉讼监督工作均属必须提供的材料。为方便检察机关审查，同时也规范检察机关收取证据材料的行为，当事人应当附证据清单，就各项证据材料的内容、页（份）数进行记载。

对于申请监督材料不齐备的，检察机关应根据具体情况，指定适当的期限要求补齐欠缺的材料，并作出一次性明确告知；逾期未补齐主要材料的，视为撤回监督申请。之所以规定的是"逾期未补齐主要材料的"而非"逾期未补齐的"，主要考虑避免对当事人过分苛求，以避免当事人多次往返提交、增加诉累。这里的"主要材料"是指，生效判决书、裁定书、决定书、调解书等，法院对申请再审的审查结论文书，执行法律文书等重要和必备的法律文书。人民检察院指令限期补正材料的期间，不应一概而论，要根据需要补交材料的种类、复杂程度不同，区别对待。既不能过短，影响申请人申请监督的权利，又不能过长，浪费检察监督资源。例如，当事人提交的申请书不符合规定，重新提交并不复杂，一般不宜过长；而对于提交证据材料如果时间过短，申请人可能会无法取得的，可以要求当事人在合理期限内提交或者在获取相关材料后及时提交。实践中，当事人超过指定的期限仍未能补齐材料的，该次监督申请视为撤回，但并不意味着当事人丧失对案件申请监督的权利。当事人超过指定的期限后收齐符合受理条件的材料，可以重新提出监督申请，但总体不应超过《规则》第二十条规定的申请监督期限。

《人民检察院行政诉讼监督规则》理解与适用

第二十二条

本规则第二十一条规定的监督申请书应当记明下列事项:

(一)申请人的姓名、性别、年龄、民族、职业、工作单位、住址、有效联系方式,法人或者其他组织的名称、住所和法定代表人或者主要负责人的姓名、职务、有效联系方式;

(二)其他当事人的姓名、性别、工作单位、住址、有效联系方式等信息,法人或者其他组织的名称、住所、法定代表人或者主要负责人的姓名、职务、有效联系方式等信息;

(三)申请监督请求;

(四)申请监督的具体法定情形及事实、理由。

申请人应当按照其他当事人的人数提交监督申请书副本。

【条文主旨】

本条是关于监督申请书内容的规定。

【条文释义】

本条是《规则》新增加的内容。本次修订,在2013年《民事诉讼监督规则》第二十六条规定的基础上,作了文字修改。

监督申请书是当事人向人民检察院申请监督时,用书面形式提出申请监督请求、所依据的事实与理由及相关基本信息等,从而引发行政诉讼监督程序启动的一种文书。不同当事人的文化水平、法律知识等不尽相同,实践中所提交的监督申请书也情况各异。为引导当事人有效提出监督申请,方便检察机关进行有效审查,同时兼顾部分当事人的实际能力,本条对监督申请书在内容上作出了列举式规定,主要包括第一款规定的四方面内容:

(一)申请人的基本情况

申请人是公民个人的,应当写明其姓名、性别、年龄、民族、职业、工作单位、住址、有效联系方式。申请人是法人或者其他组织的,应当写明其名称、住所,法定代表人或者主要负责人的姓名、职务、有效联系方式;行政诉讼被告作为行政诉讼监督申请人的,同此规定。有委托代理人的,还应当写明代理人的基本情况和代理权限。需要注意的是,有效联系方式包括送达地址,关系到检察机关送达法律文书和申请人权益保障,故应当标注清楚。申请人的联系方式等发生变化的,应当及时告知检察机关。如果检察机关按照申请人提供的联系方式(送达地址)邮寄法律文书无法送达的,视为法律文书已送达。当然在实践中，检察机关也可以根据具体情况联系申请人确认其联系方式（送达地址）。

（二）其他当事人的情况

行政诉讼监督是对生效判决、裁定、调解书，以及审判人员违法行为、法院行政案件执行活动的监督，本质上是对公权力的监督，应与当事人在人民法院的诉讼行为有所区别。因此，行政诉讼监督与民事诉讼监督均未采用"被申请人"的称谓，而以"其他当事人"作为其在监督程序中的身份更为恰当。其他当事人既可以是行政诉讼原告，又可以是行政诉讼被告，还可以是行政诉讼第三人。申请人在监督申请书中应当写明其他当事人的姓名、性别、工作单位、住址、有效联系方式等情况，如果其他当事人是法人或者其他组织，写明其名称、住所，法定代表人或者主要负责人的姓名、职务、有效联系方式。实践中，考虑到申请人获取其他当事人信息的能力，检察机关不应以其提供的其他当事人信息有误为由要求补正或拒绝受理。实践中要注意，申请监督人明知其他当事人的住所地或者联系方式在诉讼时发生变化的，应当在申请书中载明新的住所地或者联系方式，如未发生变化的或者不知道是否发生了变化的，应当按照生效裁判确定的住所地或者联系方式填写。其他当事人无法取得联系的，不影响人民检察院对案件的审查。

（三）申请监督请求

这是监督申请书的核心内容。按照检察机关的职责权限，监督请求包括请求检察机关对生效判决、裁定、调解书提出抗诉或再审检察建议，请求检察机关对人民法院审判人员违法行为提出检察建议，请求检察机关对人民法院行政案件执行活动提出检察建议。应当注意的是，申请人提出监督请求应当有明确的对象，即申请监督是对生效判决、裁定、调解书，还是对审判人员违法行为，或是对人民法院行政案件执行活动。但不一定要求申请人必须提出要求检察机关采用抗诉或检察建议等监督方式，如实践中监督申请书常载明申请人的监督请求是要求检察机关对某一生效裁判进行监督，这种情况下应当视为当事人提出了明确的监督请求。

（四）申请监督的法定情形及事实、理由

申请监督的事项只有符合法律规定的特定情形，比如认定事实错误、适用法律错误等，检察机关才能依法提出监督意见，监督申请书所依据的事实与理由应当真实、详尽，应当写明纠纷发生的事实过程，对人民法院生效判决、裁定、调解书和对审判人员的审判行为以及对人民法院执行活动的意见。本条第二款规定监督申请书副本数量。检察机关审查当事人申请监督的案件，需要将监督申请书发送其他当事人,听取其他当事人的意见,故对监督申请书副本数量作出规定,以方便及时发送案件其他当事人。

第二十三条

本规则第二十一条规定的身份证明包括:
(一)公民的居民身份证、军官证、士兵证、护照等能够证明本人身份的有效证件;
(二)法人或者其他组织的统一社会信用代码证书或者营业执照、法定代表人或者主要负责人的身份证明等有效证照。
对当事人提交的身份证明,人民检察院经核对无误留存复印件。

【条文主旨】

本条是关于身份证明的规定。

【条文释义】

本条是《规则》新增加的内容。本次修订,在2013年《民事诉讼监督规则》第二十七条规定的基础上,有两处修改。一是删除"副本"。理由为:营业执照正副本具有同等法律效力,不必区分正副本。二是删除"组织机构代码证书"。理由为:按照《国家发展改革委办公厅关于在办理相关业务中使用统一社会信用代码的通知》(发改办财金〔2018〕277号)相关规定,组织机构代码证书自2018年6月30日起停止使用。

身份证明是确定监督申请人是否具有提出监督申请主体资格的依据,申请人向检察机关申请监督,应当提交身份证明材料。

本条第一款列举了公民、法人或者其他组织身份证明的类型。具体而言,申请人是中华人民共和国公民的,可以提交居民身份证、军官证、士兵证,申请人是外国公民的,可以提交护照;申请人是法人或者其他组织的,应当提交统一社会信用代码证书或者营业执照,以及法定代表人或者主要负责人的身份证明等有效证照。

本条第二款规定了检察机关核对身份证明及留存复印件。申请人提交身份证明,必须同时提交原件和复印件,以确认申请人与案件的关系,确认提出监督申请是其真实的、自主的意思表示。检察机关应当核对原件与复印件一致后,将原件返还,将复印件留存入卷。

第二十四条

本规则第二十一条规定的相关法律文书是指人民法院在该案件诉讼过程中作出的全部判决书、裁定书、决定书、调解书等法律文书。

【条文主旨】

本条是关于申请人提交的相关法律文书的规定。

【条文释义】

本条是《规则》新增加的内容。本次修订，沿用 2013 年《民事诉讼监督规则》第二十八条的规定。

当事人向人民检察院申请监督应当提交"相关法律文书"，这是检察机关审查监督申请是否符合法定情形、监督请求是否成立的重要依据。因此，当事人向检察机关申请监督，应当提交在诉讼过程或人民法院阶段形成的、作为结论性意见的全部法律文书，包括一审、二审以及再审程序等所有诉讼程序中形成的法律文书，以充分全面地反映诉讼进展情况。需要注意的是：第一，申请人提交的应当是人民法院在"该案件"诉讼过程中作出的全部法律文书，其他案件的法律文书仅可以作为相应的证据材料。第二，当事人向人民法院申请再审，但人民法院既未提供相应的受理文书，逾期又未作出裁定，此时申请人不存在与再审相关的法律文书可以提交，这种情况下申请人只需要提交向人民法院申请再审的再审申请书，以及其在何时向人民法院提交申请再审材料的证明即可。

第二十五条

当事人申请监督，可以依照《中华人民共和国行政诉讼法》的规定委托代理人。

【条文主旨】

本条是关于委托代理人的规定。

【条文释义】

本条是《规则》新增加的内容。

鉴于 2014 年行政诉讼法第三十一条参照民事诉讼法规定，对委托代理人的范围进行了修改,应直接依照行政诉讼法的规定委托代理人。本条所指的委托代理人,是指受当事人、法定代理人委托,以当事人的名义在代理权限内代为参与行政诉讼监督案件的人,其行为后果由当事人承担。按照行政诉讼法第三十一条规定,委托代理人的范围是:(1)律师、基层法律服务工作者;(2)当事人的近亲属或者工作人员;(3)当事人所在社区、单位以及有关社会团体推荐的公民。

实践中应注意把握两个方面:第一,当事人委托代理人的,应当提交载明委托权限的授权委托书和代理人的有效身份证件。代理人是律师的,还应当提交所在律师事务所函件、律师执业证书复印件;代理人是法律服务工作者的,还应当提交法律服务机构出具的证明材料;代理人是当事人近亲属或者工作人员的,还应当提交有效亲属关系证明、工作关系证明;代理人是所在社区、单位以及有关社会团体推荐的公民的,还应当提交社区、单位、社会团体提交的推荐材料。第二,参照民事诉讼法关于代理权限的规定,并结合行政诉讼监督办案实际,委托代理人的代理权限一般包括:代为陈述事实、提供证据、发表意见、接受询问、参加听证、领取法律文书等。代为承认、放弃、变更监督请求,撤回监督申请,进行和解等,必须有委托人的特别授权。实践中,授权委托书中未明确列举特别授权相关内容或者授权不明确的,如仅使用"全权代理"字样而未列明特别授权事项的,应当视为仅拥有一般代理权限,不涉及对当事人实体权利进行处分的代理内容。

第二十六条

当事人申请监督同时符合下列条件的,人民检察院应当受理:

(一)符合本规则第十九条的规定;

(二)符合本规则第二十条的规定;

(三)申请人提供的材料符合本规则第二十一条至第二十四条的规定;

(四)属于本院受理案件范围;

(五)不具有本规则规定的不予受理情形。

【条文主旨】

本条是关于当事人申请监督受理条件的规定。

【条文释义】

本条是《规则》新增加的内容。本次修订，因对行政诉讼监督案件规定了申请监督期限，在2013年《民事诉讼监督规则》第三十条规定的基础上，将符合申请监督期限增加为行政诉讼监督案件的受理条件。

行政诉讼监督是法定程序，当事人申请监督的权利应当得到充分保护。人民检察院在受理环节的审查是形式审查，审查内容是当事人的监督申请是否符合受理条件。对于符合本条规定的监督申请，人民检察院应予受理。本条规定了检察机关决定受理当事人提出监督申请应当符合以下条件：一是符合本规则第十九条的规定，即申请监督人应当是案件的当事人。只有案件当事人（含权利义务承继者、具有利害关系的案外第三人）才能以自己的名义申请行政诉讼监督，请求检察机关对人民法院行使审判权或执行权的活动进行监督。不具有利害关系的其他人认为审判权或者执行权行使不当的，可以依照控告程序向人民检察院控告。二是符合本规则第二十条的规定，即在规定的期限内提出监督申请。三是符合本规则第二十一条至第二十四条的规定，即提交相关材料齐备并且符合要求。根据上述条文的规定，申请人应当提交监督申请书、身份证明、相关法律文书、证据材料，并且符合各条规定的要求。四是属于本院受理案件范围。检察机关对当事人的监督申请进行审查，前提是监督申请属于《规则》第十九条规定的申请监督情形，且符合《规则》第二十八条、第二十九条、第三十条关于受理检察机关级别等规定。五是不具有《规则》规定的不予受理情形。当事人提出监督申请除了需要满足前述规定的要求外，还应不具有《规则》第二十七条规定的检察机关不予受理的情形。如果当事人提出监督申请，存在《规则》第二十七条规定的任何一种情形，检察机关均应依法不予受理。

第二十七条

当事人向人民检察院申请监督,有下列情形之一的,人民检察院不予受理:

(一)当事人对生效行政判决、裁定、调解书未向人民法院申请再审的;

(二)当事人申请再审超过法律规定的期限的;

(三)人民法院在法定期限内正在对再审申请进行审查的;

(四)人民法院已经裁定再审且尚未审结的;

(五)人民检察院已经审查终结作出决定的;

(六)行政判决、裁定、调解书是人民法院根据人民检察院的抗诉或者再审检察建议再审后作出的;

(七)申请监督超过本规则第二十条规定的期限的;

(八)根据法律规定可以对人民法院的执行活动提出异议、申请复议或者提起诉讼,当事人、利害关系人、案外人没有提出异议、申请复议或者提起诉讼的,但有正当理由或者人民检察院依职权监督的除外;

(九)当事人提出有关执行的异议、申请复议、申诉或者提起诉讼后,人民法院已经受理并正在审查处理的,但超过法定期限未作出处理的除外;

(十)其他不应当受理的情形。

【条文主旨】

本条是关于检察机关不予受理情形的规定。

【条文释义】

本次修订,在 2016 年《行政诉讼监督规则》第七条规定的基础上,有一处修改。(1)关于是否保留当事人向人民法院申请再审超过法律规定的期限,向人民检察院申请监督时不予受理的规定。有的意见认为,控告申诉检察部门对当事人向人民法院申请再审是否超过法律规定的期限,是否存在扣除或者延长的情形难以作出判断,且易引发上访矛盾,建议删除。有的意见则认为,如删除对申请再审期限的规定,可能使案件涉及的法律关系永远处于不确定状态,建议保留原规定。经研究,决定不作修改。(2)2016 年《行政诉讼监督规则》第七条第二项系依照 2012 年民事诉讼法第二百零四条第一款

"人民法院应当自收到再审申请书之日起三个月内审查"之规定来界定"人民法院逾期未对再审申请作出裁定"。有的部门提出，《最高人民法院关于适用〈中华人民共和国行政诉讼法〉的解释》第一百一十二条已经明确，人民法院对申请再审案件的审查期限为六个月，建议将原第二项中的"三个月"修改为"六个月"。经研究，予以采纳，作出相应修改。

本条对检察机关不予受理行政诉讼监督申请的情形作了列举：

（一）当事人对生效行政判决、裁定、调解书未向人民法院申请再审的

人民法院作出的判决、裁定、调解书生效后，对当事人寻求法律救济而言，有向人民法院申请再审和向检察机关申请监督两种途径。在以往的实践中，有的当事人对同一生效判决、裁定同时向人民法院申请再审、向检察机关申请监督，导致法院、检察机关同时对同一案件进行审查，既不利于司法资源的优化配置，也增加了当事人的司法救济成本，同时还可能造成法院再审程序和行政诉讼监督程序的混淆，从而削弱检察监督的效果。民事诉讼法第二百一十六条第一款明确规定了当事人对于已经发生法律效力的判决、裁定、调解书，应当首先依法向人民法院申请再审，只有在人民法院驳回再审申请、人民法院逾期未对再审申请作出裁定或者再审判决、裁定有明显错误三种情况下，才能向人民检察院申请监督。根据行政诉讼法参照适用民事诉讼法的规定，上述前置条件适用于行政诉讼。因此，针对生效的一、二审判决、裁定或者调解书，当事人未向人民法院申请再审而直接向人民检察院申请监督的，人民检察院应当不予受理。

（二）当事人申请再审超过法律规定的期限的

如前所述，当事人申请法院再审系申请检察监督的前置程序。当事人申请再审超过法律规定的期限的，检察机关不再受理。

（三）人民法院在法定期限内正在对再审申请进行审查的

民事诉讼法确立了当事人申请检察监督首先要先经人民法院再审审查的原则，旨在解决多头申诉、节约司法资源。在行政诉讼中，也应坚持这一原则。人民检察院应当准确把握、严格执行，对于人民法院正在对再审申请进行审查的案件，不予受理。

（四）人民法院已经裁定再审且尚未审结的

人民法院已经裁定再审且尚未审结，意味着法院已经启动了再审程序，只是尚未作出最后结论，即不存在"人民法院驳回再审申请""人民法院逾期未对再审申请作出裁定"的情形。此时，当事人应当等候人民法院再审后作出最终结论，如果对最终的再审判决、裁定不服，才可以向检察机关申请监

督。否则，就会产生人民法院和检察机关同时审查同一案件的情形。

（五）人民检察院已经审查终结作出决定的

民事诉讼法第二百一十六条第二款规定："人民检察院对当事人的申请应当在三个月内进行审查，作出提出或者不予提出检察建议或者抗诉的决定。当事人不得再次向人民检察院申请检察建议或者抗诉。"该规定确立了当事人向检察机关申请监督的"一次申请"原则，行政诉讼监督对此同样适用。需要注意的是，"一次申请"原则是针对案件而言的，并不意味着案件各方当事人均可以申请一次。前述规定的"当事人不得再次向人民检察院申请检察建议或者抗诉"是指，任何一方当事人均不得再次向人民检察院申请检察建议或者抗诉。即只要检察机关对案件已经审查终结作出决定的，任何一方当事人再次申请检察监督均不应受理。这一规定的基础在于，检察机关对行政诉讼监督案件进行审查，是对整个案件的全面、客观、公正的审查，而不是仅仅考虑申请监督人一方的主张，对未申请监督当事人的权利同时会一并考量和保障。

（六）行政判决、裁定、调解书是人民法院根据人民检察院的抗诉或者再审检察建议再审后作出的

本项规定进一步明确了民事诉讼法第二百一十六条第二款所确立的"一次申请"原则。人民法院根据检察机关抗诉或检察建议再审后作出的判决、裁定、调解书，属于再审判决、裁定、调解书，由于检察机关已经根据当事人的申请对案件进行过一次监督并提出抗诉或再审检察建议，根据"一次申请"原则，检察机关不再受理对法院作出再审判决、裁定、调解书申请的监督。对于该再审判决、裁定、调解书存在确有错误的情形，检察机关可以依照《规则》相关规定，进行二次抗诉、跟进监督或者提请上级人民检察院监督。

（七）申请监督超过本规则第二十条规定的期限的

为督促当事人及时行使权利，维护司法权威，同时兼顾行政法律关系的稳定性，《规则》第二十条规定当事人向检察机关申请监督的期限为"六个月"，且该期限为不变期间，不适用中止、中断、延长的规定。因此，对当事人申请监督超过规定期限的，检察机关不予受理。

（八）根据法律规定可以对人民法院的执行活动提出异议、申请复议或者提起诉讼，当事人、利害关系人、案外人没有提出异议、申请复议或者提起诉讼的，但有正当理由或者人民检察院依职权监督的除外

本项规定涉及检察机关受理行政案件执行活动监督案件是否要有前置程序的问题。民事诉讼法第二百三十二条、第二百三十四条分别规定了当事人、

利害关系人、案外人对执行行为和执行标的可以提出异议、复议和提起诉讼等。有的部门提出，参照2013年《民事诉讼监督规则》第三十三条、《最高人民法院、最高人民检察院关于民事执行活动法律监督若干问题的规定》第六条第一款规定，人民检察院受理当事人申请监督，应当体现"穷尽救济程序"原则，建议增加"根据法律规定可以申请异议、复议或者提起诉讼，当事人、利害关系人、案外人无正当理由没有申请异议、复议或者提起诉讼的"检察机关不予受理的内容。经研究，予以采纳。同时作出例外规定，即如果当事人、利害关系人、案外人存在正当理由未行使提出异议、复议、提起诉讼等权利，以及属于检察机关依职权监督的情形，则给予例外对待。

（九）当事人提出有关执行的异议、申请复议、申诉或者提起诉讼后，人民法院已经受理并正在审查处理的，但超过法定期限未作出处理的除外

本规定是针对当事人提出执行监督申请的不予受理情形。在以往的司法实践中，一些执行案件的当事人因对执行行为有异议，往往多头申诉，同时向人民法院和检察机关提出申请。检察机关在受理对执行活动的监督申请时，应当充分了解当事人行使诉讼权利情况，引导当事人按照法律明确规定的救济程序提出申请。如果当事人已经向人民法院提出异议、复议、申请再审或者起诉，且人民法院正在审查处理，在人民法院最终的审查处理意见作出前，为避免司法资源浪费，检察机关不应受理当事人的监督申请。但是，如果人民法院在法定期间未作出处理，法院系统自我监督纠错的功能未能正常实现，此时检察机关则应当受理当事人的监督申请。需要指出的是，如果当事人是对人民法院的异议、复议程序本身不服而向检察机关申请监督的，检察机关应当受理。

（十）其他不应受理的情形

从本条列举检察机关不予受理的情形可以看出，检察机关对于当事人的监督申请不予受理，主要是把握好两个层面的问题：一是在法律明文规定层面，要严格适用民事诉讼法第二百一十六条规定，依法保障当事人申请检察监督的权利。二是在司法救济精神层面，尊重人民法院自我纠错功能的发挥，解决多头申诉，节约司法资源和当事人司法救济成本。本项规定针对实践中可能出现的、难以一一列举的其他不应受理的情形设置了兜底条款，适用时应注意把握上述两个层面的问题。

第二十八条

当事人对已经发生法律效力的行政判决、裁定、调解书向人民检察院申请监督的,由作出生效判决、裁定、调解书的人民法院所在地同级人民检察院负责控告申诉检察的部门受理。

【条文主旨】

本条是关于受理当事人对生效判决、裁定、调解书申请监督的检察机关级别和部门的规定。

【条文释义】

本次修订,沿用2016年《行政诉讼监督规则》第八条第一款的规定。

依照行政诉讼法第九十三条第一款、第二款规定,各级检察院对行政生效裁判、调解书有权通过不同方式进行监督。除最高人民检察院外,抗诉均由上级人民检察院针对下级人民法院生效的判决、裁定、调解书向同级人民法院提出;再审检察建议则均由地方各级人民检察院对同级人民法院提出。但案件进入监督程序需确定某一级别的人民检察院受理。本条规定由作出已经发生法律效力的行政判决、裁定、调解书的人民法院所在地的同级人民检察院受理,即确立了"同级受理"原则。主要有以下考虑:第一,依据行政诉讼法第九十三条第二款规定,地方各级人民检察院对同级人民法院已经发生法律效力的判决、裁定、调解书,可以向同级人民法院提出再审检察建议,也可以提请上级人民检察院向同级人民法院提出抗诉。因此,规定同级人民检察院受理监督申请,符合行政诉讼法的上述规定。第二,以往的实践中,经常出现同一当事人就同一案件既向同级人民检察院申请检察建议,又向上级人民检察院申请抗诉的现象,实行"同级受理"既能够有效避免这种现象的发生,节约司法资源,又能够缓解行政裁判结果监督工作中"倒三角"难题。第三,明确"同级受理"更加方便了当事人申请监督,充分发挥再审检察建议同级监督优势,提高监督效率和效果,实现精准监督。同时,本条坚持行政诉讼监督案件"受审管分离"原则,规定当事人申请监督的案件均由负责控告申诉检察的部门受理。

第二十九条

当事人认为行政审判程序中审判人员存在违法行为或者执行活动存在违法情形，向人民检察院申请监督的，由审理、执行案件的人民法院所在地同级人民检察院负责控告申诉检察的部门受理。

当事人不服审理、执行案件人民法院的上级人民法院作出的复议裁定、决定等，向人民检察院申请监督的，由作出复议裁定、决定等的人民法院所在地同级人民检察院负责控告申诉检察的部门受理。

【条文主旨】

本条是关于人民检察院对审判人员存在违法行为、执行活动存在违法情形监督申请的受理级别和部门的规定。

【条文释义】

本次修订，在2016年《行政诉讼监督规则》第八条第二款规定的基础上，有一处修改。对于当事人不服人民法院对于执行复议案件作出的复议裁定，向人民检察院申请监督的，由作出复议裁定的人民法院所在地同级人民检察院受理。

根据行政诉讼法第九十三条第三款规定，各级人民检察院对审判监督程序以外的其他审判程序中审判人员的违法行为，有权向同级人民法院提出检察建议。行政诉讼法对行政案件执行活动的检察监督未作具体规定，而依照行政诉讼法第一百零一条、民事诉讼法第二百四十二条以及《最高人民法院、最高人民检察院关于民事执行活动法律监督若干问题的规定》的相关规定，行政案件执行活动监督同样采用人民检察院向同级人民法院提出检察建议的方式。《最高人民法院、最高人民检察院关于民事执行活动法律监督若干问题的规定》第四条第一款更是明确规定："对民事执行活动的监督案件，由执行法院所在地同级人民检察院管辖。"因此，本条第一款规定对行政审判程序中审判人员违法行为申请监督的案件、对人民法院行政案件执行活动申请监督的案件，均应由同级人民检察院受理，即确立了"同级受理"原则。

对于执行复议申请监督案件的受理，本条第二款规定由作出复议裁定、决定等的人民法院所在地同级人民检察院受理。这主要考虑到，执行案件经过异议、复议等程序，无论上级法院作出的复议裁定、决定是维持还是改变，均对原执行法院具有拘束力。

第三十条

人民检察院不依法受理当事人监督申请的,当事人可以向上一级人民检察院申请监督。上一级人民检察院认为当事人监督申请符合受理条件的,应当指令下一级人民检察院受理,必要时也可以直接受理。

【条文主旨】

本条是关于对人民检察院不依法受理当事人监督申请的救济途径的规定。

【条文释义】

本次修订,在2016年《行政诉讼监督规则》第八条第三款规定的基础上,增加上一级人民检察院处理情形,为当事人依法行使申请监督权提供有力保障。

2016年《行政诉讼监督规则》在制定时,特别吸收全国人大常委会法工委的有关意见,在第八条第三款对"同级受理"原则作了必要补充。即对于当事人提出的行政诉讼监督申请,在坚持"同级受理"的基础上,特别规定了"同级人民检察院不依法受理的,当事人可以向上一级人民检察院申请监督"。本条坚持这一例外规定,同时对上一级人民检察院在审查认为当事人监督申请符合受理条件时应如何处理,作了相应的补充规定。鉴于上下级检察机关之间是领导和被领导的关系,以及依照《规则》第十条第二款的规定,上一级人民检察院应当指令下一级人民检察院受理,必要时也可以直接受理。

第三十一条

人民检察院负责控告申诉检察的部门对监督申请,应当在七日内根据以下情形作出处理,并答复申请人:

(一)符合受理条件的,应当依照本规则规定作出受理决定;

(二)不属于本院受理案件范围的,应当告知申请人向有关人民检察院申请监督;

(三)不属于人民检察院主管范围的,告知申请人向有关机关反映;

(四)不符合受理条件,且申请人不撤回监督申请的,可以决定不予受理。

【条文主旨】

本条是关于负责控告申诉检察的部门对监督申请审查处理的规定。

【条文释义】

本条是《规则》新增加的内容。本次修订，在2013年《民事诉讼监督规则》第三十六条规定的基础上，有两处修改：（1）明确审查受理期限。有意见认为，应当规定受理决定的作出期限，以保障监督程序规范性。经研究予以采纳，依据最高人民检察院在全国人大会议作出的"七日内程序回复"承诺和《人民检察院办理群众来信工作规定》（高检发办字〔2019〕107号）第十六条规定，增加规定控告申诉检察部门对当事人申请监督事项"在七日内"作出是否受理决定。此处的七日，是七个工作日。（2）原第二款"应当由下级人民检察院受理的，上级人民检察院应当在七日内将监督申请书及相关材料移交下级人民检察院"与第一款第二项存在一定矛盾，予以删除。

控告申诉检察部门在接收申请监督材料后，应当对当事人提交的材料进行形式审查，审查内容是申请人提交的材料是否齐备、是否属于本院受理案件范围。本条规定了四种情形：一是符合受理条件的，应当作出受理决定；二是不属于本院受理案件范围的，应当告知申请人向有关人民检察院申请监督；三是不属于人民检察院主管范围的，告知申请人向有关机关反映；四是申请不符合受理条件，经告知后申请人不撤回监督申请的，决定不予受理。

第三十二条

负责控告申诉检察的部门应当在决定受理之日起三日内制作《受理通知书》，发送申请人，并告知其权利义务。

需要通知其他当事人的，应当将《受理通知书》和监督申请书副本发送其他当事人，并告知其权利义务。其他当事人可以在收到监督申请书副本之日起十五日内提出书面意见；不提出意见的，不影响人民检察院对案件的审查。

【条文主旨】

本条是关于负责控告申诉检察的部门受理程序的规定。

【条文释义】

本条是《规则》新增加的内容。本次修订，沿用2013年《民事诉讼监督规则》第三十七条的规定。

人民检察院控告申诉检察部门决定受理当事人监督申请的，应当告知当事人。本条规定了《受理通知书》的制作及发送程序。

一是向申请人发送《受理通知书》。发送主体为控告申诉检察部门,发送对象为申请人,发送时限为决定受理之日起三日内,发送内容为《受理通知书》并告知权利义务。

二是通知其他当事人。发送主体为行政检察部门,但并非所有的申请监督案件都需要通知其他当事人,行政检察部门应当根据案件具体情况决定是否通知。如果认为需要通知其他当事人的,应当将《受理通知书》和监督申请书副本发送其他当事人并告知权利义务。在实践中,对于当事人不服人民法院不予立案裁定的,由于案件在行政诉讼阶段没有经过人民法院实体审理,作为其他当事人的行政诉讼被告也没有收到法院文书,甚至不知道该起诉案件的存在,此时检察机关可暂时不通知其他当事人;待检察机关在审查过程中,发现具有实质性化解行政争议必要等情形的,仍然可以通知其他当事人。

三是其他当事人提出书面意见。其他当事人不向检察机关提出书面意见的,不影响检察机关对案件的审查;如果检察机关审查案件认为确需听取其他当事人意见的,可以在审查过程中通过询问等方式进行。

第三十三条

负责控告申诉检察的部门应当在决定受理之日起三日内将案件材料移送本院负责行政检察的部门,同时将《受理通知书》抄送本院负责案件管理的部门。负责控告申诉检察的部门收到其他当事人提交的书面意见等材料,应当及时移送负责行政检察的部门。

【条文主旨】

本条是关于移送案件材料的规定。

【条文释义】

本条是《规则》新增加的内容。本次修订,在2013年《民事诉讼监督规则》第三十八条规定的基础上,增加规定负责控告申诉检察的部门收到其他当事人提交的书面意见等材料,应当及时移送负责行政检察的部门。

《规则》第七条明确了"负责控告申诉检察、行政检察、案件管理的部门分别承担行政诉讼监督案件的受理、办理、管理工作"的"受审管分离"原则。为提高案件在部门间的流转效率,负责控告申诉检察的部门在受理案件后应当及时将案件移送本院负责行政检察的部门。因此，本条规定了负责控告申诉检察的部门在决定受理之日起三日内将案件材料移送负责行政检察的部门。同时，为了使负责案件管理的部门及时对案件进行监控管理，规定负责控告申诉检察的部门应当将《受理通知书》抄送负责案件管理的部门。

第三十四条

当事人以外的公民、法人或者其他组织认为人民法院行政审判程序中审判人员存在违法行为或者执行活动存在违法情形的，可以向同级人民检察院控告。控告由人民检察院负责控告申诉检察的部门受理。

负责控告申诉检察的部门对收到的控告，应当依照《人民检察院信访工作规定》等办理。

【条文主旨】

本条是关于当事人以外的公民、法人和其他组织控告的规定。

【条文释义】

本条是《规则》新增加的内容。鉴于反贪职能转隶后《人民检察院举报工作规定》有关条款已不再适用，本次修订，在2013年《民事诉讼监督规则》第三十九条规定的基础上，将原第二款修改为"应当依照《人民检察院信访工作规定》等办理"。

控告是除当事人申请监督外，人民检察院发现行政诉讼监督案件的另一重要途径。本条对控告的主体，可以控告的情形，受理检察院的级别、部门及办理依据作了规定。

（一）关于控告的主体

本条规定当事人以外的公民、法人和其他组织可以向人民检察院控告。对此，在实践中应当注意把握的是：第一，排除了当事人及具有利害关系的案外人的控告。这是因为，当事人、具有利害关系的案外人对人民法院行使审判权和执行权的行为不服，可以通过向人民检察院申请监督提出其主张，应归入"申请监督"这一途径。第二，行政诉讼第三人作为行政诉讼当事人认为审判人员违法，或者行政执行案件中具有利害关系的案外人认为执行活动违法的，可以申请检察机关监督，而不是以控告方式向检察机关提出。

（二）关于控告的内容

控告的内容应当是人民法院行政审判程序中审判人员存在违法行为或者执行活动存在违法情形，不能是不服人民法院生效的判决、裁定、调解书。

（三）关于受理控告的检察机关

依照行政诉讼法、民事诉讼法及《最高人民法院、最高人民检察院关于民事执行活动法律监督若干问题的规定》等相关规定，对人民法院行政审判程序中审判人员存在违法行为或者执行活动存在违法情形的，由同级人民检察院进行监督。因此，对于当事人以外的公民、法人和其他组织的控告，在检察机关级别上，应当向同级人民检察院提出；在受理部门上，应当由控告申诉检察部门受理。

（四）关于对控告的办理

控告申诉检察部门收到控告后，应当依照《人民检察院信访工作规定》《人民检察院办理群众来信工作规定》等受理办理。

第三十五条

负责控告申诉检察的部门可以依照《人民检察院信访工作规定》，向下级人民检察院交办涉及行政诉讼监督的信访案件。

【条文主旨】

本条是关于交办涉及行政诉讼监督的信访案件的规定。

【条文释义】

本条是《规则》新增加的内容。本次修订，沿用2013年《民事诉讼监督规则》第四十条的规定。

根据《人民检察院信访工作规定》第二条的规定，信访案件是指公民、法人或者其他组织采用书信、电子邮件、传真、电话、走访等形式，向人民检察院反映情况，提出建议、意见或者控告、举报和申诉，依法由人民检察院处理的案件。《人民检察院信访工作规定》第四十三条规定："上级人民检察院控告申诉检察部门可以代表本院向下级人民检察院交办下列重要信访事项：（一）群众反映强烈，社会影响较大的；（二）举报内容较详实，案情重大，多次举报未查处的；（三）不服人民检察院处理决定，多次申诉未得到依法处理的；（四）检察长批办的。"上级人民检察院控告申诉检察部门向下级人民检察院交办涉及行政诉讼监督的信访案件,应当符合前述规定。还需注意的是,上级人民检察院控告申诉检察部门交办案件程序与《规则》第四十一条规定的交办程序不同,不能相互混淆。

第三十六条

人民检察院在履行职责中发现行政案件有下列情形之一的,应当依职权监督:

(一)损害国家利益或者社会公共利益的;

(二)审判人员、执行人员审理和执行行政案件时有贪污受贿、徇私舞弊、枉法裁判等行为的;

(三)依照有关规定需要人民检察院跟进监督的;

(四)人民检察院作出的不支持监督申请决定确有错误的;

(五)其他确有必要进行监督的。

人民检察院对行政案件依职权监督,不受当事人是否申请再审的限制。

【条文主旨】

本条是关于依职权监督情形的规定。

【条文释义】

本次修订,在2016年《行政诉讼监督规则》第九条规定的基础上,有两处修改。(1)明晰依职权监督与当事人申请监督的界限。将"在履行职责中发现"确定为依职权监督的前提条件。(2)适度扩大依职权监督的范围,以强化行政诉讼监督职能。结合行政诉讼监督实际,增加规定了"依照有关规定需要人民检察院跟进监督的""人民检察院作出的不支持监督申请决定确有错误的"两种依职权监督情形。

(一)损害国家利益或者社会公共利益的

对于行政案件,在当事人未申请监督,且当事人以外的公民、法人或其他组织未进行控告的情况下,检察机关如果发现存在损害国家利益或者社会公共利益的,应当主动依职权监督,促进司法公正和法制统一,维护国家利益和社会公共利益。

（二）审判人员、执行人员审理和执行行政案件时有贪污受贿、徇私舞弊、枉法裁判等行为的

审判人员、执行人员存在贪污受贿、徇私舞弊、枉法裁判等行为，既违反国家法律和审判纪律、职业道德，也影响司法的公正统一，故检察机关发现行政案件中存在上述情形的，应当依职权进行监督。

（三）依照有关规定需要人民检察院跟进监督的

《规则》第一百二十五条规定了在三种情形下可以跟进监督或者提请上级人民检察院监督：人民法院审理行政抗诉案件作出的判决、裁定、调解书仍符合抗诉条件且存在明显错误的；人民法院、行政机关对人民检察院提出的检察建议未在规定的期限内作出处理并书面回复的；人民法院、行政机关对检察建议的处理错误的。检察机关作为法律监督机关，承担着保障法律统一正确实施的重任。检察机关经过监督程序对人民法院不当行使行政审判权和执行权的行为提出监督意见，人民法院未进行纠正，此时检察机关的监督任务仍然未能完成，因此需要跟进监督，或者提请上级检察院监督。

（四）人民检察院作出的不支持监督申请决定确有错误的

该项规定是在不增设复查程序的情况下，增加的对不支持监督申请决定的纠正程序。在修订过程中，是否参照修订后的《人民检察院民事诉讼监督规则》增设复查程序，争议较多。经研究，《规则》没有增设复查程序。主要考虑：一是行政案件与民事案件不同，大多经过了行政执法、行政复议和司法审判多个程序。二是《规则》强调行政争议实质性化解，尤其对拟不支持监督申请的行政诉讼监督案件，更加强调压实办案单位化解行政争议的责任，这比增设复查程序更有利于实现案结事了的目标，更有利于减少当事人讼累。三是《规则》增加了对不支持监督申请决定的纠正程序，即人民检察院在履行职责中如果发现原不支持监督申请决定确有错误的，可依职权启动监督程序纠正错误。不增设复查程序不会影响检察机关办案质效和当事人合法权益的保护。

（五）其他确有必要进行监督的

"依职权发现"是检察机关主动介入案件，对人民法院的审判权或执行权的行使是否正当进行审查，必须审慎使用，严格把握"确有必要"这一标准，如，案件处理结果严重侵害案外人、利害关系人利益，案外人、利害关系人难以有效维护其自身合法权益确有必要进行监督的情形，决不能将"依职权监督"作为规避民事诉讼法第二百一十六条的一个捷径。

本条第二款明确依职权监督的启动不受当事人是否申请再审的限制。人

民检察院是国家的法律监督机关,是公共利益的代表,担负着维护司法公正、保证法律统一正确实施、维护国家利益和社会公共利益的重要任务,对于符合《规则》规定的行政诉讼案件,应当从监督人民法院依法审判、促进行政机关依法行政的目的出发,充分发挥检察监督职能作用,依职权主动进行监督,不受当事人是否申请再审的限制。这在2019年9月9日最高人民检察院发布的第十五批指导性案例"检例第57号"中也予以明确。

【实务指南】

关于依职权监督案件的受理。依职权监督案件的受理,又称依职权受理,是指人民检察院经审查,决定将符合依职权监督情形的行政案件导入行政诉讼检察监督程序,从而启动行政诉讼检察监督案件审查办理程序的活动。检察实践中,人民检察院承办检察官在履行职责中发现行政案件可能具有《规则》第三十六条第一款规定情形的,应当制作《依职权监督案件受理报告》,经报批后决定依职权受理的,依照《规则》第三十七条第二款规定到案件管理部门登记受理。经审查办理,符合监督条件的,提出相应监督意见;不需要监督的,作出终结审查决定。各级人民检察院应当严格执行依职权受理的条件和程序,防止降低条件受理,甚至以依职权监督为由办理人情案、金钱案。

第三十七条

下级人民检察院提请抗诉、提请其他监督等案件,由上一级人民检察院负责案件管理的部门受理。

依职权监督的案件,负责行政检察的部门应当到负责案件管理的部门登记受理。

【条文主旨】

本条是关于负责案件管理的部门受理案件的规定。

【条文释义】

本条是《规则》新增加的内容。本次修订,沿用2013年《民事诉讼监督规则》第四十二条的规定。

案件管理部门的职责是加强案件管理、规范内部程序,对下级人民检察院提请抗诉、提请其他监督等属于上下级检察机关内部移送程序的案件，由案件管理部门受理更便于管理。对于依职权发现的案件，没有经过控告申诉部门的受理程序，但案件管理部门也需要进行相应的监督和规范，对此类案件，行政检察部门应当直接到案件管理部门进行登记。

> **第三十八条**
>
> 负责案件管理的部门接收案件材料后，应当在三日内登记并将案件材料和案件登记表移送负责行政检察的部门；案件材料不符合规定的，应当要求补齐。
>
> 负责案件管理的部门登记受理后，需要通知当事人的，负责行政检察的部门应当制作《受理通知书》，并在三日内发送当事人。

【条文主旨】

本条是关于受理行政诉讼监督案件的登记、审查、移送以及法律文书制作与发送的规定。

【条文释义】

本条是《规则》新增加的内容。本次修订，沿用2013年《民事诉讼监督规则》第四十三条的规定。

案件管理部门受理案件，主要适用下级人民检察院提请抗诉的案件、本院行政检察部门认为需要依职权监督等案件。案件管理部门接收案件材料后，应当在三日内移送行政检察部门，以保障案件流转效率。此处的"三日"是指工作日。

经案件管理部门登记受理后，行政检察部门是否需要通知当事人，应当区分情形处理：如果是下级人民检察院提请抗诉、提请其他监督等案件，由于承办的检察机关和办案人员发生了变更，必须要通知当事人，以保障当事人的合法权利；如果是检察机关依职权发现的案件，由于当事人未申请监督，可以不通知当事人。因此，本条规定"需要通知当事人的"，行政检察部门才制作和发送文书通知当事人。

第四章 审 查

本章分五节共四十三条。在 2016 年《行政诉讼监督规则》基础上增加三十九条。本章围绕精细审查、全面审查，对审查方式、审查范围和程序等作出全面修订。

第一节 一般规定

第三十九条

人民检察院负责行政检察的部门负责对受理后的行政诉讼监督案件进行审查。

【条文主旨】

本条是关于行政诉讼监督案件审查部门的规定。

【条文释义】

本条沿用 2016 年《行政诉讼监督规则》第十条规定，没有修改。为规范行政诉讼监督案件办理程序，加强内部监督制约，《规则》延用 2016 年《行政诉讼监督规则》第十条规定的"受理与审查相分离"原则，第三十二条至第三十四条规定由控告申诉检察部门受理案件的具体程序，第三十七条至第三十八条规定了案件管理部门登记受理案件的具体程序。本条规定，负责行政检察的部门负责对行政诉讼监督案件的审查。由于全国检察机关在机构设置上并不统一，有的检察机关没有单独设立行政检察部门，因此规定为"负责行政检察的部门"。相比 2016 年《行政诉讼监督规则》规定的"行政检察部门"更加严谨。

第四十条

负责行政检察的部门收到负责控告申诉检察、案件管理的部门移送的行政诉讼监督案件后,应当按照随机分案为主、指定分案为辅的原则,确定承办案件的独任检察官或者检察官办案组。

【条文主旨】

本条是关于行政诉讼案件分案的规定。

【条文释义】

本条是《规则》新增加的内容。负责行政检察的部门收到行政诉讼监督案件后,按照司法责任制要求,第一道程序就是分案,确定案件承办人。依照《最高人民检察院关于完善人民检察院司法责任制的若干意见》第二十六条①规定,检察案件确定承办检察官,实行随机分案为主、指定分案为辅的原则。根据人民检察院组织法第八条规定,人民检察院实行司法责任制,建立健全权责统一的司法权力运行机制;第二十八条规定,人民检察院办理案件,根据案件情况可以由一名检察官独任办理,也可以由两名以上检察官组成办案组办理。由检察官办案组办理的,检察长应当指定一名检察官担任主办检察官,组织、指挥办案组办理案件。司法责任制改革后,检察官独立办案,并独立承担办案责任。办案组织分独任检察官和检察官办案组。实行随机分案为主、指定分案为辅的分案模式,有利于缩短分案时间、加快办案节奏,从案件承办入口防范廉政风险,提高司法办案的公信力。

【实务指南】

随机分案是原则,指定分案是例外。指定分案一般是指多起案件存在关联的情况下,由同一名独任检察官或同一检察官办案组办理更有利于案件办理,或者案件本身属于重大、疑难、复杂,采用指定分案的形式。

---

① 《最高人民检察院关于完善人民检察院司法责任制的若干意见》第二十六条:"建立随机分案为主、指定分案为辅的案件承办确定机制。重大、疑难、复杂案件可以由检察长指定检察官办案组或独任检察官承办。"

第四十一条

上级人民检察院可以将受理的行政诉讼监督案件交由下级人民检察院办理,并限定办理期限。交办的案件应当制作《交办通知书》,并将有关材料移送下级人民检察院。下级人民检察院应当依法办理,在规定期限内提出处理意见并报送上级人民检察院,上级人民检察院应当在法定期限内作出决定。

上级人民检察院交办案件需要通知当事人的,应当制作通知文书,并发送当事人。

【条文主旨】

本条是关于上级人民检察院交办案件的规定。

【条文释义】

本条是新增加的内容。在2013年《民事诉讼监督规则》第四十五条规定的基础上,重新设计交办程序。上级人民检察院将受理的行政诉讼监督案件交下级人民检察院办理,案件承办机关仍为上级人民检察院,下级人民检察院属于协助办理,主要是进行调查核实、沟通协调,将办理情况报送上级人民检察院,最后由上级人民检察院对案件作出决定。这样规定,既可以发挥检察一体化作用,缓解案件"倒三角"分布的问题,又符合司法办案责任制的要求。

【实务指南】

1. 关于办案期限。上级人民检察院受理案件后,交由下级人民检察院办理,并限定办案期限,此处的办案期限是上级人民检察院根据案情确定的在整个办案周期内的期限,下级人民检察院在该期限内提出拟处理意见并报送上级人民检察院,上级人民检察院在法定期限内作出决定,这里的法定期限是指整个办案期限。

2. 关于是否通知当事人。上级人民检察院交办案件需要通知当事人的,由上级检察院制作通知文书。是否通知当事人,由上级人民检察院根据案件具体情况决定。

第四十二条

上级人民检察院认为确有必要的,可以办理下级人民检察院受理的行政诉讼监督案件。

下级人民检察院受理的行政诉讼监督案件,认为需要由上级人民检察院办理的,可以报请上级人民检察院办理。

最高人民检察院、省级人民检察院根据实质性化解行政争议等需要,可以指定下级人民检察院办理案件。

【条文主旨】

本条是关于行政诉讼监督案件提办、指办的规定。

【条文释义】

本条是《规则》新增加的内容。基于检察机关上下一体的关系,上级人民检察院可以办理下级人民检察院受理的行政诉讼监督案件,下级人民检察院受理的行政诉讼监督案件,也可以报请上级人民检察院办理。本《规则》第二条增加规定推动行政争议实质性化解作为办理行政诉讼监督案件的任务。从实践情况看,由行政争议发生地的行政机关或者行政诉讼当事人所在地的人民检察院参与化解更为有效,因此规定最高人民检察院和省级人民检察院根据化解行政争议等需要,可以指定下级人民检察院办理案件。

【实务指南】

一是上级人民检察院办理下级人民检察院受理的行政诉讼监督案件,一般是上级人民检察院认为确有必要,即案件由上级人民检察院办理更为合适,比如案件重大、疑难、复杂或者下级人民检察院办案遭遇地方阻力,不利于案件公正办理等情形。

二是下级人民检察院受理的行政诉讼监督案件,认为需要由上级人民检察院办理,报请上级人民检察院决定。报请是赋予下级人民检察院的权力,但是否由上级人民检察院办理,则需要由上级人民检察院评估是否确有必要,上级人民检察院认为确有必要的,由上级人民检察院办理。如果上级人民检察院认为没有必要,则仍由下级人民检察院办理。

三是因实质性化解行政争议案件的需要指定办理。本《规则》确立了行政争议实质性化解的原则和具体规定。行政争议实质性化解应贯穿于办理行政诉讼监督案件的整个过程。根据行政机关的具体级别，由对应的同级人民检察院办理案件更能有效化解行政争议的，最高人民检察院、省级人民检察院基于实质性化解行政争议的需要，可以指定下级人民检察院办理案件。这里需要注意的是，仅最高人民检察院和省级人民检察院具有指定下级人民检察院办理案件的权力。

第四十三条

人民检察院审查行政诉讼监督案件，应当围绕申请人的申请监督请求、争议焦点、本规则第三十六条规定的情形以及发现的其他违法情形，对行政诉讼活动进行全面审查。其他当事人在人民检察院作出决定前也申请监督的，应当将其列为申请人，对其申请监督请求一并审查。

【条文主旨】

本条是关于行政诉讼监督案件审查范围和内容的规定。

【条文释义】

本条是《规则》新增加的内容。本次修订，在2013年《民事诉讼监督规则》第四十七条规定的基础上作了修改，以充分体现全面审查的理念。对于当事人申请监督案件，不仅要分析其申请监督诉求，还要归纳争议焦点。对于依职权监督案件，需要分析和把握依职权监督的情形。行政检察办案，不仅要审查行政诉讼活动，还要审查被诉行政行为、申请人诉求的合法性与正当性。通过全面审查，为监督人民法院行政诉讼活动、被诉行政行为及相关行政行为，保障当事人合法权益打下坚实的基础。

如果检察机关在办案件的其他当事人在案件审查过程中，也向人民检察院提出监督申请，将其也列为申请人，并对其申请作一并审查，符合对行政诉讼监督案件全面审查的要求。

第四十四条

人民检察院在审查行政诉讼监督案件期间收到申请人或者其他当事人提交的证据材料的，应当出具收据。

【条文主旨】

本条是关于人民检察院在审查案件过程中收到证据材料应出具收据的规定。

【条文释义】

本条是《规则》新增加的内容。本次修订，沿用2013年《民事诉讼监督规则》第四十八条的规定，对个别文字作了修改。对申请人或者其他当事人提交的证据材料，人民检察院应当出具收据，这是规范办案的要求。

第四十五条

被诉行政机关以外的当事人对不能自行收集的证据，在原审中向人民法院申请调取，人民法院应当调取而未予以调取，在诉讼监督阶段向人民检察院申请调取，符合下列情形之一的，人民检察院可以调取：

（一）由国家机关保存只能由国家机关调取的证据；

（二）涉及国家秘密、商业秘密和个人隐私的证据；

（三）确因客观原因不能自行收集的其他证据。

当事人依照前款规定申请调取证据，人民检察院认为与案件事实无关联、对证明案件事实无意义或者其他无调取收集必要的，不予调取。

【条文主旨】

本条是关于被诉行政机关以外的当事人向人民检察院申请调取证据的规定。

【条文释义】

本条是《规则》新增加的内容。被诉行政机关以外的当事人，主要是行政程序中的行政相对人，特别情况下也包括利害关系人。他们在行政程序中处于被动地位。行政机关作出行政行为的证据和所依据的规范性文件一般由行政机关掌握，导致行政相对人因客观原因不能自行收集甚至无法取得证据等情况，不利于行政相对人诉讼权利的行使和实体权益保障。为解决这一问题，2014年行政诉讼法第四十一条有原告或者第三人申请人民法院调取证据的规定。在行政诉讼监督实践中，存在行政相对人向人民法院申请调取，人民法院应当调取而未予以调取的情形。为查清案情，基于人民检察院调查核实权，依照2014年行政诉讼法第四十一条规定，对行政相对人向人民检察院申请调取证据的条件作出规定。同时，第二款对检察机关不予调取证据的适用条件作了规定。另外，申请人向人民检察院申请监督的诉讼案件，一般经过人民法院一审、二审、再审审查，此条中规定原审法院既包括原一审法院，也包括做出生效判决、裁定的原二审法院。

【实务指南】

1. 人民检察院调取证据的前提条件。被诉行政机关以外的当事人向人民检察院申请调取证据，前提条件是在原审中向人民法院申请调取，人民法院应当调取而未予以调取。被诉行政机关以外的当事人在原审中没有向法院申请调取证据，也不属于法院应当调取的证据，对公正处理案件意义不大的，人民检察院原则上不予调取。

2. 人民检察院调取证据的范围。本条参考行政诉讼法第四十一条的规定，被诉行政机关以外的当事人向检察机关申请调取证据的范围即为向人民法院申请调取的范围。因为对此类证据，被诉行政机关以外当事人不能自行收集，如果其不能向人民检察院申请调取，既不利于保护被诉行政机关以外当事人的合法权益，也不利于检察机关查明案件事实。

3. 人民检察院对是否调取证据申请的审查，除了应当审查上述调取证据的前提和调查证据的范围外，还要审查调取的证据的证明价值，如果认为当事人申请调取的证据与案件事实无关联，或者对案件事实无意义或者无调取收集必要的，应当不予调取，以避免浪费司法资源。

第四十六条

人民检察院应当告知当事人有申请回避的权利，并告知办理行政诉讼监督案件的检察人员、书记员等的姓名、法律职务。

【条文主旨】

本条是关于告知回避权利的规定。

【条文释义】

本条是《规则》新增加的内容。本次修订，沿用 2013 年《民事诉讼监督规则》第四十九条的规定。回避制度是司法制度的基本原则之一，对于保证检察权的正当行使具有重要意义。明确检察机关在办理行政诉讼监督案件中，应当告知办理案件的检察人员和书记员的姓名、法律职务，以便于当事人决定是否提出回避申请。实践中，人民检察院应当向案件当事人发送书面通知，告知案件承办人员的姓名、法律职务、联系电话、办公地址等信息，有书记员的，应当一并将书记员的信息载明。

第四十七条

人民检察院审查案件，应当听取当事人意见，调查核实有关情况，必要时可以举行听证，也可以听取专家意见。

对于当事人委托律师担任代理人的，人民检察院应当听取代理律师意见，尊重和支持代理律师依法履行职责，依法为代理律师履职提供相关协助和便利，保障代理律师执业权利。

【条文主旨】

本条是关于听取意见、调查核实的规定。

【条文释义】

本条是《规则》新增加的内容。本次修订，在 2013 年《民事诉讼监督规则》第五十条规定的基础上，有两处修改：（1）增加关于公开听证、听取专家意见的规定。（2）增加一款关于听取代理律师意见，依法保障代理律师执业权利的规定。司法部提出，建议在调查核实、听证等环节增加听取当事人委托代理人意见的有关规定，进一步发挥律师在行政诉讼监督中的职能作用。经研究予以采纳。

人民检察院审查行政诉讼监督案件，通过听取当事人意见、调查核实，有助于检察机关查清案件事实，正确行使法律监督权。应当注意的是，听取当事人意见是人民检察院审查行政诉讼监督案件的必经程序。为正确适用法律，检察机关在必要时可以采取听证、向专家咨询或者组织专家论证等形式。2015 年最高人民法院、最高人民检察院、公安部、国家安全部、司法部联合出台《关于依法保障律师执业权利的规定》。在 2019 年全国"两会"上，最高人民检察院工作报告专门提出将"尊重和保障律师执业权利"作为强化诉讼活动法律监督的工作内容。为进一步体现律师的职业共同体特点，人民检察院审查行政诉讼监督案件中，当事人有委托律师的，应当充分听取律师意见并尊重律师依法履行职责，体现法治的文明和进步。

第四十八条

人民检察院可以采取当面、视频、电话、传真、电子邮件、由当事人提交书面意见等方式听取当事人意见。

听取意见的内容包括：

（一）申请人认为生效行政判决、裁定、调解书符合再审情形的主要事实和理由；

（二）申请人认为人民法院行政审判程序中审判人员违法的事实和理由；

（三）申请人认为人民法院行政案件执行活动违法的事实和理由；

（四）其他当事人针对申请人申请监督请求所提出的意见及理由；

（五）行政机关作出行政行为的事实和理由；

（六）申请人与其他当事人有无和解意愿；

（七）其他需要听取的意见。

【条文主旨】

本条是关于听取当事人意见的方式和内容的规定。

【条文释义】

本条是《规则》新增加的内容。听取当事人意见是检察机关审查案件的一种方式，既有利于开展精准监督，也有利于化解行政争议。听取当事人意见要全面、细致、有针对性，为以后审查判断、作出审查结论、和解、化解等奠定基础。检察机关可以本着方便当事人、方便办案的原则，采取视频、电话、传真、电子邮件等方式听取意见。

为体现新时代行政检察的工作任务，与行政诉讼监督案件审查的内容和范围相对应，听取当事人意见的内容也应该与行政诉讼监督审查范围相适应，包括对行政裁判、调解书的意见，对审判程序和审判人员的意见，对执行活动的意见，对行政机关行政行为的意见，当事人之间的对立意见以及接受现有处理结果的意愿等。

【实务指南】

一般要根据案件的不同情况,采取不同的听取当事人意见的方式,比如案件重大、疑难、复杂的或者需要对当事人之间开展行政争议化解工作的,应当面听取当事人意见;当事人不方便当面发表意见的,可以通过视频方式听取意见,视频的过程应当全程录音录像,刻盘或者制作书面记录放入卷宗。通过电话方式听取当事人意见的,承办检察官应当制作电话工作记录,存入卷宗。通过传真、电子邮件、提交书面意见等方式听取意见的,应将传真件复印,同时记录与原件核对无误字样将复印件和原件一并归入卷宗;电子邮件截图打印,并记录核对无误字样后归入卷宗;当事人提交的书面意见应要求签名,一并归入卷宗。

第四十九条

人民检察院审查案件,可以依照有关规定调阅人民法院的诉讼卷宗、执行卷宗。

通过拷贝电子卷、查阅、复制、摘录等方式能够满足办案需要的,可以不调阅卷宗。

对于人民法院已经结案尚未归档的行政案件,正在办理或者已经结案尚未归档的执行案件,人民检察院可以直接到办理部门查阅、复制、拷贝、摘录案件材料,不调阅卷宗。

在对生效行政判决、裁定或者调解书的监督案件进行审查过程中,需要调取人民法院正在办理的其他案件材料的,人民检察院可以商办理案件的人民法院调取。

【条文主旨】

本条是关于调阅人民法院诉讼卷宗和执行卷宗的规定。

【条文释义】

本条是《规则》新增加的内容。本次修订,在2013年《民事诉讼监督规则》第五十一条规定的基础上,有三处修改。(1)参照《最高人民法院、最高人民检察院关于民事执行活动法律监督若干问题的规定》第八条,增加调阅人民法院执行卷宗的相关规定。(2)参照《最高人民法院、最高人民检察院关于民事执行活动法律监督若干问题的规定》第八条第四款,对人民法院已结案尚未归档的行政案件、正在办理的执行案件,明确人民检察院可以直接到办案部门查阅、复制、拷贝、摘录案件材料,不调阅卷宗。(3)根据最高人民法院建议,增加一款:在对生效行政判决、裁定或者调解书案件进行审查过程中,需要调取人民法院正在办理的其他案件材料的,人民检察院可以商办理案件的人民法院调取。

2010年,最高人民法院办公厅、最高人民检察院办公厅《关于调阅诉讼卷宗有关问题的通知》(法办〔2010〕255号)第一条规定,人民检察院在办理法官涉嫌犯罪案件、抗诉案件、申诉案件过程中,可以调阅人民法院的诉讼卷宗。第二条规定,凡是通过查阅、拷贝电子卷、复制、摘录等方式能够满足办案需要的,不再调阅诉讼卷宗。最高人民法院、最高人民检察院《关于民事执行活动法律监督若干问题的规定》第八条规定,"人民检察院因办理监督案件的需要,依照有关规定可以调阅人民法院的执行卷宗,人民法院应当予以配合。通过拷贝电子卷、查阅、复制、摘录等方式能够满足办案需要的,不调阅卷宗。人民法院正在办理或者已结案尚未归档的案件,人民检察院办理民事执行监督案件时可以直接到办理部门查阅、复制、拷贝、摘录案件材料,不调阅卷宗"。本条根据上述规定,明确了人民检察院办理行政诉讼监督案件可以调阅法院卷宗的范围包括诉讼卷宗和执行卷宗。同时,结合人民法院卷宗归档实践,针对审判程序违法监督案件、执行监督案件等可能法院还在办理中或者未及时归档案件,本条明确检察机关可以直接通过办理部门查阅案件材料,以便及时审查案件。

一般而言,向法院调阅卷宗针对的是人民检察院正在办理的行政诉讼监督案件,实践中人民检察院在办案件,与法院正在办理的其他案件有关联的,为查清正在办理的监督案件,需要调取关联案件卷宗,也属于人民检察院调取卷宗的范围。

【实务指南】

最高人民法院办公厅、最高人民检察院办公厅《关于调阅诉讼卷宗有关问题的通知》第三条规定:"人民法院、人民检察院调阅诉讼卷宗应严格手续,经院领导批准,填写《人民法院调阅卷宗单》、《人民检察院调阅卷宗单》,加盖院印或办公厅(室)印章,由相关部门确定专人负责办理。"第四条规定:"人民法院、人民检察院调阅诉讼卷宗的时间为三个月。特殊情况应重新办理调阅手续,连续调阅期限不超过六个月。"最高人民法院、最高人民检察院《关于民事执行活动法律监督若干问题的规定》第八条第三款规定:"人民检察院调阅人民法院卷宗,由人民法院办公室(厅)负责办理,并在五日内提供,因特殊情况不能按时提供的,应当向人民检察院说明理由,并在情况消除后及时提供。"上述规定为实践中调阅卷宗提供了操作指南。随着诉讼卷宗的电子化,通过光盘刻录的方式复制、调阅卷宗更加便利。

第五十条

人民检察院审查案件,对于事实认定、法律适用的重大、疑难、复杂问题,可以采用以下方式听取专家意见:
(一)召开专家论证会;
(二)口头或者书面咨询;
(三)其他咨询或者论证方式。

【条文主旨】

本条是关于听取专家意见的规定。

【条文释义】

本条是《规则》新增加的内容。为贯彻落实智慧借助理念,依照《最高人民检察院民事行政诉讼监督案件专家咨询论证工作办法》(高检办发〔2018〕27号)以及《检察专家咨询网民事行政案件咨询工作规则(试行)》,对听取专家意见方式作出规定。即召开专家论证会、口头或者书面咨询、其他咨询或者论证方式,如通过民事行政检察专家咨询网进行咨询等。

【实务指南】

最高人民检察院和省级人民检察院组建了专家库,听取专家意见比较便捷。但全国各地专家资源分布不均衡,偏远地区检察院尤其是基层检察院听取专家意见有困难。为此,最高人民检察院建立了检答网,通过全国检察机关内部的检察业务专家提供疑难业务问题解答,但不针对正在办理的个案提供咨询。于是,最高人民检察院又建立了民行申诉案件专家咨询网,最高人民检察院和省级人民检察院的专家库都纳入专家咨询网,实现全国检察机关办理重大、疑难、复杂案件听取专家意见的全覆盖。人民检察院在办理行政诉讼监督案件中，涉及的法律问题、理论问题等，可以把当事人姓名、地点等隐去，到咨询网寻找办案的指导和帮助，这也是听取专家意见的方式。

第五十一条

人民检察院办理行政诉讼监督案件，应当全面检索相关指导性案例、典型案例和关联案例，并在审查终结报告中作出说明。

【条文主旨】

本条是关于案例检索的规定。

【条文释义】

本条是《规则》新增加的内容。司法案例是司法经验和智慧的结晶，是行动中的法律。《中共中央办公厅关于深化司法责任制综合配套改革的意见》第十六条提出，"完善关联案件和类案强制检索制度"。类案检索有利于保障法律统一适用，提高审查办理行政诉讼监督案件质量和效率。人民检察院办理行政诉讼案件应当全面检索指导性案例、典型案例和关联案例，并在审查报告中作出说明。最高人民检察院建立的检察案例库，为办理行政诉讼监督案件开展案例检索提供了便利。

指导性案例、典型案例是法律实践和法学理论探讨有机结合的产物。人民检察院办理行政诉讼监督案件，开展案例检索和参照适用，需要进一步明确案例检索的条件、范围、程序等。

（一）关于案例检索的条件

本条规定人民检察院办理行政诉讼监督案件，应当开展指导性案例、典型案例和关联案例的全面检索。所谓指导性案例是高检院检委会讨论后发布的案例。典型案例是高检院和省院发布的典型案例。检察对象是与行政诉讼监督案件的基本事实、争议焦点、法律适用等方面具有相似性，且已经人民法院裁判生效的案件以及人民检察院审查终结的案件。

（二）关于案例检索的范围

指导性案例和典型案例，一般是指最高人民法院、最高人民检察院发布的指导性案例和典型案例。但如果实践中无法检索到上述两类案例，可以依次检索最高人民法院裁判生效的案件和最高人民检察院审查终结的案件、本省（自治区、直辖市）高级人民法院、人民检察院发布的参考性案例以及裁判生效、审查终结的案件。

（三）关于案例检索的效力

人民检察院办理行政诉讼监督案件，对指导性案例确定的规则，应当参照适用，并在审查报告中作出说明。对典型案例，应当作为参考，在审查终结报告中进行分析比较。

第五十二条

承办检察官对审查认定的事实负责。审查终结后，应当制作审查终结报告。审查终结报告应当全面、客观、公正地叙述案件事实，依照法律提出明确的处理意见。

【条文主旨】

本条是关于承办检察官制作审查终结报告的规定。

【条文释义】

本条是《规则》新增加的内容。本次修订，在2013年《民事诉讼监督规则》第五十二条规定的基础上，为压实承办检察官司法办案责任，增加"承办检察官对审查认定的事实负责"的规定。将原第二款"承办人通过审查监督申请书等材料即可以认定案件事实的，可以直接制作审查终结报告，提出处理建议"移至"简易案件办理"一节中。检察官作为办案的主体，检察官对审查认定的事实负责。为体现司法工作的亲历性，体现检察官在司法办案中的主体地位，将"承办人"修改为"承办检察官"。

审查终结报告是呈现司法办案情况的载体，应当全面、客观、公正。根据行政诉讼监督案件的类型不同，可以将审查终结报告分为监督生效裁判、调解书审查终结报告、监督审判程序中审判人员违法行为审查终结报告、监督执行活动审查终结报告，最高人民检察院印发了配套的法律文书。办案中采用专家咨询、听证等特殊审查方式的，应当将上述审查过程在审查终结报告中载明。对案件开展行政争议实质性化解的，也应当在审查终结报告中体现。

【实务指南】

审查终结报告应当全面、客观、公正地叙述案件事实，依法提出明确的处理意见。实务中，不排除会出现有的承办检察官在办理重大、疑难等案件时在审查终结报告对案件处理提出几种观点，但最终承办检察官应当明确个人持有哪种观点。有多名检察官组成办案组办理的案件，处理意见部分应载明办案组主办检察官的意见，对于办案组中其他检察官的个人观点应当在审查终结报告中予以记录。

第五十三条

承办检察官办理案件过程中，可以提请负责行政检察的部门负责人召集检察官联席会议讨论。

负责行政检察的部门负责人对本部门的办案活动进行监督管理。需要报请检察长决定的事项和需要向检察长报告的案件，应当先由部门负责人审核。部门负责人可以主持召开检察官联席会议进行讨论，也可以直接报请检察长决定或者向检察长报告。

检察官联席会议讨论情况和意见应当如实记录，由参加会议的检察官签名后附卷保存。讨论结果供办案参考。

【条文主旨】

本条是关于案件讨论和审核程序的规定。

【条文释义】

本条是《规则》新增加的内容。本次修订，在 2013 年《民事诉讼监督规则》第五十三条规定的基础上，根据司法责任制要求，对办案模式和程序作了修改。依照《最高人民检察院关于完善人民检察院司法责任制的若干意见》、人民检察院组织法第八条、第二十九条、第三十三条、第三十四条、检察官法第九条规定，对提请检察官联席会议讨论、部门负责人审核程序作了规定。将原规定的部门集体讨论形式修改为检察官办案组或检察官联席会议讨论的形式，将原一律报检察长批准的规定修改为需要报请检察长决定的事项和需要向检察长报告的案件，由部门负责人审核后报检察长决定或报告。司法责任制要求"谁办案谁决定、谁决定谁负责"，检察官对办理的案件在授权范围内作出决定，并承担办案责任。本条与司法改革后行政检察部门机构设置以及部门负责人、检察长权力清单相适应，明确部门负责人和检察长在行政检察监督案件办理中的职权。部门负责人负责对办案活动进行监督管理，包括对需要报请检察长决定的事项或者需要向检察长报告的案件的审核、组织、召集、主持检察官联席会议等。

第五十四条

检察长不同意检察官意见的，可以要求检察官复核，也可以直接作出决定，或者提请检察委员会讨论决定。

检察官执行检察长决定时，认为决定错误的，应当书面提出意见。检察长不改变原决定的，检察官应当执行。

【条文主旨】

本条是关于检察长或者检察委员会决定程序的规定。

【条文释义】

本条是《规则》新增加的内容。依照人民检察院组织法第八条、第二十九条、第三十三条、第三十四条规定，以及检察官法第九条规定，参照《人民检察院刑事诉讼规则》第七条第一款规定，对检察长或者检察委员会决定程序作出规定。修订过程中，有意见建议增加规定"承办检察官有不同意见的，其不同意见应记录存档"。经研究，为尊重检察官的主体地位，厘清司法责任，依照《最高人民检察院关于完善人民检察院司法责任制的若干意见》第十条第二款"检察官执行检察长（分管副检察长）决定时，认为决定错误的，可以提出异议"之规定，对检察官执行检察长决定的异议程序作了规定，检察官认为检察长决定错误的，应当书面提出意见。

第五十五条

人民检察院对审查终结的案件，应当区分情况依法作出下列决定：

（一）提出再审检察建议；

（二）提请抗诉或者提请其他监督；

（三）提出抗诉；

（四）提出检察建议；

（五）不支持监督申请；

（六）终结审查。

对于负责控告申诉检察的部门受理的当事人申请监督案件，负责行政检察的部门应当将案件办理结果告知负责控告申诉检察的部门。

【条文主旨】

本条是关于行政诉讼监督案件审结后决定方式的规定。

【条文释义】

本条在2016年《行政诉讼监督规则》第十一条规定的基础上，结合实践中下级人民检察院提请跟进监督、接续监督等实际情况，在第二项中增加"提请其他监督"的决定类型。依照法律规定的程序和方式处理案件既是职权法定原则的体现，也是对司法机关办案的一项基本要求。监督案件的审查处理决定应当依法规范作出，不得随意创设。行政诉讼法第九十三条[①]对检察机关审查行政诉讼监督案件后的决定方式作出明确规定，包括提出抗诉、提出再审检察建议、提请抗诉、提出检察建议等。为了规范检察机关监督行为，本条根据行政诉讼法的规定确立案件审查的决定方式，同时根据行政检察工作实际，规定不支持监督申请、终结审查作为决定方式，增设提请其他监督

[①] 《中华人民共和国行政诉讼法》第九十三条："最高人民检察院对各级人民法院已经发生法律效力的判决、裁定，上级人民检察院对下级人民法院已经发生法律效力的判决、裁定，发现有本法第九十一条规定情形之一，或者发现调解书损害国家利益、社会公共利益的，应当提出抗诉。地方各级人民检察院对同级人民法院已经发生法律效力的判决、裁定，发现有本法第九十一条规定情形之一，或者发现调解书损害国家利益、社会公共利益的，可以向同级人民法院提出检察建议，并报上级人民检察院备案；也可以提请上级人民检察院向同级人民法院提出抗诉。各级人民检察院对审判监督程序以外的其他审判程序中审判人员的违法行为，有权向同级人民法院提出检察建议。"

的决定方式。本条未设置兜底条款，检察机关不能在这六种决定方式之外创设新的决定方式。

一是提出再审检察建议。根据行政诉讼法第九十三条第二款的规定："地方各级人民检察院对同级人民法院已经发生法律效力的判决、裁定，发现有本法第九十一条规定情形之一，或者发现调解书损害国家利益、社会公共利益的，可以向同级人民法院提出检察建议，并报上级人民检察院备案；也可以提请上级人民检察院向同级人民法院提出抗诉。"再审检察建议是对同级人民法院确有错误、符合法定监督条件的行政生效判决、裁定、调解书，以书面方式提出监督意见，建议人民法院启动再审程序的一种法定监督方式。本《规则》第八十八条规定了可以向同级人民法院提出再审检察建议的具体情形。同时，根据本《规则》第八十九条的规定，对于经同级人民法院再审后作出的判决、裁定或者经同级人民法院审判委员会讨论作出的判决、裁定以及其他不适宜由同级人民法院再审纠正的，应当提请上级人民检察院抗诉。

二是提请抗诉或者提请其他监督。提请抗诉是地方各级人民检察院对同级人民法院已经发生法律效力的行政判决、裁定、调解书，经审查认为符合行政诉讼法第九十一条、第九十三条第二款规定的抗诉条件，决定提请上一级人民检察院抗诉的一种法定监督方式。提请其他监督是指依照《规则》第一百二十五条的规定，提请上级人民检察院实行抗诉之外的持续监督。

三是提出抗诉。最高人民检察院对各级人民法院、上级人民检察院对下级人民法院确有错误的生效行政裁判及损害国家利益、社会公共利益的调解书依法提出抗诉，接受抗诉的人民法院应当依法启动再审程序。抗诉是行政诉讼监督最具有刚性监督效果的监督方式，接受抗诉的人民法院应当自收到抗诉书之日起三十日内作出再审裁定。

四是提出检察建议。本项所指的检察建议，是指人民法院行政审判程序中审判人员违法行为监督检察建议、人民法院行政案件执行监督检察建议以及向行政机关制发的检察建议。

五是不支持监督申请。不支持监督申请决定，是指人民检察院受理当事人的监督申请，经过审查认为不符合监督条件，即人民法院生效裁判、调解书正确、审判程序中审判人员违法行为不成立或者人民法院执行活动合法，不需要提出监督意见，决定不支持申请人监督申请的结案方式。

六是终结审查。人民检察院在审查行政诉讼监督案件过程中，由于发生了法律及司法解释规定的某种特殊情形，使案件审查不能进行下去或者进行下去没有意义，且未发现其他应当监督的违法情形时，决定终结审查程序的结案方式。

为便于受理部门了解受理案件的办理结果，对于当事人申请监督的行政诉讼监督案件，办理部门应当将办理结果告知负责控告申诉检察的部门。实践中，行政检察部门可以通过书面、检察业务应用系统移送等方式告知办理结果。

【实务指南】

一是再审检察建议和提请抗诉的衔接适用。再审检察建议虽然具有协商性、高效性等优点，但因其法律效果规定不明，监督刚性不足，且实践中有的法院对再审检察建议存在消极对待现象，这决定了其必须与提请抗诉衔接适用，方可发挥实效。当同级人民法院不采纳再审检察建议或未予以回复时，提出再审检察建议的检察机关可以提请上一级检察院抗诉。

二是区分不同类型的检察建议。从性质上看，检察建议可以分为再审检察建议、纠正违法类检察建议、社会治理类检察建议。从对象上看，检察建议有向人民法院制发的检察建议，也有向行政机关制发的检察建议。从内容上看，检察建议分监督审判程序中审判人员违法的检察建议、监督执行程序的检察建议、监督行政机关的检察建议。实践中要区分不同类型检察建议适用的条件和依据，做到准确适用。纠正违法类检察建议，主要依据的是行政诉讼法第九十三条第三款、第一百零一条和民事诉讼法第二百四十二条以及《人民检察院检察建议工作规定》第九条的规定，包括向法院制发的审判程序中审判人员违法检察建议、执行活动违法检察建议、向行政机关制发的纠正违法的检察建议。社会治理类检察建议是依据《人民检察院检察建议工作规定》第十一条，根据不同情形，向法院、行政机关等制发的改进工作、促进治理的检察建议。

第五十六条

人民检察院受理当事人申请对人民法院已经发生法律效力的行政判决、裁定、调解书监督的案件，应当在三个月内审查终结并作出决定，但调卷、鉴定、评估、审计、专家咨询等期间不计入审查期限。

有需要调查核实、实质性化解行政争议及其他特殊情况需要延长审查期限的，由本院检察长批准。

人民检察院受理当事人申请对行政审判程序中审判人员违法行为监督的案件和申请对行政案件执行活动监督的案件的审查期限，参照第一款、第二款规定执行。

【条文主旨】

本条是关于行政诉讼监督案件审查期限的规定。

【条文释义】

本条在2016年《行政诉讼监督规则》第十二条规定的基础上，作了两处修改。（1）鉴于专家咨询期间与调卷、鉴定、评估、审计期间一样存在不可控等因素，在计算审查期限时，将专家咨询期间予以扣除。（2）2016年《行政诉讼监督规则》第十二条规定的三个月办案期限已不能适应"开门办案"的需要，调查核实、化解行政争议都需要时间。为此，《规则》细化延长审查期限事由，将调查核实、实质性化解行政争议规定为延长审查期限的规定事由，防止滥用延长审查期限事由。

同时，在第三款明确了对当事人申请的审判程序中审判人员违法行为监督案件和申请的执行活动监督案件的审查期限也按照上述规定执行。

【实务指南】

关于延长审查期限。实践中，行政诉讼监督案件情况多样，不宜简单规定审查期限延长具体时间及次数，应根据具体案件加以确定。延长审查期限，应报检察长批准。

> **第五十七条**
>
> 人民检察院办理行政诉讼监督案件,在当面听取当事人意见、调查核实、举行听证、出席法庭时,可以依照有关规定指派司法警察执行职务。

【条文主旨】

本条是关于人民检察院司法警察执行职务的规定。

【条文释义】

本条是《规则》新增加的内容。在实施精细化审查、精准监督的情况下,承办检察官与申请人、其他当事人、证人的接触增多。为保障办案安全、维护办案秩序,依照《人民检察院司法警察条例》《人民检察院司法警察执行职务规则》相关规定,对人民检察院司法警察依照有关规定执行职务作出规定。比如,人民检察院办理行政诉讼监督案件,在当面听取当事人意见、调查核实、举行听证时,可以指派司法警察保护检察人员的安全、协助维护检察机关接待群众来访场所的秩序和安全,参与处置突发事件等。

第二节 调查核实

> **第五十八条**
>
> 人民检察院因履行法律监督职责的需要,有下列情形之一的,可以向当事人或者案外人调查核实有关情况:
>
> (一)行政判决、裁定、调解书可能存在法律规定需要监督的情形,仅通过阅卷及审查现有材料难以认定的;
>
> (二)行政审判程序中审判人员可能存在违法行为的;
>
> (三)人民法院行政案件执行活动可能存在违法情形的;
>
> (四)被诉行政行为及相关行政行为可能违法的;
>
> (五)行政相对人、权利人合法权益未得到依法实现的;
>
> (六)其他需要调查核实的情形。
>
> 人民检察院不得为证明行政行为的合法性调取行政机关作出行政行为时未收集的证据。

【条文主旨】

本条是关于人民检察院调查核实适用条件的规定。

【条文释义】

本条在 2016 年《行政诉讼监督规则》第十三条规定的基础上,为充分发挥行政诉讼监督在促进依法行政,保护公民、组织合法权益方面的职能作用,根据全面审查原则,将"被诉行政行为及相关行政行为可能违法的""行政相对人、权利人合法权益未得到依法实现的"增加为检察机关需要调查核实的情形。

调查核实是人民检察院准确、有效履行法律监督职责的必要措施。办理行政诉讼监督案件中进行调查核实,可以使人民检察院对案件事实、行政审判和执行行为的合法性及被诉行政行为合法性的审查判断最大限度接近或者符合客观真相,为作出客观公正的监督结论提供依据。本次修订,将 2016 年《行政诉讼监督规则》第十三条中"人民检察院因履行法律监督职责提出检察建议或抗诉的需要",直接表述为"人民检察院因履行法律监督职责的需要",避免产生调查核实必须以提出检察建议或者抗诉为前提的误解。

需要说明的是,检察机关对行政诉讼活动的监督建立在行政诉讼的证据之上,为了依法履行法律监督职责,需要进行全面审查。因此,证据收集方面既包括对行政机关作出行政行为时已经收集的证据,也包括其未收集的证据;既包括行政机关在行政诉讼中向人民法院提供的证据,也包括其未向人民法院提供的证据。但需注意的是,根据依法行政的原则,行政机关应当在作出行政行为时调查取证,如果行政机关在作出行政行为后自行取证将构成违法,这有两方面的理由:一是"案卷主义"规则,又称案卷排他主义规则,是指行政机关在行政程序之外形成的证据不能作为证明行政机关的行为合法或者定案依据。"案卷主义"规则是行政诉讼的特有规则。民事诉讼中的被告及其诉讼代理人是可以收集证据的,与民事诉讼不同,行政诉讼对被告及其代理人收集证据作了严格限定。二是"先取证、后裁决"规则,行政机关只能以其在作出行政行为时收集的证据作为证明行政行为合法的依据。行政决定一旦送达生效,行政机关不应再自行收集证据。因此,如果人民检察院在行政诉讼监督阶段再收集证据来证明被诉行政行为合法,就违背了行政诉讼的目的和原则。但为证明行政行为违法的证据,人民检察院可以依据职权调取。

【实务指南】

本条体现了行政诉讼监督案件"一案三查"的办案思路。"一案三查"是指检察机关在办理行政诉讼监督案件中,一要审查人民法院行政审判、执行活动有无错误;二要审查被诉行政行为有无违法;三要审查行政争议有无化解可能。这是为落实《中共中央关于加强新时代检察机关法律监督工作的意见》中"全面深化行政检察监督"要求,提出的新时代行政检察办案思路,旨在压实各级检察机关办案责任,发挥行政检察"一手托两家"功能,促进案结事了,避免就案办案和程序性结案。如本条第一款前三项主要体现对人民法院的监督,第四项体现对行政机关的监督,第五项体现实质性化解行政争议的要求。

第五十九条

人民检察院通过阅卷以及调查核实难以认定有关事实的,可以听取人民法院相关审判、执行人员的意见,全面了解案件审判、执行的相关事实和理由。

【条文主旨】

本条是关于人民检察院向审判、执行人员听取意见的规定。

【条文释义】

本条在2016年《行政诉讼监督规则》第十三条第三款的基础上作了文字修改。实践中,很多情况下检察机关需要向法院及其工作人员了解相关情况,尤其是一些案件当事人反映法院逾期不作出再审裁定、超期不执行、怠于履职等,仅凭阅卷和向当事人调查核实,难以准确认定事实和查明是否存在违法情形。2016年《行政诉讼监督规则》规定"了解有关情况",有意见认为这一规定含义过于模糊,《规则》修改为"全面了解案件审判、执行的相关事实和理由"。本条规定的听取审判、执行人员的意见,与针对当事人或案外人的调查核实不同,目的在于加强与法院及其相关人员的沟通,全面了解案件审判、执行的相关事实和理由,审查申请人反映的情况是否属实,避免检察机关不了解实际情况而提出不当的监督意见。

【实务指南】

实践中要注意区别该条与第六十条规定的调查核实措施的区别。检察机关行使调查核实权可以采取询问当事人或者案外人、咨询专业人员、相关部门或者行业协会等对专门问题的意见等调查措施,也可以采取查询、调取、复制相关证据材料，委托鉴定、评估、审计等核实证据措施。调查核实权制度的重点在于调取核实相关证据，以确定证人证言、书证、物证等证据客观性、合法性及关联性，为查明案件事实奠定基础。听取审判人员、执行人员意见的重点不在于核实相关证据，而在于了解当事人反映相关审判、执行人员逾期不作出再审裁定、超期不执行、怠于履职等司法不作为是否存在，同时听取审判、执行人员意见，为是否采取适当监督措施提供依据。

第六十条

人民检察院可以采取以下调查核实措施：

（一）查询、调取、复制相关证据材料；

（二）询问当事人、有关知情人员或者其他相关人员；

（三）咨询专业人员、相关部门或者行业协会等对专门问题的意见；

（四）委托鉴定、评估、审计；

（五）勘验物证、现场；

（六）查明案件事实所需要采取的其他措施。

检察人员应当保守国家秘密和工作秘密，对调查核实中知悉的商业秘密和个人隐私予以保密。

人民检察院调查核实，不得采取限制人身自由和查封、扣押、冻结财产等强制性措施。

【条文主旨】

本条是关于调查核实措施的规定。

【条文释义】

本条是《规则》新增加的内容。2012年民事诉讼法第二百一十条赋予人民检察院调查核实权，但没有明确人民检察院调查核实权的具体措施。2013年《民事诉讼监督规则》第六十六条第一款规定了人民检察院可以采取的调查核实的种类，第二款规定了调查核实措施的限制。本次修订，在2013年《民事诉讼监督规则》第六十六条规定的基础上，有两处修改。（1）参照《人民检察院检察建议工作规定》第十四条第二项规定，将第一款第二项修改为"询问当事人、有关知情人员或者其他相关人员"。（2）依照检察官法第十条第五项关于检察官保密义务的规定，增加一款作为第二款，明确检察人员在调查核实中的保密责任。

第六十一条

有下列情形之一的，人民检察院可以向银行业金融机构查询、调取、复制相关证据材料：

（一）可能损害国家利益、社会公共利益的；

（二）审判、执行人员可能存在违法行为的；

（三）当事人有伪造证据、恶意串通损害他人合法权益可能的。

人民检察院可以依照有关规定指派具备相应资格的检察技术人员对行政诉讼监督案件中的鉴定意见等技术性证据进行专门审查，并出具审查意见。

【条文主旨】

本条是关于人民检察院向银行业金融机构调查核实以及检察技术人员审查技术性证据的规定。

【条文释义】

本条是《规则》新增加的内容。检察机关在办理某些特定的行政诉讼监督案件时，需要向银行业金融机构查询、调取、复制相关证据材料。为规范检察机关向银行业金融机构查询、调取、复制相关证据材料工作，本条第一款将检察机关实施该调查核实措施限定在为了维护国家利益、社会公共利益，为了监督审判、执行人员可能存在的违法行为，当事人有伪造证据、恶意串通损害他人合法权益可能等三种情形。

第二款是关于技术性证据审查的规定。鉴定意见、评估意见、审计报告等证据是针对案件中的专门性问题，由具有专门知识的人进行鉴定、评估、审计后作出的判断性意见，属于意见性证据，有的称为技术性证据。其审查要点是查明其内容是否具有科学性、其程序是否具有合法性。基于检察官知识结构的局限性，规定了可以指派具备相应资格的检察技术人员进行专门审查。《人民检察院法医工作细则》（高检发技字〔2013〕5号）第五节、《人民检察院司法会计工作细则（试行）》（高检发技字〔2015〕27号）第四章对技术性证据审查作出专门规定。技术性证据审查是指人民检察院具备法医、司法会计等鉴定资格的人员，受检察机关办案部门委托或者指派，依照相关规定就案件中涉及的法医学、司法会计等技术性证据材料进行审查、判断,并提出审查意见的专门活动。

检察技术人员对鉴定意见等技术性证据进行专门审查,有利于实现精准监督,提高办案质效。

第六十二条

人民检察院可以就专门性问题书面或者口头咨询有关专业人员、相关部门或者行业协会的意见。口头咨询的,应当制作笔录,由接受咨询的专业人员签名或者盖章。拒绝签名盖章的,应当记明情况。

人民检察院对专门性问题认为需要鉴定、评估、审计的,可以委托具备资格的机构进行鉴定、评估、审计。在诉讼过程中已经进行过鉴定、评估、审计的,除确有必要外,一般不再委托鉴定、评估、审计。

【条文主旨】

本条是关于人民检察院对专门性问题咨询以及鉴定、评估、审计的规定。

【条文释义】

本条是《规则》新增加的内容。本次修订,在 2013 年《民事诉讼监督规则》第六十七条和第六十八条基础上作了修改,并将"一般不再委托"修改为"除确有必要外,一般不再委托",使表述更为准确、合理。

随着法治政府建设的深入推进,行政职责的分工越来越专业化,行政检察监督的对象也涉及越来越多的专业问题,往往需要具有专业知识的专业人员或者专门机构作出解答,辅助查明案件事实。同时,精准监督的要求和司法责任制的落实也使承办人员更加谨慎,对专业技术、专业知识或者专业意见的需求越来越大。因此,本条特别规定了人民检察院可以咨询专业人员或者专业机构的意见。

鉴定、评估、审计是诉讼中常用的证明手段。随着社会生活的日益复杂,通过鉴定、评估、审计对专门性问题进行判断,对查明案件事实具有非常重要的意义。本条明确行政检察监督过程中,检察机关对于一些专门性问题,可以委托具备资格的机构进行鉴定、评估、审计以查明事实。检察监督过程中鉴定、评估、审计的目的在于监督法院和行政机关行为的合法性,诉讼过程中已经进行过鉴定、评估、审计,如果检察监督过程中反复进行鉴定、评估、审计，可能导致事实陷入难以查清的困境。因此，本条明确必要性原则和避免重复原则。本条规定的"确有必要"，一般是指鉴定意见、评估意见、审计报告可能存在错误的情形。

第六十三条

人民检察院认为确有必要的，可以勘验物证或者现场。勘验人应当出示人民检察院的证件，并邀请当地基层组织或者当事人所在单位派人参加。当事人或者当事人的成年家属应当到场，拒不到场的，不影响勘验的进行。

勘验人应当将勘验情况和结果制作笔录，由勘验人、当事人和被邀参加人签名或者盖章。

【条文主旨】

本条是关于勘验物证或者现场的规定。

【条文释义】

本条是《规则》新增加的内容。本次修订，沿用2013年《民事诉讼监督规则》第六十九条规定。在行政诉讼监督案件中，一些重要证据因为无法移动或者难以携带、搬运、保存，在遵守正当程序和必要性原则下，人民检察院可以勘验物证或者现场。在行政诉讼监督案件中勘验，应当注意以下几点：

（一）与案件事实认定有关

勘验应当针对行政诉讼监督案件中存在争议的案件事实中的问题，该问题应当与行政裁判、调解书是否正确、审判程序中审判人员活动、执行程序以及被诉行政行为合法性有关。

（二）符合必要性原则

人民检察院勘验应当是在确有必要时采取的调查措施，即对于行政诉讼监督案件中存在争议的案件事实中的问题，通过其他调查核实方法无法查明而必须采取勘验措施。

（三）正当程序原则

人民检察院勘验人员应当出示证件，邀请当地基层组织或者当事人所在单位派人参加。当事人是公民的，应当通知当事人或者当事人的成年家属到场。勘验人应当将勘验情况和结果制作笔录，由勘验人、当事人和被邀参加人签名或者盖章。

第六十四条

需要调查核实的,由承办检察官在职权范围内决定,或者报检察长决定。

【条文主旨】

本条是关于调查核实决定程序的规定。

【条文释义】

本条是《规则》新增加的内容。本次修订,在2013年《民事诉讼监督规则》第七十条规定的基础上,按照司法责任制要求,坚持突出承办检察官的主体地位与检察长领导检察院工作相统一,承办检察官可以在其职权范围内自行决定调查核实。检察官授权范围的具体规定参见最高人民检察院的相关规定,最高人民检察院没有规定的,依据各省、自治区、直辖市人民检察院的规定。

第六十五条

人民检察院调查核实,应当由二人以上共同进行。

调查笔录经被调查人校阅后,由调查人、被调查人签名或者盖章。被调查人拒绝签名盖章的,应当记明情况。

【条文主旨】

本条是关于调查核实程序问题的规定。

【条文释义】

本条是《规则》新增加的内容。本次修订,沿用2013年《民事诉讼监督规则》第七十一条的规定。人民检察院向有关单位和个人调查,是人民检察院查明事实的重要手段。而正确规范行使调查核实权,对维护被调查人的合法权益,取得被调查人的信任和合作,增强调查活动的合法性、严肃性,确保正确行使行政检察权具有重要意义。因此,本条明确规定人民检察院调查核实由两名以上人员共同进行，严格规范调查核实行为。

第六十六条

人民检察院可以指令下级人民检察院或者委托外地人民检察院调查核实。

人民检察院指令调查或者委托调查的，应当发送《指令调查通知书》或者《委托调查函》，载明调查核实事项、证据线索及要求。受指令或者受委托人民检察院收到《指令调查通知书》或者《委托调查函》后，应当在十五日内完成调查核实工作并书面回复。因客观原因不能完成调查的，应当在上述期限内书面回复指令或者委托的人民检察院。

人民检察院到外地调查的，当地人民检察院应当配合。

【条文主旨】

本条是关于指令和委托调查程序的规定。

【条文释义】

本条是《规则》新增加的内容。本次修订，沿用2013年《民事诉讼监督规则》第七十二条规定。人民检察院对行政诉讼监督案件进行调查核实，除了自行调查外，对在外地的证据，在保证调查质量的前提下，可以由外地人民检察院进行调查，从而降低调查成本，提高调查效率。指令调查是指证据所在地人民检察院是承办案件人民检察院辖区内的下级人民检察院，由承办案件的人民检察院发出《指令调查通知书》，指令下级人民检察院调查核实有关情况。委托调查是指证据所在地人民检察院不是承办人民检察院辖区内的下级人民检察院，由承办案件的人民检察院发出《委托调查函》，委托外地人民检察院调查核实有关情况。本条明确了指令调查和委托调查的具体方式、要求，以及受指令或者受委托人民检察院协助调查核实的义务和回复调查核实结果期限等。

第六十七条

人民检察院调查核实，有关单位和个人应当配合。拒绝或者妨碍人民检察院调查核实的，人民检察院可以向有关单位或者其上级主管机关提出检察建议，责令纠正，必要时可以通报同级政府、监察机关；涉嫌违纪违法犯罪的，依照规定移送有关机关处理。

【条文主旨】

本条是关于被调查人协助调查义务和对妨碍调查核实的处置措施的规定。

【条文释义】

本条是《规则》新增加的内容。本次修订，为保障调查核实的顺利进行，在2013年《民事诉讼监督规则》第七十三条规定的基础上，完善对妨碍调查核实的处置措施，增加规定，必要时可以通报同级政府、监察机关；涉嫌违纪违法犯罪的，依照规定移送有关机关处理。调查核实是人民检察院行使检察权的重要职权活动，被调查人有义务协助和配合人民检察院的调查核实工作。有关单位和个人保存或者持有证据、了解案件事实的，应当将证据提交人民检察院或者将了解的相关案件事实如实向人民检察院陈述，而不得以任何借口拒绝提供。如果有关单位或者个人妨碍调查核实的，人民检察院可以向有关单位或者其上级主管部门提出检察建议，责令纠正，必要时可以通报同级政府、监察机关。妨害调查核实，涉嫌违纪违法犯罪的，人民检察院可以依照规定移送有关机关处理。

第三节　听　证

第六十八条

人民检察院审查行政诉讼监督案件，在事实认定、法律适用、案件处理等方面存在较大争议，或者有重大社会影响，需要当面听取当事人和其他相关人员意见的，可以召开听证会。

【条文主旨】

本条是关于听证范围的规定。

【条文释义】

本条是《规则》新增加的内容。检察听证，是指人民检察院对于符合条件的案件，组织召开听证会，就事实认定、法律适用和案件处理等问题听取听证员和其他参加人意见的案件审查活动。检察听证制度的实质是以看得见的方式实现正义，是人民检察院落实司法公开、公平、公正原则以及司法民主原则、主动接受外部监督的重要体现，是保障法律监督职能正确行使的重要措施，也是化解行政争议的有效方式。本次修订，依照《人民检察院审查案件听证工作规定》第四条规定，对 2013 年《民事诉讼监督规则》第五十七条第一款规定的听证范围进行修改，明确行政诉讼监督案件听证范围。即对于在事实认定、法律适用、案件处理等方面存在较大争议，或者有重大社会影响，需要当面听取当事人和其他相关人员意见的行政诉讼监督案件，经检察长批准，可以召开听证会。需要说明的是，依照《人民检察院审查案件听证工作规定》第九条规定，当事人及其代理人向审查案件的人民检察院申请召开听证会的，人民检察院应当及时作出决定，告知该申请人。不同意召开听证会的，应当向该申请人说明理由。

第六十九条

人民检察院召开听证会，可以邀请与案件没有利害关系的人大代表、政协委员、人民监督员、特约检察员、专家咨询委员、人民调解员或者当事人所在单位、居住地的居民委员会、村民委员会成员以及专家、学者、律师等其他社会人士担任听证员。

人民检察院应当邀请人民监督员参加听证会，依照有关规定接受人民监督员监督。

【条文主旨】

本条是关于听证人员的规定。

【条文释义】

本条是《规则》新增加的内容。本次修订，在 2013 年《民事诉讼监督规则》第五十七条第二款规定基础上，有两处修改。（1）增加可以邀请律师担任听证员。（2）依照《人民检察院办案活动接受人民监督员监督的规定》第九条①规定,在第二款规定应当邀请人民监督员参加听证,依照有关规定接受人民监督员监督。人民监督员可以担任听证员,同时实施监督,也可以仅至现场监督。听证员是检察机关根据案件情况,邀请的与案件没有利害关系且具备一定资质的社会人士,其在听证会上有独立的地位。本条第一款总结检察听证实践经验,以列举的方式对社会人士担任听证员作出规定。依照《人民检察院审查案件听证工作规定》第七条第二款的规定,参加听证会的听证员一般为三至七人。

【实务指南】

《人民检察院审查案件听证工作规定》对人民检察院听证的范围、类型、参加人、程序、费用等作了规定。《人民检察院审查案件听证工作规定》适用于办理羁押必要性审查案件、拟不起诉案件、刑事申诉案件、民事诉讼监督案件、行政诉讼监督案件、公益诉讼案件等,本《规则》只适用于负责行政检察的部门办理的案件。《人民检察院审查案件听证工作规定》与本《规则》是一般规定与特别规定的关系,本《规则》没有规定的,适用《人民检察院审查案件听证工作规定》的相关规定。

第七十条

人民检察院决定召开听证会的,应当做好以下准备工作:

(一)制定听证方案,确定听证会参加人;

(二)在听证三日前告知听证会参加人案由、听证时间和地点;

(三)告知当事人主持听证会的检察官及听证员的姓名、身份。

【条文主旨】

本条是关于听证准备工作的规定。

【条文释义】

本条是《规则》新增加的内容。(1)人民检察院举行听证会前,应当制

---

① 《人民检察院办案活动接受人民监督员监督的规定》第九条:"人民检察院对不服检察机关处理决定的刑事申诉案件、拟决定不起诉的案件、羁押必要性审查案件等进行公开审查,或者对有重大影响的审查逮捕案件、行政诉讼监督案件等进行公开听证的,应当邀请人民监督员参加,听取人民监督员对案件事实、证据的认定和案件处理的意见。"

定听证方案,确定听证会参加人。听证方案一般包括拟召开听证会的时间和地点、听证议题、听证会参加人、听证议程、组织实施、经费保障等。听证会参加人一般包括检察人员、听证员、当事人、其他相关行政机关工作人员、旁听人员等。(2)听证会召开三日前,应当告知听证会参加人关于听证会的基本情况。事先告知是听证制度的一个重要原则。人民检察院行政诉讼监督案件听证也应当遵循事先告知原则的要求,在听证前告知听证会参加人听证的时间、地点和听证事项,确保其能够按时参加听证,准备好听证所需的材料,有效行使陈述和抗辩权,保证听证的有效性、适当性和合法性。检察机关应当以《听证通知书》的形式,提前告知当事人和相关行政机关召开听证会的基本情况;以《听证邀请函》的形式,邀请听证员参加听证会并告知其相关基本情况。(3)向当事人告知主持听证会的检察官和听证员姓名、身份,保障当事人回避等权利的有效行使。

第七十一条

当事人和其他相关人员应当按时参加听证会。当事人无正当理由缺席或者未经许可中途退席的,听证程序是否继续进行,由主持人决定。

【条文主旨】

本条是关于听证纪律的规定。

【条文释义】

本条是《规则》新增加的内容。本次修订,在2013年《民事诉讼监督规则》第六十条规定基础上,为保证听证效果,将"当事人无正当理由缺席或者未经许可中途退席的情形,不影响听证程序的进行"修改为"听证程序是否继续进行,由主持人决定。"当事人应当对自己的权利负责,因此,在收到检察机关组织听证的通知后,当事人有义务按照指定的时间和地点参加听证,并遵守听证纪律。但是在当事人无正当理由缺席或者未经许可中途退席情形下如何开展听证,由主持人视情而定。如果一个案件中存在两方以上当事人,在一方无正当理由缺席或者未经许可中途退席的情况下,仍然有必要继续听取其他当事人的意见的,可继续进行听证程序。如果双方均无正当理由缺席或者未经许可中途退席,或者一方当事人无正当理由缺席或者未经许可中途退席,导致查明事实、化解争议等听证的目的无法实现,则主持人可以决定结束听证。

第七十二条

听证会由检察官主持，书记员负责记录，司法警察负责维持秩序。

听证过程应当全程录音录像。经检察长批准，人民检察院可以通过中国检察听证网和其他公共媒体，对听证会进行图文、音频、视频直播或者录播。

【条文主旨】

本条是关于组织听证以及全程录音录像的规定。

【条文释义】

本条是《规则》新增加的内容。听证是审查案件的方式之一，主要内容是听取申请人和其他当事人的意见，出示相关证据，达到充分查明事实，正确适用法律的目的。（1）听证由检察官主持。行政诉讼监督案件的公开听证一般由主办检察官或者承办检察官主持。检察官主持听证会应当事先审阅案卷、熟悉案情、明晰争议焦点。重大复杂疑难案件，可以由检察长或者副检察长主持听证会。（2）为保障检察听证活动的严肃性，体现检察机关办案接受监督的要求，行政诉讼监督案件的听证应当全程录音录像。同时，经检察长批准，听证可以采用网络直播或录播的方式，扩大行政检察的社会影响力、提高公信力。

第七十三条

听证会应当围绕行政诉讼监督案件中的事实认定和法律适用等问题进行。

对当事人提交的有争议的或者新的证据材料和人民检察院调查取得的证据，应当充分听取各方当事人的意见。

【条文主旨】

本条是关于听证内容的规定。

【条文释义】

本条是《规则》新增加的内容。本次修订，在 2013 年《民事诉讼监督规则》第六十一条规定基础上，将"当事人提交的证据材料"修改为"当事人提交的有争议的或者新的证据材料"。行政诉讼监督的对象是人民法院的裁判结果和审判、执行活动，并非"审判之外的审判，法庭之外的法庭"。因此，行政诉讼监督案件的听证目的需要与办案目标相协调，针对案件事实、法律适用等问题进行。同时，考虑到原有在案证据已在审判程序中进行过质证及审查，为提高听证效率，对于已经查明无争议的事实，不需要重复听取意见。听证须围绕当事人提交的有争议的或者新的证据材料和人民检察院调查取得的证据有针对性的开展，以便听取各方意见后作出公正的监督结论。

第七十四条

听证会一般按照下列步骤进行：

（一）承办案件的检察官介绍案件情况和需要听证的问题；
（二）申请人陈述申请监督请求、事实和理由；
（三）其他当事人发表意见；
（四）申请人和其他当事人提交新证据的，应当出示并予以说明；
（五）出示人民检察院调查取得的证据；
（六）案件各方当事人陈述对听证中所出示证据的意见；
（七）听证员、检察官向申请人和其他当事人提问；
（八）当事人发表最后陈述意见；
（九）主持人对听证会进行总结。

【条文主旨】

本条是关于听证流程的规定。

【条文释义】

本条是《规则》新增加的内容。本次修订，在 2013 年《民事诉讼监督规则》第六十二条规定基础上，总结提炼最高人民检察院和地方检察机关在办理行政诉讼监督案件中的听证经验，完善听证流程，将"承办案件的检察官介绍案件情况和需要听证的问题"作为第一顺序；增加规定检察官、听证员向申请人和其他当事人提问环节、主持人对听证会进行总结环节。听证的目的是提高办案质量，强化监督效果，保证行政诉讼监督办案的公开、公平和公正。本条明确了听证活动的主要顺序，以确保听证有序高效进行。同时，基于听证员评议、检察官办案的需要，增加了听证员、检察官的提问环节。

> **第七十五条**
>
> 　　听证应当制作笔录，经参加听证的人员校阅后，由参加听证的人员签名。拒绝签名的，应当记明情况。
> 　　听证会结束后，主持人可以组织听证员对事实认定、法律适用和案件处理等进行评议，并制作评议笔录，由主持人、听证员签名。
> 　　听证员的意见是人民检察院依法处理案件的重要参考。

【条文主旨】

本条是关于听证笔录制作、听证评议、听证意见效力的规定。

【条文释义】

本条是《规则》新增加的内容。本次修订，在2013年《民事诉讼监督规则》第六十三条规定基础上，有两处修改。（1）删除"或者盖章"。实践中，自然人、代理人都是签字确认，不需要再盖章。（2）增加听证评议环节。听证评议是听取听证员意见的关键环节，评议意见既是监督意见，又是专家意见，是人民检察院审查案件的重要参考。听证笔录是听证程序全过程活动的反映，是听证程序的书面载体。因此人民检察院应当对听证全过程活动如实记录，并由参加听证的人员签名，充分体现听证程序的社会参与性和程序公正性。同时，为了充分听取听证员的评议意见，规定听证会后的评议程序，形成评议记录。关于听证员意见的效力，本条第三款作了规定，是依法处理案件的重要参考。这里的"重要参考"，是指对听证员的多数意见能吸纳的要吸纳，不能吸纳的要在审结报告中作出说明，对少数意见也应作出回应。

需要说明的是，鉴于行政诉讼监督案件一般采取审查型听证方式，《规则》第七十四条、第七十五条将听证步骤划分为听证会、听证会结束后听证员评议。在检察监督实践中，根据案件具体情况，如采取息诉型听证方式，可依照《人民检察院审查案件听证工作规定》第十五条规定的听证会休会、听证员评议、复会的听证步骤进行。

第七十六条

参加听证的人员应当服从听证主持人指挥。

对违反听证秩序的,人民检察院可以予以批评教育,责令退出听证场所;对哄闹、冲击听证场所,侮辱、诽谤、威胁、殴打他人等严重扰乱听证秩序的,依法追究相应法律责任。

【条文主旨】

本条是关于听证秩序的规定。

【条文释义】

本条是《规则》新增加的内容。本次修订,在2013年《民事诉讼监督规则》第六十四条规定基础上,有两处修改。(1)将"训诫"修改为"批评教育"。(2)将"殴打检察人员"修改为"殴打他人"。为了保证行政诉讼监督案件听证活动的正常进行,当事人和其他参加听证的人员应当遵守听证秩序。对妨害听证秩序的行为,应当区分情形,采取不同的措施,保证听证秩序的正常进行。本条明确了违反听证秩序的不同情形下的处理。一般情况下,对违反听证秩序,情节较轻的,如当事人情绪激动、谩骂对方当事人、证人等,可以予以批评教育、责令退出听证场所;对哄闹、冲击听证场所,侮辱、诽谤、威胁、殴打等严重扰乱听证秩序的,依法追究相应法律责任。

第四节 简易案件办理

第七十七条

行政诉讼监督案件具有下列情形之一的,可以确定为简易案件:

(一)原一审人民法院适用简易程序审理的;

(二)案件事实清楚,法律关系简单的。

地方各级人民检察院可以结合本地实际确定简易案件具体情形。

【条文主旨】

本条是关于简易案件范围的规定。

【条文释义】

本条是《规则》新增加的内容。参照行政诉讼法第八十二条[①]关于简易程序以及适用范围的规定,结合行政诉讼监督实际,合理确定简易案件范围。其中第一款第一项规定,原一审人民法院适用简易程序审理的案件,可以确定为简易案件。这样规定,为适应人民法院"依法扩大行政案件简易程序适用,推动建立行政速裁工作机制"留下空间。第二项规定,案件事实清楚,法律关系简单的案件,属于简易案件的实质标准。同时,为防止一刀切,各地可以按照因地制宜原则,综合考虑案件事实、法律关系、法律适用、社会影响等因素,结合本地实际确定简易案件范围。

第七十八条

审查简易案件,承办检察官通过审查监督申请书等材料即可以认定案件事实的,可以直接制作审查终结报告,提出处理建议。

审查过程中发现案情复杂或者需要调查核实,不宜适用简易程序的,转为普通案件办理程序。

【条文主旨】

本条是关于简易案件审查方式和转化规则的规定。

【条文释义】

本条是《规则》新增加的内容。(1)采取书面审查方式。根据简易案件事实清楚,权利义务明确,法律关系简单的特点,审查简易案件采取书面审查方式。通过审查监督申请材料即可以认定案件事实的,可以不调阅人民法院的诉讼卷宗。(2)根据案件情况变化及时转换办理轨道。审查过程中发现案情复杂或者需要调查核实,不宜适用简易程序的,转为普通案件办理程序,以保障案件质量。

[①]《中华人民共和国行政诉讼法》第八十二条:"人民法院审理下列第一审行政案件,认为事实清楚、权利义务关系明确、争议不大的,可以适用简易程序:(一)被诉行政行为是依法当场作出的;(二)案件涉及款额二千元以下的;(三)属于政府信息公开案件的。除前款规定以外的第一审行政案件,当事人各方同意适用简易程序的,可以适用简易程序。发回重审、按照审判监督程序再审的案件不适用简易程序。"

> **第七十九条**
>
> 办理简易案件，不适用延长审查期限的规定。
> 简易案件的审查终结报告、审批程序应当简化。

【条文主旨】

本条是关于简案快办的规定。

【条文释义】

本条是《规则》新增加的内容。简案快办是繁简分流的应有之义。为加快简易案件办理，简易案件不得延长审查期限，还应当简化审查终结报告格式和内容，以及案件审批程序。

第五节　中止审查和终结审查

> **第八十条**
>
> 有下列情形之一的，人民检察院可以中止审查：
> （一）申请监督的公民死亡，需要等待继承人表明是否继续申请监督的；
> （二）申请监督的法人或者其他组织终止，尚未确定权利义务承受人的；
> （三）本案必须以另一案的处理结果为依据，而另一案尚未审结的；
> （四）其他可以中止审查的情形。
> 中止审查的，应当制作《中止审查决定书》，并发送当事人。中止审查的原因消除后，应当及时恢复审查。

【条文主旨】

本条是关于中止审查的规定。

【条文释义】

本条是《规则》新增加的内容。本次修订，在2013年《民事诉讼监督规则》第七十四条规定的基础上，完善了关于中止审查、恢复审查的程序规定。

《人民检察院行政诉讼监督规则》理解与适用

中止审查，是指在办理行政诉讼监督案件过程中，因出现法定事由使案件审查无法继续进行，检察机关决定暂停审查，待法定事由消除后恢复审查的制度。人民检察院应当制作《中止审查决定书》，详细说明中止审查的理由，并发送当事人。承办检察人员应当密切关注中止审查的事由是否已经消除。中止审查的事由消除后，应当立即恢复审查，并制作《恢复审查通知书》发送当事人。

【实务指南】

1.严格把握"其他可以中止审查的情形"。"其他"，是指与该条前三项列举的情形具有可比性或者相似性，使得检察机关审查案件客观上无法继续进行而不得不暂停审查的事由。对"其他可以中止审查的情形"要准确把握，坚决避免借中止审查延长办案期限。

2.不得将不计入、延长审查期限的法定事由作为中止审查理由。本《规则》第五十六条第一款规定，"调卷、鉴定、评估、审计、专家咨询等期间不计入审查期限"。第二款规定，"有需要调查核实、实质性化解行政争议及其他特殊情况需要延长审查期限的，由本院检察长批准"。检察机关办理行政诉讼监督案件，应当将调卷、鉴定、评估、审计、专家咨询的期间在审查期限中扣除。调查核实、实质性化解行政争议属于办案活动，理应计算在办案期限之内。因调查核实、实质性化解行政争议在法定期限内不能结案的，经检察长批准后，可以延长审查期限。不得将第五十六条列举的不计入审查期限的事由、正常办案活动作为中止审查的事由。

第八十一条

有下列情形之一的，人民检察院应当终结审查：

（一）人民法院已经裁定再审或者已经纠正违法行为的；

（二）申请人撤回监督申请，且不损害国家利益、社会公共利益或者他人合法权益的；

（三）申请人在与其他当事人达成的和解协议中声明放弃申请监督权利，且不损害国家利益、社会公共利益或者他人合法权益的；

（四）申请监督的公民死亡，没有继承人或者继承人放弃申请，且没有发现其他应当监督的违法情形的；

（五）申请监督的法人或其他组织终止，没有权利义务承受人或者权利义务承受人放弃申请，且没有发现其他应当监督的违法情形的；

（六）发现已经受理的案件不符合受理条件的；

（七）人民检察院依职权发现的案件，经审查不需要监督的；

（八）其他应当终结审查的情形。

终结审查的，应当制作《终结审查决定书》，需要通知当事人的，发送当事人。

【条文主旨】

本条是关于终结审查的规定。

【条文释义】

本条是《规则》新增加的内容。本次修订，在2013年《民事诉讼监督规则》第七十五条规定的基础上，作了文字修改。实践中，有些案件在监督程序开始后，会出现一些特殊情况，导致监督程序不能继续进行或者继续进行没有意义，此时应当以终结审查的方式结束行政诉讼监督程序。本条结合司法实践经验，明确了终结审查的七种情形以及其他应当终结审查情形的兜底条款。

对于人民法院已经裁定再审或者已经纠正违法行为的情形，由于与行政诉讼监督抗诉或者检察建议的结果具有一致性，也与申请监督案件当事人目的具有一致性，监督程序没有继续进行的必要，应及时终结审查。

对于申请人撤回监督申请或者达成和解协议中声明放弃申请监督权利的，应尊重当事人的处分权，在不损害国家利益、社会公共利益或者他人合法权益的情形下，及时终结审查。

对于申请监督的公民死亡且没有继承人或者继承人放弃申请和申请监督的法人或其他组织终止，没有权利义务承受人或者权利义务承受人放弃申请的情形，由于申请监督主体缺失，监督程序无法继续进行，如果没有其他应当监督的违法情形，没有继续办理的必要，应及时终结审查。

监督实践中，由于实行"受理与审查相分离"原则，控告申诉检察部门对案件是否符合受理案件采取形式审查方式，有些案件导入审查程序后，行政检察部门才发现案件不符合受理条件，如在审查过程中发现当事人申请监督书的签名是伪造的，且当事人本人并无申请监督的意愿。对于已经受理的案件发现不符合受理条件的，继续审查已经没有意义，应及时终结审查。

对于人民检察院依职权发现的案件，审查中经调查核实发现无监督必要的，由于不存在监督申请人，不宜采用不支持监督申请的结案方式，因此将终结审查作为该类案件的结案方式。

第五章 对生效行政判决、裁定、调解书的监督

本章分三节共二十一条。在2016年《行政诉讼监督规则》基础上增加七条和"出席法庭"一节。本次修订，进一步明确行政诉讼法第九十一条抗诉条件的认定标准，重申再审检察建议的决定和备案程序，完善对抗诉的跟进监督机制和出席抗诉案件再审法庭制度。

第一节 一般规定

第八十二条

申请人提供的新证据以及人民检察院调查取得的证据，能够证明原判决、裁定确有错误的，应当认定为《中华人民共和国行政诉讼法》第九十一条第二项规定的情形，但原审被诉行政机关无正当理由逾期提供证据的除外。

【条文主旨】

本条是关于"有新的证据，足以推翻原判决、裁定"的认定标准的规定。

【条文释义】

本条在2016年《行政诉讼监督规则》第十四条规定的基础上，将"人民检察院调查取得的证据"列入新证据的范围。行政诉讼法第九十一条第二项规定了"有新的证据，足以推翻原判决、裁定的"再审理由。"所谓新证据，主要是指过去诉讼过程中没有发现的证据，或者说是当事人在原审诉讼中未提供的证据，而该证据又足以推翻原判决、裁定，因此当事人可以申请再审，

同时也是作为人民法院进行再审的条件之一。"① 参照《最高人民法院关于适用〈中华人民共和国民事诉讼法〉的解释》（法释〔2015〕5号）第三百八十七条、第三百八十八条的规定②，2016年《行政诉讼监督规则》第十四条规定："申请监督人提供的新的证据，能够证明原判决、裁定认定基本事实或者裁判结果的，应当认定为《中华人民共和国行政诉讼法》第九十一条第二项规定的情形，但原审被告无正当理由逾期提供证据的除外。"本次修订，在2016年《行政诉讼监督规则》第十四条规定的基础上，作了以下修改：一是新证据的来源不局限于申请人在向检察机关申请监督时提供的新证据。检察机关审查案件，必要时可以行使调查核实权，因此，检察机关在办案过程中调查取得的能够证明原判决、裁定确有错误的证据亦应认定为符合行政诉讼法第九十一条第二项规定的情形。二是规范并统一当事人在行政诉讼监督案件中的称谓。在当事人申请监督案件中，将当事人区分为申请人、其他当事人；在检察机关依职权发现的案件中，统称当事人。

【实务指南】

1. 对原审被告即被诉行政机关提出的"新的证据"实行严格审核标准。行政诉讼的举证责任由作出行政行为的行政机关承担。依照依法行政原则，行政机关应遵循"先取证后裁决"程序，在作出行政行为前就应当拥有所需的各种证据，故行政机关举证受到严格的时限限制。除符合行政诉讼法第

---

① 全国人大常委会法制工作委员会副主任信春鹰主编：《中华人民共和国行政诉讼法释义》，法律出版社2014年版，第234页。

② 《最高人民法院关于适用〈中华人民共和国民事诉讼法〉的解释》第三百八十七条："再审申请人提供的新的证据，能够证明原判决、裁定认定基本事实或者裁判结果错误的，应当认定为民事诉讼法第二百条第一项规定的情形。对于符合前款规定的证据，人民法院应当责令再审申请人说明其逾期提供该证据的理由；拒不说明理由或者理由不成立的，依照民事诉讼法第六十五条第二款和本解释第一百零二条的规定处理。"

第三百八十八条："再审申请人证明其提交的新的证据符合下列情形之一的，可以认定逾期提供证据的理由成立：（一）在原审庭审结束前已经存在，因客观原因于庭审结束后才发现的；（二）在原审庭审结束前已经发现，但因客观原因无法取得或者在规定的期限内不能提供的；（三）在原审庭审结束后形成，无法据此另行提起诉讼的。再审申请人提交的证据在原审中已经提供，原审人民法院未组织质证且未作为裁判根据的，视为逾期提供证据的理由成立，但原审人民法院依照民事诉讼法第六十五条规定不予采纳的除外。"

三十六条第一款①规定的特殊情形外,行政机关在原审中逾期提供的作出行政行为时已收集的证据不应视为行政诉讼法第九十一条第二项规定的"新的证据"。因此,本条将"原审被诉行政机关无正当理由逾期提供证据"排除在"新的证据"范围之外。此外,根据行政诉讼法第四十条②关于"不得为证明行政行为的合法性调取被告作出行政行为时未收集的证据"的规定,原审被诉行政机关提交的"新的证据"不得违反行政诉讼法第四十条规定。

2. 对除行政机关外的申请人提出的"新的证据"不宜提出过高要求,只要当事人在过去诉讼过程中没有发现的证据,或者当事人在原审诉讼中未提供的证据,而该证据又足以推翻原判决、裁定的,就可以认定当事人的监督申请符合行政诉讼法第九十一条第二项规定的情形。③

第八十三条

有下列情形之一的,应当认定为《中华人民共和国行政诉讼法》第九十一条第三项规定的"认定事实的主要证据不足":

(一)认定的事实没有证据支持,或者认定的事实所依据的证据虚假的;

(二)认定的事实所依据的主要证据不合法的;

(三)对认定事实的主要证据有无证明力、证明力大小或者证明对象的判断违反证据规则、逻辑推理或者经验法则的;

(四)认定事实的主要证据不足的其他情形。

【条文主旨】

本条是关于"认定事实的主要证据不足"的认定标准的规定。

---

① 《中华人民共和国行政诉讼法》第三十六条第一款规定:"被告在作出行政行为时已经收集了证据,但因不可抗力等正当事由不能提供的,经人民法院准许,可以延期提供。"

② 《中华人民共和国行政诉讼法》第四十条规定:"人民法院有权向有关行政机关以及其他组织、公民调取证据。但是,不得为证明行政行为的合法性调取被告作出行政行为时未收集的证据。"

③ 参见全国人大常委会法工委行政法室:《中华人民共和国行政诉讼法解读》,中国法制出版社2014年版,第244页。本书认为,所谓新的证据主要是指在过去诉讼中没有发现的证据,或者是当事人在原审诉讼中未提供的证据,而该证据又足以推翻原判决、裁定的,当事人可以申请再审,同时也是作为人民法院进行再审的条件之一。

【条文释义】

本条在 2016 年《行政诉讼监督规则》第十五条规定的基础上,围绕证据证明力及其审查判断,修改完善对"认定事实的主要证据不足"的认定标准。在证据属性话语体系中,证据"三性"(即证据的合法性、真实性、关联性)属于要素属性,而证据"两力"(即证据能力和证明力)属于结构属性。其中,证明力是证据的固有属性,是指证据对于案件事实有无证明作用及证明作用大小。对证据证明力的审查判断与案件事实认定息息相关,应当依据证据规则,运用逻辑推理或者经验法则综合在案证据进行审查判断。本次修订中,有意见认为 2016 年《行政诉讼监督规则》第十五条第一项规定"证据虚假、缺乏证明力的","虚假"与"缺乏证明力"是并列关系还是因果关系并不明确。经研究,在第一项中删除"缺乏证明力";增加一项作为第三项,规定对主要证据的证明力审查判断方法。

查明案件事实是裁判公正的前提,认定案件事实需要根据在案证据加以证明。行政诉讼中,被诉行政机关负有证明其作出的行政行为合法的责任,如果被诉行政机关不能提供证据或者所提供的证据不足以证明其作出的行政行为合法,就应当承担不利后果。人民法院如果对行政机关提供的证据审查有误导致认定事实错误,检察机关就可以依照行政诉讼法第九十一条第三项规定的再审事由提出抗诉或者再审检察建议。实践中,检察机关适用"认定事实的主要证据不足"再审事由的情况较多,而法律对该再审事由未作出更加细致的规定,为规范检察监督行为和增强司法可操作性,有必要对"认定事实的主要证据不足"作出解释。

虽然行政诉讼法第九十一条第三项的规定并未采用"基本事实"这样的表述,但从立法本意看,"认定事实的主要证据不足",就是指原判决、裁定认定的基本事实的主要证据不足。根据行政诉讼法第一百零一条及相关司法解释规定①,所谓"基本事实",是指对原判决、裁定结果有实质影响、用以确定当事人主体资格、案件性质、具体权利义务和行政责任等主要内容所依据的事实。

(一)认定的事实没有证据支持,或者认定的事实所依据的证据虚假的

"认定的事实没有证据支持",是指对案件基本事实的认定缺少基本的、

---

① 《最高人民法院关于适用〈中华人民共和国民事诉讼法〉的解释》第三百三十五条:"民事诉讼法第一百七十条第一款第三项规定的基本事实,是指用以确定当事人主体资格、案件性质、民事权利义务等对原判决、裁定的结果有实质性影响的事实。"

必要的证据支持或者认定基本事实所依据的证据没有达到行政诉讼证明标准。行政诉讼既要查清事实，又要兼顾行政管理特点和实际情况，其证明标准介于刑事诉讼和民事诉讼之间，比刑事诉讼中排除合理怀疑的证明标准[1]要低，比民事诉讼中优势证据标准（高度盖然性证明标准）[2]要高，有观点将其归纳为"清楚而有说服力"标准或明显优势证据标准。"清楚而有说服力"标准只是行政诉讼的一般证明标准。实践中，行政诉讼证明标准应当因行政案件的客体、程序和举证责任的不同而不同：问题越轻微和简单，越易形成"确信"；问题越严重和复杂，就越需要细心审查，对案件真实情况形成确信之前所需要的有证明力的证据就越多。如有关对行政相对人权益影响较大的处罚、许可等案件，应遵循较为严格的证明标准。"认定的事实所依据的证据虚假的"，是指认定基本事实所依据的证据不具有真实性。人民法院审理案件的过程，就是当事人举证、质证、人民法院认证的过程，这一过程通过对证据的分析、判断，将有证据证明的事实确认下来，进而作为裁判的基础。正因如此，如果主要证据是虚假的，则以该证据为基础所认定的案件基本事实即存在极大的虚假可能性。在此情形下，检察机关应以"认定事实的主要证据不足"为由依法予以监督。

（二）认定的事实所依据的主要证据不合法的

认定基本事实所依据的证据本身违反法律规定，即该证据不具有合法性。行政诉讼法第四十三条第三款[3]首次在行政诉讼中确立了非法证据排除规则：以非法手段取得的证据，不得作为认定案件事实的根据。《最高人民法院关于

---

[1]《中华人民共和国刑事诉讼法》第五十五条："对一切案件的判处都要重证据，重调查研究，不轻信口供。只有被告人供述，没有其他证据的，不能认定被告人有罪和处以刑罚；没有被告人供述，证据确实、充分的，可以认定被告人有罪和处以刑罚。证据确实、充分，应当符合以下条件：（一）定罪量刑的事实都有证据证明；（二）据以定案的证据均经法定程序查证属实；（三）综合全案证据，对所认定事实已排除合理怀疑。"

[2]《最高人民法院关于民事诉讼证据的若干规定》第八十五条："人民法院应当以证据能够证明的案件事实为根据依法作出裁判。审判人员应当按照法定程序，全面、客观地审核证据，依据法律的规定，遵循法官职业道德，运用逻辑推理和日常生活经验，对证据有无证明力和证明力大小独立进行判断，并公开判断的理由和结果。"

[3]《中华人民共和国行政诉讼法》第四十三条第三款："以非法手段取得的证据，不得作为认定案件事实的根据。"

适用〈中华人民共和国行政诉讼法〉的解释》第四十三条[1]对"以非法手段取得的证据"作出进一步解释性的规定。非法证据排除规则所排除的是证据能力,被排除的非法证据不能作为定案证据。因此,若人民法院对行政机关以非法手段取得的证据予以采信,检察机关就应当以"认定事实的主要证据不足"为由依法予以监督。

(三)对认定事实的主要证据有无证明力、证明力大小或者证明对象的判断违反证据规则、逻辑推理或者经验法则的

审判人员应当依照法定程序,全面、客观地审核证据,依据法律的规定,遵循法官职业道德,运用逻辑推理和日常生活经验,对证据有无证明力和证明力大小独立进行判断。如果审判人员对认定基本事实的证据有无证明力、证明力大小或者证明对象的判断违反证据规则、逻辑推理或日常生活经验的,检察机关就应当以"认定事实的主要证据不足"为由依法予以监督。

此外,为了避免列举疏漏,本条还设置了兜底条款。

> **第八十四条**
>
> 有下列情形之一,导致原判决、裁定结果确有错误的,应当认定为《中华人民共和国行政诉讼法》第九十一条第四项规定的"适用法律、法规确有错误":
> (一)适用的法律、法规与案件性质明显不符的;
> (二)适用的法律、法规已经失效或者尚未施行的;
> (三)违反《中华人民共和国立法法》规定的法律适用规则的;
> (四)违背法律、法规的立法目的和基本原则的;
> (五)应当适用的法律、法规未适用的;
> (六)适用法律、法规错误的其他情形。

【条文主旨】

本条是关于"适用法律、法规确有错误"认定标准的规定。

---

[1] 《最高人民法院关于适用〈中华人民共和国行政诉讼法〉的解释》第四十三条:"有下列情形之一的,属于行政诉讼法第四十三条第三款规定的'以非法手段取得的证据':(一)严重违反法定程序收集的证据材料;(二)以违反法律强制性规定的手段获取且侵害他人合法权益的证据材料;(三)以利诱、欺诈、胁迫、暴力等手段获取的证据材料。"

【条文释义】

本条在2016年《行政诉讼监督规则》第十六条规定的基础上，有三处修改。（1）将"导致原判决、裁定结果确有错误"作为"适用法律、法规确有错误"的要件。（2）本次修订中，有意见提出，将2016年《行政诉讼监督规则》第十六条第三项和第四项合并，修改为"违反《中华人民共和国立法法》规定的法律适用规则的"（《中华人民共和国立法法》规定的法律适用规则包括：不溯及既往、上位法优于下位法、新法优于旧法、特别法优于一般法等数项），经研究予以采纳。（3）违反法律的目的和原则，也属于法律适用错误，将原第五项"适用法律、法规明显违背立法本意的"修改为"违背法律、法规的立法目的和基本原则的"。

行政诉讼法第九十一条第四项规定"适用法律、法规确有错误"作为再审与抗诉事由。但在实践中，有的生效行政裁判适用法律错误但不影响裁判结果，不影响当事人之间的权利义务关系。对于虽不影响裁判结果但适用法律错误的生效行政裁判，检察机关是否应当抗诉，存在不同认识。一种意见认为，只有在适用法律、法规确有错误并"导致原判决、裁定结果错误的"，才符合监督条件，建议将本条修改为："有下列情形之一，导致原判决、裁定结果错误的，应当认定为行政诉讼法第九十一条第四项规定的'适用法律、法规确有错误'……。"另一种意见认为，行政诉讼法第九十一条第四项规定，当事人的申请符合"原判决、裁定适用法律、法规确有错误的"情形的，人民法院应当再审，如果在行政诉讼法规定的情形之外，还要求符合"导致原判决、裁定结果错误的"条件，无疑人为提高了标准，既不符合行政诉讼法的规定，亦不利于依法保障当事人合法权益。《规则》出于解决"程序空转"的考虑，采纳了前一种意见。根据本条规定，只有当生效行政裁判适用法律错误导致裁判结果确有错误的，检察机关才提出抗诉。

第一，适用的法律、法规与案件性质明显不符，是指原审判决、裁定确定了错误的案由，进而导致适用了与案件性质不符的法律条文。

第二，适用的法律、法规已经失效或者尚未施行，是指在法律、法规已经被明文废止后或者在确定的法律生效时间以前适用该法律、法规的情形。

第三，违反《中华人民共和国立法法》规定的法律适用规则，包括法律溯及力规定、上位法优于下位法、新法优于旧法、特别法优于一般法等。

第四，违背法律、法规的立法目的和基本原则，主要表现为从法律条文的字面含义机械地理解和适用法律，而未能关注法律条文背后的立法目的和精神实质。

第五，应当适用的法律、法规未适用，主要表现为原审判决、裁定未依法适用应当适用的法律、法规。

第六，为避免列举疏漏，本条第六项设置了"适用法律、法规错误的其他情形"作为兜底条款。

第八十五条

有下列情形之一的，应当认定为《中华人民共和国行政诉讼法》第九十一条第五项规定的"违反法律规定的诉讼程序，可能影响公正审判"：

（一）审判组织的组成不合法的；

（二）依法应当回避的审判人员没有回避的；

（三）未经合法传唤缺席判决的；

（四）无诉讼行为能力人未经法定代理人代为诉讼的；

（五）遗漏应当参加诉讼的当事人的；

（六）违反法律规定，剥夺当事人辩论权、上诉权等重大诉讼权利的；

（七）其他严重违反法定程序的情形。

【条文主旨】

本条是关于"违反法律规定的诉讼程序，可能影响公正审判"认定标准的规定。

【条文释义】

本条沿用2016年《行政诉讼监督规则》第十七条规定，没有修改。行政诉讼法关于再审事由没有完全照搬2012年民事诉讼法第二百条的规定，而是对相关再审事由作了一定概括。如行政诉讼法第九十一条第五项规定的"违反法律规定的诉讼程序，可能影响公正审判的"系对2012年民事诉讼法第二百条第七、八、九、十项等规定再审事由的概括。为减少法律适用上的分歧，本条结合行政诉讼法相关规定及检察工作实际，对"违反法律规定的诉讼程序，可能影响公正审判的"的再审事由作出进一步解释。

（一）审判组织的组成不合法的

本《规则》第八十六条规定了应当认定为"审判组织的组成不合法"的

具体情形。

（二）依法应当回避的审判人员没有回避的

审判人员对于自己与本案有利害关系或者有其他关系的情况，未按照行政诉讼法第五十五条规定[①]，主动申请回避或者根据回避的决定予以回避本案的审理工作时，构成本条规定的再审事由。

（三）未经合法传唤缺席判决的

根据行政诉讼法第五十八条规定[②]，人民法院应当向被告发出传票，通知被告参加庭审。如果人民法院没有给被告送达传票，通知被告出庭应诉，在被告未到庭的情况下，法院就作出了缺席判决，这种严重违反法定程序的行为，将构成本条的再审事由。

（四）无诉讼行为能力人未经法定代理人代为诉讼的

无诉讼行为能力的未成年人、精神病人没有诉讼行为能力，不能参加诉讼。为了保障行政诉讼活动的正常进行，保护无诉讼行为能力人的合法权益以及社会公共利益，行政诉讼法第三十条规定，无诉讼行为能力人由其法定代理人代为诉讼。如果某一行政诉讼案件的当事人是无诉讼行为能力人，人民法院在未查明当事人是否具有诉讼行为能力或者代理人是否为无诉讼行为能力人的法定代理人的情况下就进行了审理，在该案裁判生效后，该无诉讼行为能力的当事人的法定代理人有权申请对该案进行再审。

（五）遗漏应当参加诉讼的当事人的

如行政诉讼法第二十六条第四款规定，两个以上行政机关作出同一行政行为的，共同作出行政行为的行政机关是共同被告。如果原告仅以部分行政机关为被告提起行政诉讼，此时人民法院应当依法追加共同作出行政行为的其他行政机关作为共同被告参加诉讼。人民法院未依法追加应当参加诉讼的其他行政机关时，构成本条规定的再审事由。

[①] 《中华人民共和国行政诉讼法》第五十五条："当事人认为审判人员与本案有利害关系或者有其他关系可能影响公正审判，有权申请审判人员回避。审判人员认为自己与本案有利害关系或者有其他关系，应当申请回避。前两款规定，适用于书记员、翻译人员、鉴定人、勘验人。院长担任审判长时的回避，由审判委员会决定；审判人员的回避，由院长决定；其他人员的回避，由审判长决定。当事人对决定不服的，可以申请复议一次。"

[②] 《中华人民共和国行政诉讼法》第五十八条："经人民法院传票传唤，原告无正当理由拒不到庭，或者未经法庭许可中途退庭的，可以按照撤诉处理；被告无正当理由拒不到庭，或者未经法庭许可中途退庭的，可以缺席判决。"

（六）违反法律规定，剥夺当事人辩论权、上诉权等重大诉讼权利的

依法保障当事人诉讼权利是人民法院的法定义务，若人民法院违法剥夺当事人重大诉讼权利，将动摇裁判的正当性基础。考虑到规定的周延性，本项采取列举加等外的规定方式。辩论原则是行政诉讼法的基本原则之一，依法保障当事人行使辩论权，有利于人民法院查清案件事实，作出公正裁判，本《规则》第八十七条规定了"违反法律规定，剥夺当事人辩论权"的具体情形。

人民法院审理行政案件，依法实行两审终审制度，当事人对一审判决、裁定不服的，有权向上一级人民法院提起上诉，启动二审程序。通过第二审程序，可以纠正第一审判决、裁定的错误，保证人民法院裁判的正确、合法，保护案件当事人合法权益。因此，人民法院违法剥夺当事人依法享有的上诉权，属于行政诉讼法第九十一条第五项规定的情形，当事人有权申请再审。

（七）其他严重违反法定程序的情形

本项系兜底条款。如诉讼代理人无权代理、越权代理。行政诉讼法第三十一条①规定了诉讼代理人制度，有利于解决案件当事人、法定代理人因诉讼能力不足，难以维护其自身合法权益等问题。诉讼代理人在庭审中的代理活动，特别是在特别授权的情形下，对于案件当事人的权益影响很大，为确保案件获得公正审理，人民法院应当主动审查诉讼代理人的代理权限，将无权代理或者越权代理行为排除在庭审活动之外。如果人民法院疏于对诉讼代理人权限审查，造成无权代理或越权代理情形出现时，构成本条规定的再审事由。

【实务指南】

根据违法程度不同，人民法院违反法定程序情形可以分为严重违反法定程序和其他违反法定程序两类情形。应注意的是，检察机关对上述两类情形的监督方式不同：对于本《规则》第八十五条规定的七种严重违反法定程序情形，应以抗诉或再审检察建议的方式予以监督，通过审判监督程序，纠正确有错误的行政裁判；对于本《规则》第一百零四条规定的其他违反法定程序情形，应以检察建议方式予以监督，促进人民法院提高行政审判质量。

---

① 《中华人民共和国行政诉讼法》第三十一条："当事人、法定代理人，可以委托一至二人作为诉讼代理人。下列人员可以被委托为诉讼代理人：（一）律师、基层法律服务工作者；（二）当事人的近亲属或者工作人员；（三）当事人所在社区、单位以及有关社会团体推荐的公民。"

第八十六条

有下列情形之一的,应当认定为本规则第八十五条第一项规定的"审判组织的组成不合法":

(一)应当组成合议庭审理的案件独任审判的;
(二)再审、发回重审的案件没有另行组成合议庭的;
(三)审理案件的人员不具有审判资格的;
(四)审判组织或者人员不合法的其他情形。

【条文主旨】

本条是关于"审判组织的组成不合法"认定标准的规定。

【条文释义】

本条是《规则》新增加的内容。本次修订,在2013年《民事诉讼监督规则》第八十一条规定的基础上,考虑到人民陪审员法第十五条①明确规定了人民陪审员参与人民法院第一审行政案件审理,实践中"人民陪审员参与第二审案件审理"不是"审判组织的组成不合法"的常见典型情形,删除了2013年《民事诉讼监督规则》第八十一条第二项"人民陪审员参与第二审案件审理的"规定,将其纳入"审判组织或者人员不合法的其他情形",不再单独列出。

审判组织是人民法院审理案件的内部组织形式,依法组成审判组织进行审理是确保公正司法的基础。审判组织不合法的情形主要包括:

(一)应当组成合议庭审理的案件独任审判的

即人民法院对行政诉讼法第八十二条规定②等可以适用独任审判案件范围

---

① 《中华人民共和国人民陪审员法》第十五条:"人民法院审判第一审刑事、民事、行政案件,有下列情形之一的,由人民陪审员和法官组成合议庭进行:(一)涉及群体利益、公共利益的;(二)人民群众广泛关注或者其他社会影响较大的;(三)案情复杂或者有其他情形,需要由人民陪审员参加审判的。人民法院审判前款规定的案件,法律规定由法官独任审理或者由法官组成合议庭审理的,从其规定。"

② 《中华人民共和国行政诉讼法》第八十二条:"人民法院审理下列第一审行政案件,认为事实清楚、权利义务关系明确、争议不大的,可以适用简易程序:(一)被诉行政行为是依法当场作出的;(二)案件涉及款额二千元以下的;(三)属于政府信息公开案件的。除前款规定以外的第一审行政案件,当事人各方同意适用简易程序的,可以适用简易程序。发回重审、按照审判监督程序再审的案件不适用简易程序。"

外的其他行政诉讼案件实行独任审判。

（二）再审、发回重审的案件没有另行组成合议庭的

即依照审判监督程序进行再审和第二审发回重审的案件，人民法院没有另行组成合议庭进行审理。"另行组成合议庭"是指由原来合议庭组成人员以外的其他具有审判资格的人员，依照行政诉讼法有关规定组成新的合议庭。另外，对于再审、发回重审的案件，即使原来适用独任审判，再审或重审时也必须组成合议庭审理。

（三）审理案件的人员不具有审判资格的

即审理案件的人员中有未依照法定程序被任命为法官或者人民陪审员的人员。依照法官法的有关规定，法官是依法行使国家审判权的审判人员，包括最高人民法院、地方各级人民法院和军事法院等专门人民法院的院长、副院长、审判委员会委员、庭长、副庭长和审判员；法官的任免，依照宪法和法律规定的任免权限和程序办理；法官实行员额制管理。依照人民陪审员法，担任人民陪审员也应当符合法定条件并经法定程序任命。

（四）审判组织或者人员不合法的其他情形

本项系兜底条款。如原审庭审中合议庭组成人员中有的审判人员缺席或实际缺席等。又如在合议庭组成人员确定后已经告知当事人，但在具体开庭时却是不同于告知的合议庭组成人员，或者被告知的合议庭组成人员参加庭审，但在法律文书的署名上出现不同署名情况（即未参加庭审的审判人员参与判决）。

第八十七条

有下列情形之一的，应当认定为本规则第八十五条第六项规定的"违反法律规定，剥夺当事人辩论权"：

（一）不允许或者严重限制当事人行使辩论权利的；

（二）应当开庭审理而未开庭审理的；

（三）违反法律规定送达起诉状副本或者上诉状副本，致使当事人无法行使辩论权利的；

（四）违法剥夺当事人辩论权利的其他情形。

【条文主旨】

本条是关于"违反法律规定，剥夺当事人辩论权"认定标准的规定。

【条文释义】

本条是《规则》新增加的内容。本次修订，沿用2013年《民事诉讼监督规则》第八十二条规定。

（一）不允许或者严重限制当事人行使辩论权利的

包括在原审过程中，人民法院未通过合法方式向当事人送达开庭传票，以及审判人员不让当事人针对案件事实和争议焦点充分发表辩论意见，或者采取实质上与"不允许"基本相同的方式，对当事人的辩论权利予以限制，导致当事人无法正常行使辩论权等情形。如人民法院在开庭审理阶段没有经过辩论程序，而是在法庭调查之后，径行作出判决。或在开庭审理中虽然进行了法庭辩论，但在法庭辩论终结时，没有参照民事诉讼法第一百四十四条的规定[①]，由审判长询问当事人的最后意见，即当事人的最后陈述在法庭笔录中没有体现，这属于剥夺了当事人的最后陈述权，也属于剥夺了当事人的辩论权[②]。

（二）应当开庭审理而未开庭审理的

开庭审理，是指人民法院于确定的日期在当事人和其他诉讼参与人的参加下，依照法定的程序和形式，在法庭上对案件进行实体审理的诉讼活动。开庭审理是行政审判程序中最基本、最重要的阶段，是当事人行使诉权进行诉讼活动和人民法院行使审判权进行审判活动最集中、最生动的体现。行政诉讼案件，开庭审理是"常态"，不开庭审理是特殊情况下的"非常态"。在实践中，需要掌握哪些案件可以不开庭而径行作出裁判。一是调解结案的一审行政诉讼案件，即人民法院如果认为行政纠纷的争议不大，当事人在案件开庭前能够达成调解协议的，可以根据实际情况，不必进行开庭审理，而是由审判员一人或者合议庭主持，以法院调解的方式解决纠纷，审结案件。这里需要注意的是，根据行政诉讼法第六十条的规定[③]，行政诉讼只有涉及行政

[①]《中华人民共和国民事诉讼法》第一百四十四条："法庭辩论按照下列顺序进行：（一）原告及其诉讼代理人发言；（二）被告及其诉讼代理人答辩；（三）第三人及其诉讼代理人发言或者答辩；（四）互相辩论。法庭辩论终结，由审判长按照原告、被告、第三人的先后顺序征询各方最后意见。"

[②] 全国人大常委会法制工作委员会信春鹰主编：《中华人民共和国行政诉讼法释义》，法律出版社2015年版，第236—237页。

[③]《中华人民共和国行政诉讼法》第六十条："人民法院审理行政案件，不适用调解。但是，行政赔偿、补偿以及行政机关行使法律、法规规定的自由裁量权的案件可以调解。调解应当遵循自愿、合法原则，不得损害国家利益、社会公共利益和他人合法权益。"

赔偿、补偿以及行政机关行使法律、法规规定的自由裁量权的案件才有可能适用调解程序，即有可能不必进行开庭审理。除此之外的其他类型案件即便案情简单、争议不大，也不能不开庭审理径行以法院调解的方式审结案件。二是符合行政诉讼法第八十六条的规定①的可以不开庭审理的上诉案件。

（三）违反法律规定送达起诉状副本或者上诉状副本，致使当事人无法行使辩论权利的

这是指人民法院不送达或者违反法律规定的方式向当事人送达起诉状副本或者上诉状副本的情形。起诉和上诉是第一审和第二审诉讼程序的开始，被告和被上诉人只有知晓起诉状和上诉状的内容，才能进行有效答辩。行政诉讼法第六十七条规定，人民法院应当在立案之日起五日内，将起诉状副本发送被告。被告应当在收到起诉状副本之日起十五日内向人民法院提交作出行政行为的证据和所依据的规范性文件，并提出答辩状。人民法院应当在收到答辩状之日起五日内，将答辩状副本发送原告。被告不提出答辩状的，不影响人民法院审理。是否提交答辩状是当事人的诉讼权利，但如果法院没有给被告进行书面答辩的权利，则属于剥夺了当事人的辩论权利。同理，违反法律规定未向被上诉人送达上诉状副本，亦致使当事人无法行使辩论权利，可能影响公正审判。例如，违反法律规定在不应当采取公告送达的情况下进行公告送达或者公告送达的程序不符合规定，导致当事人不了解诉讼的开始或者进行而无法行使辩论权利。又如，送达传票时，法院委托当事人所在单位或者某个熟人、朋友代为转交，但当事人未实际收到或者迟延收到，导致无法行使辩论权利。如果人民法院送达起诉状副本或者上诉状副本超过法定期限，但未对当事人提交答辩意见造成实质性影响的，应当属于违反行政审判程序的一般违法情形，不属于本条规定的监督情形。

（四）违法剥夺当事人辩论权利的其他情形

为了避免列举疏漏，本项设置了兜底条款，适用于除上述三种情形以外的剥夺当事人辩论权利的情形。

---

① 《中华人民共和国行政诉讼法》第八十六条："人民法院对上诉案件，应当组成合议庭，开庭审理。经过阅卷、调查和询问当事人，对没有提出新的事实、证据或者理由，合议庭认为不需要开庭审理的，也可以不开庭审理。"

第二节　提出再审检察建议和提请抗诉、提出抗诉

第八十八条

地方各级人民检察院发现同级人民法院已经发生法律效力的行政判决、裁定有下列情形之一的，可以向同级人民法院提出再审检察建议：

（一）不予立案或者驳回起诉确有错误的；

（二）有新的证据，足以推翻原判决、裁定的；

（三）原判决、裁定认定事实的主要证据不足、未经质证或者系伪造的；

（四）违反法律规定的诉讼程序，可能影响公正审判的；

（五）原判决、裁定遗漏诉讼请求的；

（六）据以作出原判决、裁定的法律文书被撤销或者变更的。

【条文主旨】

本条是关于提出再审检察建议案件范围的规定。

【条文释义】

本条沿用2016年《行政诉讼监督规则》第十八条规定。我国法律对于行政抗诉实行"上级抗下级"的制度设计。检察机关民事、行政抗诉工作中逐渐形成了人员数量配置的"正三角"和案件分布的"倒三角"现象，即级别越高的检察院办案人员相对较少而办案数量相对较多，导致抗诉案件大量涌入省级人民检察院和最高人民检察院，而人数较多、办案力量较强的分、州、市级人民检察院和基层人民检察院却不能办理此类案件。同时，多数抗诉案件需要经历同级人民检察院提请抗诉和上一级人民检察院提出抗诉两个环节，这在客观上也影响了检察监督的时效性。为了缓解上级检察机关案多人少的矛盾，提高监督效率，在最高人民检察院的统一部署下，各地积极探索通过再审检察建议方式对同级人民法院的生效裁判进行监督。2012年修订民事诉讼法时贯彻落实中央司法体制改革要求，吸收了检察机关探索开展检察建议的做法，在法律中明确了检察建议的监督方式，实现了检察建议监督方式的法定化。行政诉讼法延续了民事诉讼法关于检察建议的内容。行政诉

讼法第九十二条第二款、第三款规定了两类检察建议：一种是再审检察建议，适用于对能够通过再审程序纠正的生效判决、裁定和调解书的监督；另一种是审判程序违法检察建议，适用于对审判程序及审判人员存在违法情形的监督。虽然行政诉讼法第九十三条没有使用"再审检察建议"这一名词，但鉴于再审检察建议与其他检察建议相比具有一定的特殊性，且已经在实践中探索开展多年，《最高人民法院、最高人民检察院关于对民事审判活动与行政诉讼实行法律监督的若干意见（试行）》、2015年2月施行的《最高人民法院关于适用〈中华人民共和国民事诉讼法〉的解释》以及2018年2月8日起施行的《最高人民法院关于适用〈中华人民共和国行政诉讼法〉的解释》第一百二十六条①都使用了"再审检察建议"的名称，因此，本《规则》继续沿用"再审检察建议"的名称，以区别于其他类型检察建议。

由于行政诉讼法第九十三条第二款对符合监督条件的案件规定为"可以向同级人民法院提出检察建议，并报上级人民检察院备案；也可以提请上级人民检察院向同级人民法院提出抗诉"，实践中，对于如何区分适用再审检察建议和提请抗诉两种监督方式，有必要予以明确。为了充分发挥再审检察建议的作用，合理区分再审检察建议和提请抗诉各自适用的案件范围，2016年《行政诉讼监督规则》根据立法目的和实践需要，根据两种监督方式的特点，对抗诉和再审检察建议的适用情形进行了区分，以便于检察机关在实践中更好地适用，本次修订未作修改。

（一）不予立案或者驳回起诉确有错误的

行政诉讼法第五十一条第一款规定："人民法院在接到起诉状时对符合本法规定的起诉条件的，应当登记立案。"为了更好地在司法实践中贯彻执行立案登记制度，《最高人民法院关于适用〈中华人民共和国行政诉讼法〉的解释》第五十三条对登记立案的具体操作流程和时限要求予以全面细化，该条第二款规定："对当事人依法提起的诉讼，人民法院应当根据行政诉讼法第五十一条的规定接收起诉状。能够判断符合起诉条件的，应当当场登记立案；当场不能判断是否符合起诉条件的，应当在接收起诉状后七日内决定是否立案；七日内仍不能作出判断的，应当先予立案。"实践中，人民法院对不符合

---

① 《最高人民法院关于适用〈中华人民共和国行政诉讼法〉的解释》第一百二十六条："人民法院收到再审检察建议后，应当组成合议庭，在三个月内进行审查，发现原判决、裁定、调解书确有错误，需要再审的，依照行政诉讼法第九十二条规定裁定再审，并通知当事人；经审查，决定不予再审的，应当书面回复人民检察院。"

立案条件的案件区分不同受理阶段作出处理：在立案前经审查发现当事人的起诉不符合起诉条件的，应当裁定不予立案；如果在立案后发现当事人的起诉不符合起诉条件的，应当裁定驳回起诉。考虑到不予立案或者驳回起诉裁定都涉及对起诉条件的判断，且监督后仍应由一审法院审判①，此种情形适合通过再审检察建议进行同级监督。

（二）有新的证据，足以推翻原判决、裁定的

只有新的证据能够达到足以推翻原判决、裁定程度的情况下，才能适用本条规定，如果新的证据虽然能够改变原判决、裁定认定的部分事实，这部分事实并不足以影响到原判决、裁定结果，或者新的证据与原审诉讼具有可分性，能够通过另诉解决，则不能适用本情形。由于新的证据主要涉及事实认定问题，比较适宜由原审法院纠正，故将该情形作为适合通过再审检察建议监督的案件类型。

（三）原判决、裁定认定事实的主要证据不足、未经质证或者系伪造的

据以认定案件事实的主要证据不足、未经质证或者系伪造三种情形都属事实认定范畴，对于事实认定方面存在的问题，由原审法院审查更有利于查明案件事实。从司法实践来看，对于仅以事实认定错误为由提出抗诉的案件，人民法院一般都会指令原审法院再审。因此，对于认定事实的主要证据不足、未经质证或者系伪造的三种情形，通过再审检察建议方式监督比较合适。

（四）违反法律规定的诉讼程序，可能影响公正审判的

该情形应当限于比较严重的程序违法情形。本《规则》第八十五条已经具体列举了"违反法律规定的诉讼程序，可能影响公正审判"的情形，考虑到上述严重违法情形在实践中比较容易认定，一旦出现这些违法情形，由原审人民法院予以纠正既能够实现监督效果，也可以提高监督效率，因此适合通过再审检察建议进行监督。

（五）原判决、裁定遗漏诉讼请求的

对于当事人在诉讼中提出的诉讼请求，人民法院经过审理后，无论是否支持，都应当在裁判文书中予以回应，如果人民法院对当事人提出的诉讼请

---

① 《最高人民法院关于适用〈中华人民共和国行政诉讼法〉的解释》第一百零九条："第二审人民法院经审理认为原审人民法院不予立案或者驳回起诉的裁定确有错误且当事人的起诉符合起诉条件的，应当裁定撤销原审人民法院的裁定，指令原审人民法院依法立案或者继续审理。第二审人民法院裁定发回原审人民法院重新审理的行政案件，原审人民法院应当另行组成合议庭进行审理。"

求事项不予审查并拒绝裁判,则属于遗漏诉讼请求。是否遗漏诉讼请求比较容易认定,也适合通过再审检察建议方式进行监督。

(六)据以作出原判决、裁定的法律文书被撤销或者变更的

如果一个判决、裁定是依据另一法律文书作出,一旦该法律文书被撤销或者变更,必然会动摇原判决、裁定作出的基础,应当对该案件进行再审。关于"法律文书"的范围,《最高人民法院关于适用〈中华人民共和国民事诉讼法〉的解释》第三百九十三条作出了列举式规定:"民事诉讼法第二百条第十二项规定的法律文书包括:(一)发生法律效力的判决书、裁定书、调解书;(二)发生法律效力的仲裁裁决书;(三)具有强制执行效力的公证债权文书。"实践中可以参照该条规定予以把握。据以作出原判决、裁定的法律文书被撤销或者变更,实践中判断起来比较容易,不易产生分歧,也适合通过再审检察建议方式进行监督。

【实务指南】

符合本条规定情形的案件,应当首先考虑以再审检察建议方式进行监督。实践中,除案件具有本《规则》第八十九条规定的特殊情形不适宜由同级人民检察院监督的,地方各级人民检察院对同级人民法院作出的生效裁判,发现符合本条规定的,应当首先考虑向同级人民法院提出再审检察建议,不宜直接提请抗诉。

第八十九条

符合本规则第八十八条规定的案件有下列情形之一的,地方各级人民检察院应当提请上一级人民检察院抗诉:

(一)判决、裁定是经同级人民法院再审后作出的;

(二)判决、裁定是经同级人民法院审判委员会讨论作出的;

(三)其他不适宜由同级人民法院再审纠正的。

【条文主旨】

本条是关于适用再审检察建议例外情形的规定。

【条文释义】

本条沿用2016年《行政诉讼监督规则》第十九条规定。实践中,有些案件虽然具有本《规则》第八十八条列举的情形,但存在某些特殊情况,原

审人民法院予以纠正难度较大或者不适宜由原审人民法院纠正。对这些案件，作出生效裁判的人民法院的同级人民检察院不宜提出再审检察建议，而应当直接提请上一级人民检察院抗诉。

（一）判决、裁定是经同级人民法院再审后作出的

由于案件经过了一次再审程序，如果由同一法院再次启动再审程序予以纠正的难度较大，监督效果将不能得到保证。因此，对同级人民法院经过再审程序后作出的裁判，即使符合本《规则》第八十八条规定的情形，人民检察院也不宜通过再审检察建议方式监督，应当直接提请上一级人民检察院抗诉。"判决、裁定是经同级人民法院再审后作出的"，既包括同级人民法院对下级人民法院作出的裁判提审后作出的裁判，也包括同级人民法院对本院作出的裁判重审后作出的裁判，还包括同级人民法院依照上级人民法院的指定对其他人民法院作出的裁判依照审判监督程序审理后作出的裁判。

（二）判决、裁定是经同级人民法院审判委员会讨论作出的

由于审判委员会是一级法院内设的最高层级的审判组织，审判委员会讨论作出的决定，对该法院而言，具有最高的专业性和权威性。对此类案件，即使符合提出再审检察建议的条件，也不宜由原审人民法院进行纠正，应当提请上一级人民检察院抗诉。

（三）其他不适宜由同级人民法院再审纠正的

主要指案件属重大、疑难、复杂，或者在当地具有较大影响以及可能存在地方保护主义等不适宜由原审人民法院纠正的案件。

第九十条

地方各级人民检察院发现同级人民法院已经发生法律效力的行政判决、裁定具有下列情形之一的，应当提请上一级人民检察院抗诉：

（一）原判决、裁定适用法律、法规确有错误的；

（二）审判人员在审理该案件时有贪污受贿、徇私舞弊、枉法裁判行为的。

审判人员在审理该案件时有贪污受贿、徇私舞弊、枉法裁判行为，是指已经由生效刑事法律文书或者纪律处分决定所确认的行为。

【条文主旨】

本条是关于应当提请抗诉案件范围的规定。

《人民检察院行政诉讼监督规则》理解与适用

【条文释义】

本条在 2016 年《行政诉讼监督规则》第二十条规定基础上,增加一款作为第二款。主要考虑目前实践中有些当事人在监督申请理由不充足的情况下,转而控告审判人员审理案件时有贪污受贿、徇私舞弊、枉法裁判行为,其反映的情况既无相关文书确认,也无事实依据或者证据线索,检察机关未经调查,不能直接回应不存在相关问题,对此问题难以处理和回应。参考《最高人民法院关于适用〈中华人民共和国民事诉讼法〉的解释》第三百九十四条[①]的规定,增加第二款。

行政诉讼法第九十一条规定的情形中不适宜采用再审检察建议监督的,应当由作出生效裁判人民法院的同级人民检察院采用提请抗诉方式进行监督。

(一)原判决、裁定适用法律、法规确有错误的

一般而言,对于事实认定问题,由原审法院进行再审对查清案件事实更为便利,但对于适用法律问题,考虑到上级人民法院的法官对法律的理解和把握与下级人民法院的法官相比更具有专业性和权威性,由上级人民法院纠正下级人民法院存在的适用法律问题更为适宜,而且有利于本辖区内法律的统一适用。因此,本条将适用法律错误作为应当提请抗诉的情形。

(二)审判人员在审理该案件时有贪污受贿、徇私舞弊、枉法裁判行为的

司法廉洁是司法公正和司法权威的重要保障,如果审判人员在审理相关案件时存在贪污受贿、徇私舞弊、枉法裁判行为的,则裁判结果的合法性、公正性将完全丧失基础,从而成为引起再审的事由之一。如果审判人员在审理案件时有贪污受贿、徇私舞弊、枉法裁判行为,从维护司法公信力的角度考虑,由上级人民法院纠正更加合适。

【实务指南】

1. 如果一个案件经审查同时具备本《规则》第八十八条所列情形和本条所列情形,即同时具备提出再审检察建议条件和提请抗诉条件,如果适用法律错误影响法律正确实施的,应当提请抗诉而不能提出再审检察建议。但如果检法两院经过正常渠道的工作沟通已经达成共识,作出生效裁判的人民法院愿意自行纠正错误,从节约司法资源的角度出发,也可以根据案件具体情

---

① 《最高人民法院关于适用〈中华人民共和国民事诉讼法〉的解释》第三百九十四条:"民事诉讼法第二百条第十三项规定的审判人员审理该案件时有贪污受贿、徇私舞弊、枉法裁判行为,是指已经由生效刑事法律文书或者纪律处分决定所确认的行为。"

况适用再审检察建议进行监督。

2. 如果生效裁判在引用法律条文上存在笔误，或者虽然引用了错误的法律条文，但实体裁判结果正确的，人民检察院不宜提出抗诉，可以依照《规则》第一百零四条第一项规定，按照行政审判程序监督办理。

3. 审判人员贪污受贿、徇私舞弊、枉法裁判行为一般均发生在相关案件的审理过程中，但亦不能排除审判人员在作出裁判前与相关人员串通，并在作出裁判后再收受贿赂的情形。

第九十一条

地方各级人民检察院发现同级人民法院已经发生法律效力的行政调解书损害国家利益或者社会公共利益的，可以向同级人民法院提出再审检察建议，也可以提请上一级人民检察院抗诉。

【条文主旨】

本条是关于对同级人民法院作出的行政调解书监督的规定。

【条文释义】

本条沿用2016年《行政诉讼监督规则》第二十一条规定。根据司法实践的需要，行政诉讼法在延续审理行政案件原则上不适用调解的前提下，规定了三类能够调解的例外情形，即行政赔偿、补偿及行政机关行使法律、法规规定的自由裁量权的案件可以调解。同时为了保证调解的合法性，行政诉讼法第六十条第二款规定："调解应当遵循自愿、合法原则，不得损害国家利益、社会公共利益和他人合法权益。"

行政诉讼法第九十三条第二款规定，对地方各级人民法院已经发生法律效力的调解书，经审查发现损害国家利益、社会公共利益的，同级人民检察院可以选择适用再审检察建议或者提请抗诉的方式进行监督。考虑到检察机关对行政调解书的监督是行政诉讼法赋予的一项新的工作职责，这项工作无论在理论上还是在实践上都刚刚起步，目前尚不具备在行政调解书监督上区分提请抗诉或者提出再审检察建议案件类型的条件。因此，地方各级人民检察院发现行政调解书损害国家利益、社会公共利益的，可以视案件具体情况选择适用再审检察建议或者提请抗诉的方式进行监督。

第九十二条

人民检察院提出再审检察建议,应当制作《再审检察建议书》,在决定之日起十五日内将《再审检察建议书》连同案件卷宗移送同级人民法院,并制作通知文书,发送当事人。

人民检察院提出再审检察建议,应当经本院检察委员会决定,并在提出再审检察建议之日起五日内将《再审检察建议书》及审查终结报告等案件材料报上一级人民检察院备案。上一级人民检察院认为下级人民检察院发出的《再审检察建议书》错误或者不当的,应当指令下级人民检察院撤回或者变更。

【条文主旨】

本条是关于再审检察建议制作、发送、备案以及撤回、变更的规定。

【条文释义】

本条在2016年《行政诉讼监督规则》第二十三条规定基础上,有三处修改。一是细化再审检察建议的报备程序,增加规定向上一级人民检察院备案的时间要求。二是在行政诉讼监督司法解释中,不宜直接规定人民法院对再审检察建议的回复工作,因此,删除原第二款"人民检察院依照前款规定提出再审检察建议的,人民法院根据《最高人民法院、最高人民检察院关于对民事审判活动与行政诉讼实行法律监督的若干意见(试行)》等规定审查回复"。三是增加撤回或者变更再审检察建议的规定。

(一)关于再审检察建议的制作及发送

再审检察建议是检察机关的法定监督方式,为了体现监督的规范性与严肃性,人民检察院向同级人民法院提出再审检察建议的,应当以书面方式制作并发送《再审检察建议书》,并移送检察卷宗,不能采取口头方式提出。《再审检察建议书》作为检察机关的法律监督文书,其主送机关是同级人民法院,因此,不需要将《再审检察建议书》直接送达当事人。检察机关提出再审检察建议后,应当以《通知书》的形式告知当事人。检察机关提出再审检察建议的案件,应当制作检察卷宗,与《再审检察建议书》同时移送同级人民法院。检察卷宗应当依照《人民检察院诉讼档案案卷格式标准》(高检办发〔2021〕3号)、《人民检察院诉讼档案管理办法》(高检发〔2021〕5号)的要求制作。"决定提出再审检察建议之日"是指人民检察院检察委员会讨论决定提出再审检察建议的日期。

关于提出再审检察建议审批程序的问题。在制定2016年《行政诉讼监督规则》时，对于再审检察建议是否经检察委员会决定，存在两种相反意见。基于保证检察监督质量效果，避免随意发出再审检察建议，2016年《行政诉讼监督规则》第二十三条规定，"人民检察院提出再审检察建议，应当经检察委员会决定"。在本次修订工作中，有意见认为，提出再审检察建议必须经检察委员会决定存在过于严格、程序复杂、时限较长等不足，建议修改为检察长批准或者检察委员会决定。经研究，最高人民法院、最高人民检察院在《关于对民事审判活动与行政诉讼实行法律监督的若干意见（试行）》中达成了"再审检察建议应当经检察委员会决定"的共识。[①]《最高人民法院关于适用〈中华人民共和国民事诉讼法〉的解释》第四百一十六条第一款将再审检察建议经检察委员会讨论决定作为法院受理的要件之一；第二款进一步规定，不符合受理要件的，人民法院可以建议人民检察院补正或者撤回；不予补正或者撤回的，应当函告人民检察院不予受理。因此，沿用2016年《行政诉讼监督规则》第二十三条第一款关于"人民检察院提出再审检察建议，应当经检察委员会决定"的规定。

（二）关于再审检察建议的备案以及上级人民检察院对下级人民检察院的纠错

行政诉讼法第九十三条第二款要求提出再审检察建议的人民检察院应当将《再审检察建议书》报送上一级人民检察院备案，以便于上级人民检察院全面掌握下级人民检察院再审检察建议的情况，及时发现和纠正再审检察建议中的问题。本次修订中，依据《人民检察院检察建议工作规定》第二十二条第二款的规定[②]，增加上级人民检察院对下级人民检察院错误或不当再审检察建议的纠错程序，即"上一级人民检察院认为下级人民检察院发出的《再审检察建议书》错误或者不当的，应当指令下级人民检察院撤回或者变更"。

[①]《关于对民事审判活动与行政诉讼实行法律监督的若干意见（试行）》第七条第一款规定："地方各级人民检察院对符合本意见第五条、第六条规定情形的判决、裁定、调解，经检察委员会决定，可以向同级人民法院提出再审检察建议。"

[②]《人民检察院检察建议工作规定》第二十二条："检察长认为本院发出的检察建议书确有不当的，应当决定变更或者撤回，并及时通知有关单位，说明理由。上级人民检察院认为下级人民检察院发出的检察建议书确有不当的，应当指令下级人民检察院变更或者撤回，并及时通知有关单位，说明理由。"

第九十三条

人民检察院提请抗诉，应当制作《提请抗诉报告书》，在决定之日起十五日内将《提请抗诉报告书》连同案件卷宗等材料报送上一级人民检察院，并制作通知文书，发送当事人。

【条文主旨】

本条是关于提请抗诉报告书制作及发送的规定。

【条文释义】

本条沿用 2016 年《行政诉讼监督规则》第二十四条的规定，作了文字修改。人民检察院经审查，发现同级人民法院的生效判决、裁定、调解书符合提请抗诉条件的，应当经检察长批准后提请上一级人民检察院向同级人民法院提出抗诉。提请抗诉是检察机关的内部办案流程，《提请抗诉报告书》是上下级人民检察院在办案过程中的内部法律文书，无须向当事人送达。为了使当事人知晓案件的办理进度，同时也为了贯彻办案公开原则，人民检察院决定提请抗诉的案件，应当制作通知文书（《提请抗诉通知书》），告知当事人。

第九十四条

最高人民检察院对各级人民法院已经发生法律效力的行政判决、裁定、调解书，上级人民检察院对下级人民法院已经发生法律效力的行政判决、裁定、调解书，发现有《中华人民共和国行政诉讼法》第九十一条、第九十三条规定情形的，应当向同级人民法院提出抗诉。

人民检察院提出抗诉后，接受抗诉的人民法院未在法定期限内作出审判监督的相关裁定的，人民检察院可以采取询问、走访等方式进行督促，并制作工作记录。人民法院对抗诉案件裁定再审后，对于人民法院在审判活动中存在违反法定审理期限等违法情形的，依照本规则第六章规定办理。

人民检察院提出抗诉的案件，接受抗诉的人民法院将案件交下一级人民法院再审，下一级人民法院审理后作出的再审判决、裁定仍符合抗诉条件且存在明显错误的，原提出抗诉的人民检察院可以再次提出抗诉。

【条文主旨】

本条是关于抗诉条件及跟进监督的规定。

【条文释义】

本条在 2016 年《行政诉讼监督规则》第二十二条规定基础上，针对实践中一些案件存在的"一抗了之"的问题，新增第二款和第三款，完善对抗诉的跟进监督机制。跟进监督方式包括督促、审判程序违法行为监督、再次提出抗诉等。需要说明的是，第二款中的"审判监督的相关裁定"包括再审、指令再审、提审裁定等。

（一）抗诉的条件

行政诉讼中的抗诉，是指人民检察院发现人民法院已经发生法律效力的行政判决、裁定、调解书符合法律规定的抗诉条件，依法要求人民法院对案件进行重新审理的诉讼活动。我国行政诉讼法规定的抗诉制度具有以下特征：第一，提出抗诉的主体是作出生效判决、裁定、调解书的人民法院的上级人民检察院。唯一的例外是对最高人民法院的生效判决、裁定、调解书，应当由最高人民检察院提出抗诉。第二，接受抗诉的主体是提出抗诉的人民检察院的同级人民法院。第三，抗诉的对象是可以适用再审程序的已经发生法律效力的判决、裁定、调解书。第四，提出抗诉的条件必须符合法律规定的情形。第五，抗诉后果具有法定性，人民检察院提出抗诉的案件，人民法院必须对案件进行再审。虽然行政诉讼法没有明确规定抗诉后人民法院的办理程序，但《最高人民法院关于适用〈中华人民共和国行政诉讼法〉的解释》第一百二十四条明确规定：人民检察院提出抗诉的案件，接受抗诉的人民法院应当自收到抗诉书之日起三十日内作出再审的裁定。

依照行政诉讼法第九十三条的规定，对行政判决、裁定提出抗诉的条件是：判决、裁定具有该法第九十一条规定的情形；对行政调解书提出抗诉的条件是：调解书存在损害国家利益、社会公共利益的情形。人民检察院经审查认为判决、裁定、调解书符合上述条件的，应当按照抗诉权限向同级人民法院提出抗诉。

（二）关于抗诉后人民法院未在法定期限内或者超出法定期限裁定再审或指令再审的规定

《最高人民法院关于适用〈中华人民共和国行政诉讼法〉的解释》第一百二十四条规定，接受抗诉的人民法院应当自收到抗诉书之日起三十日内裁定再审。对于"三十日内作出再审的裁定"，司法实践中主要存在两种认识：一种观点认为，作出三十日的相对较短的日期限制，是为了防止因接受抗诉的人民法院工作拖延而迟迟不作出进入再审的裁定；另一种观点认为，三十日的规定，除有督促人民法院及时裁定再审之意，还含有接受抗诉的人民法院审查抗诉是否符合形式要件的立法本意，抗诉符合形式要件的，人民法院应在三十日内作出再审的裁定。从司法实践看，各级人民法院对于大多数抗诉案件进行了审查。《最高人民法院关于适用〈中华人民共和国民事诉讼法〉的解释》第四百一十七条①，也为行政审判中进行相关审查提供了参照依据，包括审查抗诉是否提交必要的材料、抗诉的裁判是否具有可抗诉性、抗诉的对象是否出现错误以及是否满足当事人申请检察监督的前提条件。需要注意的是，以上的审查应当属于形式审查，至于抗诉理由是否应当支持，属于裁定再审之后再审法院的审查任务。如果人民检察院依当事人申请提出抗诉不符合上述内容的，人民法院一般会先行与抗诉的人民检察院沟通，建议予以补正或者撤回；人民检察院不予补正或者撤回的，人民法院可以裁定不予受理。对于接受抗诉的人民法院既不在法定期限内裁定再审，又不与抗诉的人民检察院沟通的情形，抗诉的人民检察院可以采取询问、走访等方式进行督促，并制作工作记录。人民法院对抗诉案件裁定再审后，抗诉案件进入审判监督程序，对于再审人民法院违反法定审理期限等违法行为，提出抗诉的人民检察院应当依照本《规则》第六章"对行政审判程序中审判人员违法行为的监督"相关规定依法办理。

（三）再次抗诉

本次修订，为了确保监督实效，增加关于提出抗诉的人民检察院可以再次提出抗诉的规定。即接受抗诉的人民法院将案件交下一级人民法院再审，下一级人民法院审理后作出的再审判决、裁定仍符合抗诉条件且存在明显错误的，原提出抗诉的人民检察院可以再次提出抗诉，以确保抗诉案件的监督实效，维护法律权威和检察权威。

【实务指南】

1.可以提出抗诉或者再审检察建议的判决、裁定应当是能够通过再审程序予以纠正的判决、裁定。虽然行政诉讼法第九十三条并未对可以提出抗诉或者

---

① 《最高人民法院关于适用〈中华人民共和国民事诉讼法〉的解释》第四百一十七条："人民检察院依当事人的申请对生效判决、裁定提出抗诉，符合下列条件的，人民法院应当在三十日内裁定再审：（一）抗诉书和原审当事人申请书及相关证据材料已经提交；（二）抗诉对象为依照民事诉讼法和本解释规定可以进行再审的判决、裁定；（三）抗诉书列明该判决、裁定有民事诉讼法第二百零八条第一款规定情形；（四）符合民事诉讼法第二百零九条第一款第一项、第二项规定情形。不符合前款规定的，人民法院可以建议人民检察院予以补正或者撤回；不予补正或者撤回的，人民法院可以裁定不予受理。"

再审检察建议的判决、裁定类型作出限定,但是人民检察院提出抗诉的法定后果是人民法院对抗诉案件进行"再审",再审检察建议的目的也是使人民法院启动再审程序,因此,只有能够再审的判决、裁定,人民检察院才能够通过抗诉和再审检察建议的方式进行监督。如果不适用再审程序的判决、裁定,人民检察院不能提出抗诉或者再审检察建议。对于不适用再审程序的判决、裁定,如果人民检察院发现确有错误,可以依照《规则》第一百零四条第一项的规定,采用检察建议的方式进行监督。

2.正确理解和把握行政诉讼法第九十三条中"发现"的含义。该条在监督事由上均表述为人民检察院"发现",人民检察院在履行监督职责过程中如何理解和把握"发现",有必要作出解读。实践中,人民检察院"发现"案件的来源途径主要有三种:一是当事人向人民检察院申请监督;二是当事人以外的公民、法人或者其他组织向人民检察院控告;三是人民检察院依职权发现。实践中,虽然当事人申请是人民检察院发现案件的主要渠道,但也要高度重视依职权发现的案件线索,对符合依职权监督条件的案件,人民检察院应当依照本《规则》第三十六条规定,依法履行法律监督职能。

第九十五条

人民检察院提出抗诉,应当制作《抗诉书》,在决定之日起十五日内将《抗诉书》连同案件卷宗移送同级人民法院,并由接受抗诉的人民法院向当事人送达再审裁定时一并送达《抗诉书》。

人民检察院应当制作决定抗诉的通知文书,发送当事人。上级人民检察院可以委托提请抗诉的人民检察院将通知文书发送当事人。

【条文主旨】

本条是关于抗诉书制作及发送的规定。

【条文释义】

本条在2016年《行政诉讼监督规则》第二十五条规定基础上,结合实践做法,增加"上级人民检察院可以委托提请抗诉的人民检察院将通知文书发送当事人"的规定。人民检察院经审查认为行政判决、裁定、调解书符合抗诉条件,向人民法院提出抗诉的,应当以书面方式制作《抗诉书》,并按照《人民检察院诉讼档案案卷格式标准》(高检办发〔2021〕3号)、《人民检察院诉讼档案管理办法》（高检发〔2021〕5号）的要求制作检察卷宗，与《抗诉书》同时移送同级人民法院。"决定提出抗诉之日"是指检察长（含检察长授权的分管副检察长）对案件签批的日期，如果案件经过检察委员会讨论决定，是指检察委员会讨论决定提出抗诉的日期。由于《抗诉书》的主送机关是同级人民法院，因此，不需将《抗诉书》直接送达当事人，由检察机关以通知文书的形式告知当事人。实践中，为了节约司法成本和提高办案效率，上级人民检察院可以委托提请抗诉的人民检察院将决定抗诉的通知文书发送当事人，上级人民检察院应当制作委托送达函，并对提请抗诉的人民检察院送达情况进行跟踪监督。

《最高人民法院审判监督庭、最高人民检察院民事行政检察厅关于办理民事诉讼检察监督案件若干问题的会议纪要》在第五条关于法律文书的送达问题中规定：接受抗诉的人民法院应当自收到抗诉书之日起三十日内，依照有关规定作出再审裁定，在向当事人送达再审裁定时一并送达抗诉书，同时向提出抗诉的人民检察院抄送再审裁定。故本《规则》在修订中，增加了"由接受抗诉的人民法院向当事人送达再审裁定时一并送达抗诉书"的规定。

第九十六条

人民检察院认为当事人不服人民法院生效行政判决、裁定、调解书的监督申请不符合监督条件，应当制作《不支持监督申请决定书》，在决定之日起十五日内发送当事人。

下级人民检察院提请抗诉的案件，上级人民检察院可以委托提请抗诉的人民检察院将《不支持监督申请决定书》发送当事人。

【条文主旨】

本条是关于行政裁判结果监督案件不支持监督申请决定书的制作及发送的规定。

【条文释义】

本条沿用2016年《行政诉讼监督规则》第二十七条的规定。

当事人申请人民检察院对人民法院生效行政判决、裁定、调解书进行监督，如果人民检察院经审查认为案件不符合监督条件，应当作出不支持监督申请的决定，并制作《不支持监督申请决定书》发送当事人，同时做好释法说理工作。

下级人民检察院提请抗诉的案件,如果上级人民检察院经审查认为案件不符合抗诉条件,决定不支持监督申请的,从便于法律文书送达和便于化解矛盾等方面考虑,上级人民检察院可以委托提请抗诉的下级人民检察院向当事人送达《不支持监督申请决定书》,下级人民检察院应当按照上级人民检察院的委托向当事人发送法律文书,必要时向当事人进行释法说理,做好息诉服判工作。上级人民检察院应当制作委托送达函,并对提请抗诉的人民检察院送达情况进行跟踪监督。

【实务指南】

1. 本条规定仅适用于当事人申请监督的案件,人民检察院依职权监督的案件,人民检察院经审查认为案件不符合监督条件的,由于案件不存在申请监督人,应当作出终结审查决定,而不能作出不支持监督申请决定。根据本《规则》第八十一条的规定,如有需要,可将《终结审查决定书》发送当事人。

2. 下级人民检察院提请抗诉的案件,如果下级人民检察院对上级人民检察院作出的不支持监督申请决定有异议,应当及时向上级人民检察院反映。

3. 实践中检察机关办理不支持监督申请案件,应当做好释法说理工作。释法说理,首先要阐明事理,说明人民检察院作出不支持监督申请的决定的根据和理由,展示该决定的客观性、公正性和准确性;其次要释明法理,说明不支持监督申请的决定所依据的法律规范以及适用法律规范的理由;再次要讲明情理,体现法理情相协调,符合社会主流价值观;最后要讲究说理技巧,增强说理效果,提高不支持监督申请决定的可接受性。实践中,要重视释法说理工作,以理服人,让人民群众在每一个检察监督案件中感受到公平正义。

第九十七条

人民检察院办理行政诉讼监督案件,发现地方性法规同行政法规相抵触的,或者认为规章以及国务院各部门、省、自治区、直辖市和设区的市、自治州的人民政府发布的其他具有普遍约束力的行政决定、命令同法律、行政法规相抵触的,可以层报最高人民检察院,由最高人民检察院向国务院书面提出审查建议。

【条文主旨】

本条是关于人民检察院向行政机关提出审查建议的规定。

【条文释义】

本条是《规则》新增加的内容。行政案件涉及的法律规范层级和门类较多，在法律适用中经常遇到如何识别法律依据、解决法律规范冲突等各种疑难问题。为推动法制统一，本次修订，增加检察机关在办案中发现地方性法规同行政法规相抵触，或者规章以及国务院各部门、省、自治区、直辖市和较大的市的人民政府发布的其他具有普遍约束力的行政决定、命令同法律、行政法规相抵触的监督程序。

（一）"具有普遍约束力的行政决定、命令"的认定

有意见提出，国务院《法规规章备案审查条例》第九条所规定的"具有普遍约束力的行政决定、命令"，是指规定了公民、法人或者其他组织的权利义务，具有规章性质、效力高于行政规范性文件的公文，需要明确区分具有普遍约束力的行政决定、命令与行政规范性文件。在吸收采纳该意见的基础上，依据国务院《法规规章备案审查条例》第九条的规定增加本条规定，进一步完备法规审查监督制度。

（二）关于"抵触"的认定

本条规定的"抵触"是指下位法与上位法相抵触，常见情形有：下位法缩小上位法规定的权利主体范围，或者违反上位法立法目的扩大上位法规定的权利主体范围；下位法限制或者剥夺上位法规定的权利，或者违反上位法立法目的扩大上位法规定的权利范围；下位法扩大行政主体或其职权范围；下位法延长上位法规定的履行法定职责期限；下位法以参照、准用等方式扩大或者限缩上位法规定的义务或者义务主体的范围、性质或者条件；下位法增设或者限缩违反上位法规定的适用条件；下位法扩大或者限缩上位法规定的给予行政处罚的行为、种类和幅度的范围；下位法改变上位法已规定的违法行为的性质；下位法超出上位法规定的强制措施的适用范围、种类和方式，以及增设或者限缩其适用条件；法规、规章或者其他规范文件设定不符合行政许可法规定的行政许可，或者增设违反上位法的行政许可条件；其他相抵触的情形。

（三）关于审查建议的性质

审查建议不是检察建议，人民检察院提出书面审查建议属于程序性监督，最终由国务院对抵触情形进行处理。

（四）关于检察机关的监督程序

鉴于《法规规章备案审查条例》的备案审查机关是国务院，各级人民检察院发现本条规定的抵触情形时，应当层报最高人民检察院，由最高人民检

察院向国务院提出审查建议。

【实务指南】

本条适用于地方性法规同行政法规相抵触,或者规章以及国务院各部门、省、自治区、直辖市和较大的市的人民政府发布的其他具有普遍约束力的行政决定、命令同法律、行政法规相抵触的情形,如果发现地方性法规同法律相抵触,应当依据立法法相关规定处理。①

第三节 出席法庭

第九十八条

人民检察院提出抗诉的案件,人民法院再审时,人民检察院应当派员出席法庭,并全程参加庭审活动。

接受抗诉的人民法院将抗诉案件交下级人民法院再审的,提出抗诉的人民检察院可以指令再审人民法院的同级人民检察院派员出庭。

【条文主旨】

本条是关于人民检察院派员出席抗诉案件再审法庭和指令下级人民检察院出席抗诉案件再审法庭的规定。

【条文释义】

本条第一款在2016年《行政诉讼监督规则》第二十六条规定的基础上,增加"并全程参加庭审活动"的规定。第二款在2013年《民事诉讼监督规则》第九十五条规定的基础上,作了个别文字修改。

《最高人民法院关于适用〈中华人民共和国行政诉讼法〉的解释》第一百二十五条规定:"人民检察院提出抗诉的案件,人民法院再审开庭时,应

---

① 《中华人民共和国立法法》第九十九条第一款:"国务院、中央军事委员会、最高人民法院、最高人民检察院和各省、自治区、直辖市的人民代表大会常务委员会认为行政法规、地方性法规、自治条例和单行条例同宪法或者法律相抵触的,可以向全国人民代表大会常务委员会书面提出进行审查的要求,由常务委员会工作机构分送有关的专门委员会进行审查、提出意见。"

当在开庭三日前通知人民检察院派员出庭。"根据上述规定，本条明确了人民法院对行政抗诉案件再审时检察人员的出庭职责。人民检察院派员出席再审法庭，既可以充分了解人民法院对抗诉案件的再审情况，也便于对再审庭审活动实行法律监督，对有效履行法律监督职能、提高再审审判质量、维护司法权威具有十分重要的意义。2016年《行政诉讼监督规则》中未对检察人员是否全程参加庭审问题予以明确，实践中，存在个别抗诉案件庭审中检察人员宣读抗诉书完毕并经审判长同意后提前离庭的情况。出席再审法庭是检察机关履行法律监督职责的重要环节，只有全程出庭才能履行好此项职责，也有利于检察机关全程监督庭审，有利于案件的妥善解决，有利于更好地维护国家和社会公共利益、维护人民群众的合法权益。因此，本次修订，为规范检察人员出庭行为，明确检察人员应当全程参加再审庭审活动。

《最高人民法院关于适用〈中华人民共和国行政诉讼法〉的解释》第一百二十四条规定，人民检察院提出抗诉的案件，有行政诉讼法第九十一条第二、三项规定情形之一的，接受抗诉的人民法院可以指令下一级人民法院再审，但经该下一级人民法院再审过的除外。接受抗诉的人民法院将案件交下级人民法院再审时，一般情况下，由审理案件人民法院的同级人民检察院派员出席再审法庭履行职责较为便利，也符合对审判程序实行同级监督的原则，故此时提出抗诉的人民检察院可以指令再审人民法院的同级人民检察院派员出庭。如果案件存在特殊情况，由提出抗诉的人民检察院自行派员出席下级人民法院的再审法庭更为适宜的，提出抗诉的人民检察院也可以自行派员出庭。

【实务指南】

1.人民检察院派员出席再审法庭，应当制作《派员出庭通知书》，发送再审人民法院。一般情况下，人民检察院应当指派不少于两名检察人员出席再审法庭。出庭的检察人员应当着制式检察服。

2.上级人民检察院指令下级人民检察院派员出庭时，应当制作《指令出庭通知书》。下级人民检察院收到《指令出庭通知书》后，应当及时与再审人民法院联系出庭事宜，并另行制作《派员出庭通知书》，发送再审人民法院。

第九十九条

检察人员在出庭前，应当做好以下准备工作：

（一）进一步熟悉案情，掌握证据情况；

（二）深入研究与本案有关的法律问题；

（三）拟定出示和说明证据的计划；

（四）对可能出现证据真实性、合法性和关联性争议的，拟定应对方案并准备相关材料；

（五）做好其他出庭准备工作。

【条文主旨】

本条是关于检察人员出席抗诉案件再审法庭准备工作的规定。

【条文释义】

本条是《规则》新增加的内容。结合检察人员出席再审法庭实际工作情况，为提高出庭效果和质量，从熟悉案情、拟定计划和制作预案等方面对各项准备工作作了规定。检察人员在人民法院决定开庭审理后，应当做好如下准备工作：

（一）进一步熟悉案情，掌握证据情况

检察人员在开庭前，要做到全面熟悉案情，对案件的事实、情节、证据应了如指掌。

（二）深入研究与本案有关的法律问题

如原审裁判存在适用法律、法规确有错误的监督情形，就适用法律问题应进行深入研究。如原审裁判不存在适用法律、法规确有错误的情形，检察人员在开庭前对本案有关的法律、法规和相关政策问题也应进行深入研究，充实相关的专业知识。

（三）拟定出示和说明证据的计划

庭审中，检察机关要出示办案过程中调取的能够证明原判决、裁定确有错误的证据，故应对证据的出示和说明制订周密的计划，尤其是对检察机关调取证据的合法性以及该证据足以推翻原判决、裁定的理由进行阐明，防止出现疏漏，避免顾此失彼。

（四）对可能出现证据真实性、合法性和关联性争议的，拟定应对方案并准备相关材料

对证据的出示和质证是庭审中最为重要的环节，对可能出现的证据真实

性、合法性和关联性存有争议的，检察人员在开庭前要拟定方案予以应对，做好论证、反驳、答辩的准备工作。

（五）做好其他出庭准备工作

为避免列举疏漏，本条还设置了兜底条款。检察人员可以根据具体案件需要，做好其他必要的出庭准备工作。

第一百条

检察人员出席再审法庭的任务是：

（一）宣读抗诉书；

（二）对人民检察院调查取得的证据予以出示和说明；

（三）经审判长许可，对证据采信、法律适用和案件情况予以说明，针对争议焦点，客观、公正、全面地阐述法律监督意见；

（四）对法庭审理中违反诉讼程序的情况予以记录；

（五）依法从事其他诉讼活动。

出席法庭的检察人员发现庭审活动违反诉讼程序的，应当待休庭或者庭审结束之后，及时向检察长报告。人民检察院对违反诉讼程序的庭审活动提出检察建议，应当由人民检察院在庭审后提出。

【条文主旨】

本条是关于检察人员出席再审法庭任务的规定。

【条文释义】

本条是《规则》新增加的内容。本次修订，在2013年《民事诉讼监督规则》第九十六条规定基础上，为使检察官在出席再审法庭中更好地履行法律监督职责，增加三项出庭任务，即经审判长许可，对证据采信、法律适用和案件情况予以说明，阐述法律监督意见；对法庭审理案件中违反诉讼程序的情况予以记录；以及依法从事其他诉讼活动。同时依照《最高人民法院、最高人民检察院关于对民事审判活动与行政诉讼实行法律监督的若干意见（试行）》第十三条第二款规定，对出庭的检察人员发现庭审活动违反诉讼程序的情形，增加向检察长报告程序。

检察人员出席再审法庭主要任务有：

1.宣读抗诉书。通过宣读抗诉书并发表法律监督意见，能够使法庭和参加庭审的当事人充分了解抗诉的理由和依据,并展示人民检察院履行法律监督职责、维护司法公正的良好形象。

2. 对人民检察院调查取得的证据予以出示和说明。在庭审时,检察人员对调查取得的证据等相关问题予以说明,有利于人民法院对案件的公正处理。需要注意的是,检察人员出席再审法庭参加法庭调查活动不代表任何诉讼一方当事人,而是代表国家履行对公权力的监督职责。检察机关开展调查以客观、公正、维护国家法律正确统一实施为立场,其目的在于证明公权力的行使是否符合法律规定,不能替当事人收集证据。另外,人民检察院不是案件当事人,不需要参加质证,检察机关对调查取得的证据予以出示和说明,由人民法院依法决定是否采纳。

3. 经审判长许可,对证据采信、法律适用和案件情况予以说明,针对争议焦点,客观、公正、全面地阐述法律监督意见。对证据采信、法律适用、具体案情,以及对争议焦点和法律监督意见予以说明,有利于人民法院对案件的公正处理。需要注意的是,以上说明和阐述,可能需要分阶段进行,为了庭审的顺利进行,检察人员可在庭审前与审判长进行沟通。检察人员需要进行说明和阐述时,须向审判长提示并经审判长许可后,方可进行。

4. 对法庭审理案件中违反诉讼程序的情况予以记录。出席法庭的检察人员在庭审中亦应对人民法院再审庭审活动实行法律监督。但为了保证庭审活动的连续性,检察人员发现庭审活动违反诉讼程序相关规定的,应当将相关情况如实记录,待休庭后,及时向检察长报告,在庭审后按照本《规则》第六章的规定提出检察建议。

5. 依法从事其他诉讼活动。为避免列举疏漏,本条还设置了兜底条款。

第一百零一条

当事人或者其他参加庭审人员在庭审中有哄闹法庭,对检察机关或者出庭检察人员有侮辱、诽谤、威胁等不当言论或者行为,法庭未予制止的,出庭检察人员应当建议法庭即时制止;情节严重的,应当建议法庭依照规定予以处理,并在庭审结束后向检察长报告。

【条文主旨】

本条是关于维护出庭秩序的规定。

《人民检察院行政诉讼监督规则》理解与适用

【条文释义】

本条是《规则》新增加的内容。根据《最高人民检察院民事行政检察厅关于人民检察院派员出席民事行政抗诉案件再审法庭工作的若干意见》(高检民〔2016〕12号)第八条规定,对面临当事人或者其他参加庭审人员在庭审中对检察机关或者出庭检察人员有侮辱、诽谤、威胁等不当言论或者行为时,出庭检察人员如何应对和处置作了规定。

行政诉讼法第五十九条第一款第七项规定,诉讼参与人或者其他人对人民法院审判人员或者其他工作人员、诉讼参与人、协助调查和执行的人员恐吓、侮辱、诽谤、诬陷、殴打、围攻或者打击报复的,人民法院可以根据情节轻重,予以训诫、责令具结悔过或者处一万元以下的罚款、十五日以下的拘留;构成犯罪的,依法追究刑事责任。刑法第三百零九条第三项规定,有侮辱、诽谤、威胁司法工作人员或者诉讼参与人,不听法庭制止,严重扰乱法庭秩序情形的,处三年以下有期徒刑、拘役、管制或者罚金。《中华人民共和国人民法院法庭规则》第二十二条第三项规定,行为人实施侮辱、诽谤、威胁、殴打司法工作人员或诉讼参与人危及法庭安全或扰乱法庭秩序的,根据相关法律规定,予以罚款、拘留;构成犯罪的,依法追究其刑事责任。因此,当事人或者其他参加庭审人员在庭审中对检察机关或者出庭检察人员有侮辱、诽谤、威胁等不当言论或者行为的,法庭有即时予以制止的职责。为维护司法权威,出庭检察人员应当建议法庭即时予以制止;情节严重的,应当建议法庭依照规定予以处理,为保证庭审活动连续性,在庭审结束后向检察长报告。

第一百零二条

人民法院开庭审理人民检察院提出再审检察建议的案件,人民检察院派员出席再审法庭的,参照适用本节规定。

人民检察院派员出席法庭的再审案件公开审理的,可以协调人民法院安排人民监督员旁听。

【条文主旨】

本条是关于检察人员出席再审检察建议案件再审法庭和人民监督员旁听再审案件的规定。

【条文释义】

本条是《规则》新增加的内容。本《规则》在修订中，增加规定了人民法院开庭审理再审检察建议案件时人民检察院派员出席再审法庭的出庭制度，完善了检察机关提出再审检察建议案件的办理程序。并依照《人民检察院办案活动接受人民监督员监督的规定》[①]的要求，增加一款规定：对于人民检察院派员出席法庭的再审案件，公开审理的，可以协调人民法院安排人民监督员旁听，以接受人民监督员的监督。

---

① 《人民检察院办案活动接受人民监督员监督的规定》第十条："人民检察院对检察官出席法庭的公开审理案件，可以协调人民法院安排人民监督员旁听，对检察官的出庭活动进行监督，庭审结束后应当听取人民监督员对检察官出庭行为规范、文书质量、讯问询问、举证答辩等指控证明犯罪情况的意见建议。"

第六章　对行政审判程序中审判人员违法行为的监督

2016年《行政诉讼监督规则》将对行政审判程序中审判人员违法行为的监督与执行活动的监督规定在同一章。本次《规则》修订，考虑到二者在监督范围等方面很大不同，分立为两章。

> **第一百零三条**
>
> 人民检察院依法对人民法院下列行政审判程序中审判人员违法行为进行监督：
> （一）第一审普通程序；
> （二）简易程序；
> （三）第二审程序；
> （四）审判监督程序。
> 《中华人民共和国行政诉讼法》第九十三条第三款的规定适用于法官、人民陪审员、法官助理、书记员。

【条文主旨】

本条是关于对行政审判程序及审判人员监督范围的规定。

【条文释义】

本条是《规则》新增加的内容。本次修订，在2013年《民事诉讼监督规则》第九十七条、第九十八条规定基础上，删除了专属民事审判程序而不属于行政审判程序的情形。

行政诉讼法第九十三条第三款①规定了人民检察院对行政审判程序中审

---

① 《中华人民共和国行政诉讼法》第九十三条第三款："各级人民检察院对审判监督程序以外的其他审判程序中审判人员的违法行为，有权向同级人民法院提出检察建议。"

判人员的违法行为的监督权及监督方式。本条第一款以列举方式明确了行政诉讼法第九十三条第三款规定的"审判程序"的范围，包括第一审普通程序、简易程序、第二审程序和审判监督程序。实践中应当注意的是，行政诉讼法第九十三条第三款虽然表述为"审判监督程序以外的其他审判程序中审判人员的违法行为"，但根据立法机关的解读，其立法目的是强调检察建议除可以在审判监督程序中发挥作用以外，还可以适用于对其他审判程序中违法行为的监督，并没有将审判监督程序排除在审判程序监督之外的含义。因此，人民检察院发现审判监督程序中审判人员存在违法行为的，应当依照相关规定进行监督。

本条第二款是关于行政诉讼法第九十三条第三款规定适用范围的规定。法官法第二条规定："法官是依法行使国家审判权的审判人员，包括最高人民法院、地方各级人民法院和军事法院等专门人民法院的院长、副院长、审判委员会委员、庭长、副庭长、审判员。"人民陪审员法第二条第二款规定："人民陪审员依照本法产生，依法参加人民法院的审判活动，除法律另有规定外，同法官有同等权利。"根据上述规定，法官和人民陪审员都是审判人员，当然属于行政诉讼法第九十三条第三款规定的适用范围。法官法第六十七条第一款规定："人民法院的法官助理在法官指导下负责审查案件材料、草拟法律文书等审判辅助事务。"《人民法院书记员管理办法（试行）》第一条第一款规定："书记员是审判工作的事务性辅助人员，在法官指导下工作。"作为审判工作的辅助人员，法官助理和书记员的职责与审判权的行使密切相关，并且行政诉讼法中对于审判人员的一些要求也同样适用于法官助理和书记员，如关于回避的规定。因此，行政诉讼法第九十三条第三款规定也应当适用于法官助理和书记员。

第一百零四条

人民检察院发现人民法院行政审判活动有下列情形之一的,应当向同级人民法院提出检察建议:

(一)判决、裁定确有错误,但不适用再审程序纠正的;

(二)调解违反自愿原则或者调解协议内容违反法律的;

(三)对公民、法人或者其他组织提起的诉讼未在法定期限内决定是否立案的;

(四)当事人依照《中华人民共和国行政诉讼法》第五十二条规定向上一级人民法院起诉,上一级人民法院未按该规定处理的;

(五)审理案件适用审判程序错误的;

(六)保全、先予执行、停止执行或者不停止执行行政行为裁定违反法律规定的;

(七)诉讼中止或者诉讼终结违反法律规定的;

(八)违反法定审理期限的;

(九)对当事人采取罚款、拘留等妨害行政诉讼的强制措施违反法律规定的;

(十)违反法律规定送达的;

(十一)其他违反法律规定的情形。

【条文主旨】

本条是关于对行政审判程序违法的监督情形的规定。

【条文释义】

本条在2016年《行政诉讼监督规则》第二十八条规定的基础上,作了修改。对行政审判程序中审判人员的违法行为的监督,包括对行政审判程序违法行为的监督、对行政审判人员违法行为的监督。修订过程中,有意见提出,对于审判程序违法与审判人员违法应当予以区别。经研究予以采纳,将《人民检察院行政诉讼监督规则(试行)》第二十八条拆分为两条,分别作出规定。行政诉讼法第九十三条第三款规定了人民检察院对审判程序中审判人员违法行为的监督:"各级人民检察院对审判监督程序以外的其他审判程序中审判人员的违法行为,有权向同级人民法院提出检察建议。"由于该规定较为原则,为了便于实践中更好地理解和把握,本条对审判程序中常见的违法情形进行了列举。

(一)判决、裁定确有错误,但不适用再审程序纠正的

行政诉讼法对不适用再审程序纠正的判决、裁定类型未作具体规定。一般而言,有上诉的内容的判决、裁定,才可以通过再审程序纠错,检察机关也因此才可以抗诉;或者说,通过行政诉讼法赋予当事人上诉权的判决、裁定,检察机关才可以抗诉。根据《最高人民法院关于适用〈中华人民共和国行政诉讼法〉的解释》第一百零一条的规定①,针对"中止或者终结诉讼""移送或者指定管辖""诉讼期间停止行政行为的执行或者驳回停止执行的申请""财产保全和先予执行""准许或者不准许撤诉"以及其他在行政审判程序中需要裁定解决的事项,当事人不得上诉,因此也不能适用再审程序。对于不能适用再审程序的判决、裁定存在错误的,人民检察院不能通过抗诉或者再审检察建议的方式进行监督,应当依照本条规定予以监督。在实践中,也会存在针对裁判结果即作出的判决、裁定虽然确有错误,但不适宜用再审程序纠正的情形。例如,裁判文书中存在错别字、证据采信错误、认定事实错误或适用法律错误等,但又不符合行政诉讼法第九十一条规定的再审条件的情形,均属于本项规定的"判决、裁定确有错误,但不适用再审程序纠正的"。

(二)调解违反自愿原则或者调解协议内容违反法律的

行政诉讼法明确了部分行政诉讼案件可以适用调解,主要包括行政赔偿案件、行政补偿案件以及行政机关行使法律、法规规定的自由裁量权三类案件。由于实践中大多数行政诉讼案件涉及行政机关行使法定裁量权问题,因此从实际情况而言,能够适用调解的行政诉讼案件比例较大,强化对行政诉讼调解活动的监督是检察机关行政诉讼监督工作的必然要求。根据行政诉讼法第九十三条第一款的规定,调解书损害国家利益、社会公共利益的,应当提出抗诉。对于调解违反自愿原则和调解协议内容违反法律的情形,人民检察院能否监督,以及采用何种方式监督,存在不同认识。经研究认为,人民

---

① 《最高人民法院关于适用〈中华人民共和国行政诉讼法〉的解释》第一百零一条:"裁定适用于下列范围:(一)不予立案;(二)驳回起诉;(三)管辖异议;(四)终结诉讼;(五)中止诉讼;(六)移送或者指定管辖;(七)诉讼期间停止行政行为的执行或者驳回停止执行的申请;(八)财产保全;(九)先予执行;(十)准许或者不准许撤诉;(十一)补正裁判文书中的笔误;(十二)中止或者终结执行;(十三)提审、指令再审或者发回重审;(十四)准许或者不准许执行行政机关的行政行为;(十五)其他需要裁定的事项。对第一、二、三项裁定,当事人可以上诉。裁定书应当写明裁定结果和作出该裁定的理由。裁定书由审判人员、书记员署名,加盖人民法院印章。口头裁定的,记入笔录。"

法院对某些行政案件进行调解是行政审判活动的内容之一，属于人民检察院的监督范围，并且一些案件中可能存在强迫当事人调解，损害当事人利益等情形，确有监督必要。由于行政诉讼法仅规定了人民检察院发现调解书损害国家利益、社会公共利益的应当提出抗诉，对调解违反自愿原则或者调解协议内容违反法律规定的，人民检察院可以依据行政诉讼法第九十三条第三款的规定提出检察建议。因此，本项将调解违反自愿原则或者调解协议内容违反法律规定的情形作为行政审判程序违法情形予以规定。

（三）对公民、法人或者其他组织提起的诉讼未在法定期限内决定是否立案的

本项是为监督解决行政诉讼"立案难"问题作出的明确规定。起诉权是法律赋予公民、法人或者其他组织的一项重要诉讼权利。2014年修改行政诉讼法时，将解决行政诉讼"立案难"的问题作为修改重点，在第五十一条确立了登记立案制度。最高人民法院于2015年4月15日印发《最高人民法院关于人民法院登记立案若干问题的规定》司法解释，与修改后的行政诉讼法同步实施。对于人民法院在登记立案程序中违反行政诉讼法第五十一条规定，对公民、法人或者其他组织提起的行政诉讼未在法定期限内决定是否立案的情形，如，人民法院不接收诉状或者接收诉状后不出具书面凭证，或者在七日内既不立案、又不作出不予立案裁定，也未要求补正起诉材料等情形，人民检察院应当依法监督。

（四）当事人依照行政诉讼法第五十二条规定向上一级人民法院起诉，上一级人民法院未按该规定处理的

行政诉讼法第五十二条规定："人民法院既不立案，又不作出不予立案裁定的，当事人可以向上一级人民法院起诉。上一级人民法院认为符合起诉条件的，应当立案审理，也可以指定其他下级人民法院立案、审理。"对于上一级人民法院未按该规定处理的，检察机关应当依法监督。需要说明的是，对于当事人向人民法院起诉，人民法院既不立案又不作出不予立案裁定的，当事人既可以根据行政诉讼法第五十二条的规定，向上一级人民法院寻求救济，也可以直接就原法院既不立案又不作出不予立案裁定的行为向人民检察院申请监督。

（五）审理案件适用审判程序错误的

根据行政诉讼法的相关规定，人民法院的审判程序包括一审程序、二审程序和审判监督程序，其中一审程序又包括简易程序和普通程序。立法对不同的审判程序在适用条件、审查范围、庭审程序等方面有着不同的规定，如行政诉讼法第八十二条对简易程序审理的第一审行政案件范围做出了明确规

定①，同时第八十四条明确规定人民法院在审理过程中，发现案件不宜适用简易程序的，应裁定转为普通程序。此外，《最高人民法院关于适用〈中华人民共和国行政诉讼法〉的解释》第一百一十九条第一款也对再审所应适用的审理程序作出了规定。②实践中，"适用审判程序错误"主要包括应当适用普通程序而适用简易程序、再审适用审判程序错误等情形。对于人民法院在审理案件中适用审判程序错误的，检察机关依据本项进行监督。

（六）保全、先予执行、停止执行或者不停止执行行政行为裁定违反法律规定的

保全制度是行政诉讼制度的重要组成部分，具有为当事人可能遭受的损失提供临时救济、担保未来裁判顺利执行等重要价值功能。《最高人民法院关于适用〈中华人民共和国行政诉讼法〉的解释》第七十六条对财产保全和行为保全的概念进行了界定③。根据该条规定，财产保全是指人民法院对行政案件作出裁判前，对于因一方当事人的行为或者其他原因，可能致使将来生效的裁判出现不能执行或者难以执行的情况，为保证将来生效裁判得到切实执

---

① 《中华人民共和国行政诉讼法》第八十二条："人民法院审理下列第一审行政案件，认为事实清楚、权利义务关系明确、争议不大的，可以适用简易程序：（一）被诉行政行为是依法当场作出的；（二）案件涉及款额二千元以下的；（三）属于政府信息公开案件的。除前款规定以外的第一审行政案件，当事人各方同意适用简易程序的，可以适用简易程序。发回重审、按照审判监督程序再审的案件不适用简易程序。"

② 《最高人民法院关于适用〈中华人民共和国行政诉讼法〉的解释》第一百一十九条："人民法院按照审判监督程序再审的案件，发生法律效力的判决、裁定是由第一审法院作出的，按照第一审程序审理，所作的判决、裁定，当事人可以上诉；发生法律效力的判决、裁定是由第二审法院作出的，按照第二审程序审理，所作的判决、裁定，是发生法律效力的判决、裁定；上级人民法院按照审判监督程序提审的，按照第二审程序审理，所作的判决、裁定是发生法律效力的判决、裁定。人民法院审理再审案件，应当另行组成合议庭。"

③ 《最高人民法院关于适用〈中华人民共和国行政诉讼法〉的解释》第七十六条："人民法院对于因一方当事人的行为或者其他原因，可能使行政行为或者人民法院生效裁判不能或者难以执行的案件，根据对方当事人的申请，可以裁定对其财产进行保全、责令其作出一定行为或者禁止其作出一定行为；当事人没有提出申请，人民法院在必要时也可以裁定采取上述保全措施。人民法院采取保全措施，可以责令申请人提供担保；申请人不提供担保的，裁定驳回申请。人民法院接受申请后，对情况紧急的，必须在四十八小时内作出裁定；裁定采取保全措施的，应当立即开始执行。当事人对保全的裁定不服的，可以申请复议；复议期间不停止裁定的执行。"

行，受诉人民法院经当事人申请或者依职权对当事人的财产采取临时性强制措施。行为保全是指人民法院作出裁定，责令一方当事人作出一定行为，或者禁止其作出一定行为，防止该当事人正在实施或者将要实施的行为给申请人造成不可弥补的伤害。行为保全制度在行政诉讼领域得以规定是一大进步，避免了一方当事人只能提起财产保全，却无法要求停止实施侵权行为给司法实践带来的不便。采取财产保全措施应符合以下条件：第一，采取财产保全的行政案件，必须为具有给付财产内容的案件，只有这样将来才可能涉及执行问题。单纯的撤销、部分撤销、请求变更行政行为之诉以及要求履行法定职责之诉，因并未涉及给付财产内容，不能采取财产保全；第二，必须是由一方当事人的行为或者其他原因有可能使将来的法院生效裁判不能执行或者难以执行。"一方当事人的行为"包括对争议的被诉行政行为所涉及的财物有变卖、隐匿、转移、毁损、挥霍或者抽逃资金等行为，可能导致将来的生效裁判中给付内容不能执行或者难以执行。"其他原因"是指被诉行政行为所涉及的财物，因自然原因难以保存，比如易变质损坏、受季节时间推移的影响，导致价格急剧降低、贬值，使将来的判决不能或者难以执行，从而造成巨大的经济损失。"不能执行"是指有关的财物已不存在，无法执行。"难以执行"是指有关财物已被转移、隐匿，不易查找等。这里的"不能执行或者难以执行"的可能性必须是客观现实存在的，确有实施财产保全措施必要的。采取保全措施直接限制了当事人有关财产权利或者其他权利，如果行使不当可能造成有关当事人合法权益的损害，因此最高人民法院还专门制定了《最高人民法院关于人民法院办理财产保全案件若干问题的规定》（2016年10月17日最高人民法院审判委员会第1696次会议通过，2020年12月23日最高人民法院审判委员会第1823次会议修正）。对于人民法院在实施保全措施过程中违反上述法律规定的，检察机关应当依据本项进行监督。

  先予执行制度是民事、行政诉讼中因弱势群体当事人的迫切权利需要，在裁判前提供先行司法救济的重要诉讼制度。由于先予执行是人民法院应当事人申请作出的"未判先执"行为，错误适用将可能导致对方当事人合法实体权益的损害。因此，行政诉讼法第五十七条严格限定了先予执行的范围，即对起诉行政机关没有依法支付抚恤金、最低生活保障金和工伤、医疗社会保险金的案件，权利义务关系明确、不先予执行将严重影响原告生活的，裁定先予执行；同时也设置了对方当事人不服先予执行裁定的申请救济机制，即当事人对先予执行不服的，可以申请复议一次，但复议期间不停止裁定的执行。对于人民法院在行政诉讼程序中可能出现的超出法定范围先予执行、应当先予执行而不执行或者不应当先予执行而执行、损害当事人申请复议权等违法行为的，检察机关应当依据本项进行监督。

关于行政诉讼中行政机关是否应当停止执行原行政行为的问题，行政诉讼法第五十六条第一款作出了规定①，即诉讼期间以"不停止行政行为的执行"为一般原则，但同时以列举的方式规定了应当裁定停止执行行政行为的法定范围，包括被告认为需要停止执行的；原告或者利害关系人申请停止执行，人民法院认为该行政行为的执行会造成难以弥补的损失，并且停止执行不损害国家利益、社会公共利益的；人民法院认为该行政行为的执行会给国家利益、社会公共利益造成重大损害的；法律、法规规定停止执行等情形。因此对人民法院审理行政诉讼案件时可能出现的应当裁定停止执行而不作出裁定、不应当裁定停止执行而作出裁定等违法行为，检察机关应当依据本项进行监督。

（七）诉讼中止或者诉讼终结违反法律规定的

诉讼中止是因法定事由而导致的诉讼程序暂时性中断，其制度价值在于通过一定程度上中止诉讼牺牲诉讼效率，来明确因有关法定事由出现而产生的事实关系，以维护未来裁判的实体公正。根据《最高人民法院关于适用〈中华人民共和国行政诉讼法〉的解释》第八十七条的规定②，在行政诉讼过程中，出现诸如原告死亡而需等待其近亲属表明是否参加诉讼，原告丧失诉讼能力而尚未确定法定代理人等一些情形时，人民法院可裁定暂时停止诉讼程

---

① 《中华人民共和国行政诉讼法》第五十六条："诉讼期间，不停止行政行为的执行。但有下列情形之一的，裁定停止执行：（一）被告认为需要停止执行的；（二）原告或者利害关系人申请停止执行，人民法院认为该行政行为的执行会造成难以弥补的损失，并且停止执行不损害国家利益、社会公共利益的；（三）人民法院认为该行政行为的执行会给国家利益、社会公共利益造成重大损害的；（四）法律、法规规定停止执行的。当事人对停止执行或者不停止执行的裁定不服的，可以申请复议一次。"

② 《最高人民法院关于适用〈中华人民共和国行政诉讼法〉的解释》第八十七条："在诉讼过程中，有下列情形之一的，中止诉讼：（一）原告死亡，须等待其近亲属表明是否参加诉讼的；（二）原告丧失诉讼行为能力，尚未确定法定代理人的；（三）作为一方当事人的行政机关、法人或者其他组织终止，尚未确定权利义务承受人的；（四）一方当事人因不可抗力的事由不能参加诉讼的；（五）案件涉及法律适用问题，需要送请有权机关作出解释或者确认的；（六）案件的审判须以相关民事、刑事或者其他行政诉讼案件的审理结果为依据，而相关案件尚未审结的；（七）其他应当中止诉讼的情形。诉讼中止的原因消除后，恢复诉讼。"

序的进行,待中止诉讼的原因消除后恢复诉讼。所以,裁定中止诉讼并非终结诉讼,而是暂时停止诉讼。但在一定情况下,中止诉讼达到特定条件后人民法院可裁定终结诉讼。由于诉讼中止涉及程序与实体的价值取舍,如果人民法院在诉讼中适用中止制度不当,不但会损害诉讼效率,也可能会损害当事人的实体权益。因此检察机关必须加强相关监督工作,对于不应当中止诉讼而裁定中止、应当中止诉讼而不裁定中止、中止诉讼的原因消除后不及时恢复诉讼等审判程序违法行为,检察机关应当依据本项进行监督。

诉讼终结是指在诉讼进行过程中,由于某种法定事由的出现,致使本案诉讼程序无法或没有必要继续进行时,受诉人民法院裁定结束本案诉讼程序的制度。《最高人民法院关于适用〈中华人民共和国行政诉讼法〉的解释》第八十八条①规定了终结诉讼适用的具体情形,并且未设置兜底弹性条款,充分体现了严格限制终结诉讼范围的精神。行政诉讼法在修改过程中,围绕解决"立案难"问题,着重修改完善了受案范围、受理程序等规定,目的在于将因行政权行使导致的涉法事项特别是过去实践中因一些人民法院消极受理、拒绝受理有关行政争议而导致的大量信访事项,有效纳入"司法最终解决"的法治轨道。基于这一立法背景,人民法院在行政诉讼中对于诉讼终结制度的适用必须更加强调依法严谨,切实避免因不当终结而导致行政争议无法通过诉讼解决,同样检察机关也必须对此进一步强化监督,对于行政诉讼中人民法院可能存在的不应当终结而裁定终结、应当终结而不裁定终结等审判程序违法行为,检察机关应当依据本项进行监督。

(八)违反法定审理期限的

行政诉讼法规定的审理期限主要有:(1)第八十一条规定的一审普通程序审理期限,即人民法院应当在立案之日起六个月内作出第一审判决。有特殊情况需要延长的,由高级人民法院批准;高级人民法院审理第一审案件需要延长的,由最高人民法院批准。(2)第八十三条规定的简易程序审理期限,即适用简易程序审理的行政案件,应当在立案之日起四十五日内审结。(3)第八十八条规定的第二审程序审理期限,即人民法院审理上诉案件,应

---

① 《最高人民法院关于适用〈中华人民共和国行政诉讼法〉的解释》第八十八条:"在诉讼过程中,有下列情形之一的,终结诉讼:(一)原告死亡,没有近亲属或者近亲属放弃诉讼权利的;(二)作为原告的法人或者其他组织终止后,其权利义务的承受人放弃诉讼权利的。因本解释第八十七条第一款第一、二、三项原因中止诉讼满九十日仍无人继续诉讼的,裁定终结诉讼,但有特殊情况的除外。"

当在收到上诉状之日起三个月内作出终审判决。有特殊情况需要延长的，由高级人民法院批准；高级人民法院审理上诉案件需要延长的，由最高人民法院批准。从检察机关近年来开展审判违法监督工作实践来看，无正当理由超过法定审理期限未审结案件是人民法院较为多发的审判程序违法行为，主要包括人民法院在审理案件时无正当理由超过有关法定审理期限，对经批准可以延长的期限未经批准而超过规定期限，超过经批准延长的审理期限等情形。对于行政诉讼实践中可能出现的这些违反法定审理期限情形，检察机关依据本项进行监督。实践中，检察机关不宜机械地以法院实际审理时间超过法定审理期限来判断存在审判违法，而应全面考虑是否存在中止诉讼法定情形、法院是否作出中止诉讼裁定和实际中止诉讼时间，法院是否办理审理延期手续和实际延期时间，诉讼中是否存在公告、鉴定、处理管辖权争议、庭外和解等不计入审理期限的其他法定情形等因素，综合判断法院审理是否违反法定审理期限。

（九）对当事人采取罚款、拘留等妨害行政诉讼的强制措施违反法律规定的

根据行政诉讼法第五十九条的规定，下列行为属于诉讼参与人或者其他人妨害行政诉讼的行为：（1）有义务协助调查、执行的人，对人民法院的协助调查决定、协助执行通知书，无故推拖、拒绝或者妨碍调查、执行的；（2）伪造、隐藏、毁灭证据或者提供虚假证明材料，妨碍人民法院审理案件的；（3）指使、贿买、胁迫他人作伪证或者威胁、阻止证人作证的；（4）隐藏、转移、变卖、毁损已被查封、扣押、冻结的财产的；（5）以欺骗、胁迫等非法手段使原告撤诉的；（6）以暴力、威胁或者其他方法阻碍人民法院工作人员执行职务，或者以哄闹、冲击法庭等方法扰乱人民法院工作秩序的；（7）对人民法院审判人员或者其他工作人员、诉讼参与人、协助调查和执行的人员恐吓、侮辱、诽谤、诬陷、殴打、围攻或者打击报复的。针对这些行为，该条规定了惩戒措施，包括训诫、责令具结悔过或者处一万元以下的罚款、十五日以下的拘留等强制措施，同时还规定了有上述妨害诉讼行为的单位，可以对主要负责人或者直接责任人员予以罚款、拘留。为避免人民法院滥用罚款、拘留等强制措施，行政诉讼法第五十九条第三款还规定了强制措施审批制度，即罚款、拘留须经人民法院院长批准；同时规定了强制措施复议制度，即当事人对罚款、拘留不服的，可以向上一级人民法院申请复议一次，但复议期间不停止执行。对人民法院在行政审判程序中可能存在的不应当采取而采取罚款、拘留强制措施，罚款数额或者拘留时间超过法定范围，罚款、拘留未经人民法院院长批准，侵害当事人申请复议权利等审判程序违

法情形，检察机关依据本项进行监督。

（十）违反法律规定送达的

送达是指人民法院依照法定方式和程序，将诉讼文书送交当事人和其他诉讼参加人的行为。诉讼文书一经送达，就会产生一定的法律后果，当事人和其他诉讼参加人便有在规定的期间实施某种行为的权利，或者必须履行某种行为的义务。否则，就要依法承担相应的法律后果。《最高人民法院关于适用〈中华人民共和国行政诉讼法〉的解释》第五十一条①、第五十二条②就行政诉讼中的送达制度，包括直接送达，送达地址确认书，传真、电子邮件等简易送达方式，法院专递送达诉讼文书予以明确规定。

随着我国社会经济的发展，"送达难"近年来成为困扰人民法院审判工作的难点之一。为了解决这一顽疾，最高人民法院制定《关于进一步加强民事送达工作的若干意见》（法发〔2017〕19号），就全面推进当事人送达地址确认制度提出要求。《最高人民法院关于适用〈中华人民共和国行政诉讼法〉的解释》也在行政审判领域中落实了这一要求。当事人在送达地址确认中确认的送达地址，具有严肃性，不应随意变更。当事人送达地址发生变更的，应当及时以书面方式告知受理案件的人民法院。当事人未及时书面告知的，人民法院按照送达地址确认书中确认的送达地址予以送达，应视为依法送达。

法院专递也是为人民法院解决"送达难"问题而推出的积极措施。《最高人民法院关于以法院专递方式邮寄送达民事诉讼文书的若干规定》（法释〔2004〕13号）确立了法院专递的送达方式，这种送达方式可视为人民法院委托邮寄送达诉讼文书，与人民法院送达具有同等的法律效力。司法实践中，各级人民法院已经普遍采用法院专递方式进行送达。《最高人民法院关于适用〈中华人民共和国行政诉讼法〉的解释》第五十一条第四款规定了行政诉讼程

---

① 《最高人民法院关于适用〈中华人民共和国行政诉讼法〉的解释》第五十一条："人民法院可以要求当事人签署送达地址确认书，当事人确认的送达地址为人民法院法律文书的送达地址。当事人同意电子送达的，应当提供并确认传真号、电子信箱等电子送达地址。当事人送达地址发生变更的，应当及时书面告知受理案件的人民法院；未及时告知的，人民法院按原地址送达，视为依法送达。人民法院可以通过国家邮政机构以法院专递方式进行送达。"

② 《最高人民法院关于适用〈中华人民共和国行政诉讼法〉的解释》第五十二条："人民法院可以在当事人住所地以外向当事人直接送达诉讼文书。当事人拒绝签署送达回证的，采用拍照、录像等方式记录送达过程即视为送达。审判人员、书记员应当在送达回证上注明送达情况并签名。"

序中可以通过国家邮政机构以法院专递方式进行送达的方式。需要注意的是，根据《最高人民法院关于以法院专递方式邮寄送达民事诉讼文书的若干规定》（法释〔2004〕13号）的规定，一般有三种情形不适用以法院专递方式邮寄送达：（1）受送达人或者其诉讼代理人、受送达人指定的代收人同意在指定的期间内到人民法院接受送达的；（2）受送达人下落不明的；（3）法律规定或者我国缔结或者参加的国际条约中约定有特别送达方式的。

关于简易送达，《最高人民法院关于适用〈中华人民共和国行政诉讼法〉的解释》第五十一条第二款作出了规定。在经送达的各种诉讼文书中，判决书、裁定书、调解书具有重大法律后果，对当事人实体权利义务以及上诉、申请执行等程序利益的影响最为关键，应当更加严格。民事诉讼法第九十条[1]规定了判决书、裁定书、调解书的送达条件。依照行政诉讼法第一百零一条的规定，民事诉讼法第九十条规定的条件应当适用于行政诉讼。

此外，参照民事诉讼法第八十九条、第九十一条、第九十二条、第九十三条、第九十四条、第九十五条的规定，行政诉讼中送达方式还包括：留置送达、委托送达、转交送达和公告送达。任何一种送达方式都有明确的条件和要求，违反了该种送达方式的法定条件或要求的，检察机关应当依据本项进行监督。

（十一）其他违反法律规定的情形

本条设置了兜底条款，适用于前十项情形以外的审判程序中存在的违法情形。如对于实践中可能出现的不应调解的案件而适用调解的情形，由于违反了行政诉讼法第六十条可以调解案件范围的规定，应视为本条第十一项"其他违反法律规定的情形"。

【实务指南】

对于本条规定的行政审判程序违法行为，由于均属于程序性行为且不适宜通过再审方式纠正，因此当事人申请监督时不以"先向法院申请再审"为前置条件。但当事人对调解活动申请监督时，应当符合本《规则》关于当事人应当先向人民法院申请再审的规定，对当事人未就生效调解书向人民法院

---

[1] 《中华人民共和国民事诉讼法》第九十条："经受送达人同意，人民法院可以采用能够确认其收悉的电子方式送达诉讼文书。通过电子方式送达的判决书、裁定书、调解书，受送达人提出需要纸质文书的，人民法院应当提供。采用前款方式送达的，以送达信息到达受送达人特定系统的日期为送达日期。"

《人民检察院行政诉讼监督规则》理解与适用

申请再审或者再审超过法律规定的期限,而直接向检察机关申请监督的,应当根据本《规则》的规定不予受理。

第一百零五条

人民检察院发现同级人民法院行政审判程序中审判人员有《中华人民共和国法官法》第四十六条等规定的违法行为且可能影响案件公正审判、执行的,应当向同级人民法院提出检察建议。

【条文主旨】

本条是关于对行政审判人员违法行为的监督情形的规定。

【条文释义】

本条在2016年《行政诉讼监督规则》第二十八条规定的基础上,作了修改。为适应司法责任制改革要求,贯彻落实法官法,将行政审判人员违法行为界定为"有《中华人民共和国法官法》第四十六条等规定的违法行为且影响公正审判、执行"的情形,使监督范围更周延,表述更准确。法官法第四十六条列举规定了法官违法违纪的行为,包括:(1)贪污受贿、徇私舞弊、枉法裁判的;(2)隐瞒、伪造、变造、故意损毁证据、案件材料的;(3)泄露国家秘密、审判工作秘密、商业秘密或者个人隐私的;(4)故意违反法律法规办理案件的;(5)因重大过失导致裁判结果错误并造成严重后果的;(6)拖延办案,贻误工作的;(7)利用职权为自己或者他人谋取私利的;(8)接受当事人及其代理人利益输送,或者违反有关规定会见当事人及其代理人的;(9)违反有关规定从事或者参与营利性活动,在企业或者其他营利性组织中兼任职务的;(10)有其他违纪违法行为的。人民检察院发现同级人民法院行政审判程序中审判人员有上述违法行为且可能影响公正审判、执行的,应当向同级人民法院提出检察建议。

【实务指南】

本《规则》第九十条规定了审判人员在审理该案件时有贪污受贿、徇私舞弊、枉法裁判行为,且该违法行为已经由生效刑事法律文书或者纪律处分决定所确认的,检察机关应当依法提请抗诉。在实践中应当将本《规则》第九十条与本条区分适用。检察机关提请抗诉和抗诉的法律标准更为严格,要求审判人员贪污受贿、徇私舞弊、枉法裁判行为已经由生效刑事法律文书或者纪律处分决定所确认。而检察机关针对审判人员贪污受贿、徇私舞弊、枉法裁判等违法行为监督提出检察建议时，只要有确凿证据证明即可，无论该行为的严重程序如何，以及是否受到刑事或者纪律追究，检察机关就可以根据本条进行监督，而不必等到有关部门作出决定。需要指出的是，本《规则》第一百二十三条规定了线索移送路径，即经检察长批准，行政检察部门将在履行职责中发现的涉嫌违纪、违法犯罪及需要追究司法责任的行为或者线索，及时移送有关机关或者部门。

第一百零六条

人民检察院依照本章规定提出检察建议，应当经检察长批准或者检察委员会决定，制作《检察建议书》，在决定之日起十五日内将《检察建议书》连同案件卷宗移送同级人民法院。当事人申请监督的案件，人民检察院应当制作通知文书，发送申请人。

【条文主旨】

本条是关于审判违法监督检察建议的制作和发送的规定。

【条文释义】

本条在2016年《行政诉讼监督规则》第三十二条规定基础上，依照《人民检察院检察建议工作规定》第三十条、第十五条第二款规定，增加规定审判违法监督检察建议应当经检察长批准或者检察委员会决定。

（一）检察建议的法定形式

为了体现检察监督的规范性与严肃性，人民检察院针对行政审判程序违法和审判人员违法行为向同级人民法院提出检察建议的，应当以书面方式制作《检察建议书》，而不能采用口头方式提出。

（二）检察建议的决定程序

对行政审判程序违法和审判人员违法行为向同级人民法院提出检察建议，应当经检察长批准或经检察委员会讨论决定。

（三）检察建议的发送程序

检察机关向同级人民法院提出检察建议的案件，应当制作检察卷宗，与《检察建议书》同时移送同级人民法院。检察卷宗应当依照《人民检察院诉讼档案案卷格式标准》（高检办发〔2021〕3号）、《人民检察院诉讼档案管理办法》（高检办〔2021〕5号）的要求制作。"决定提出检察建议之日"是指检察长或者检察委员会讨论决定提出检察建议的日期。《检察建议书》作为检察机关的法律监督文书，其主送机关是同级人民法院，因此不需要将《检察建议书》直接送达当事人。因此本条规定，当事人申请监督的案件，人民检察院应当制作《检察建议通知书》，发送申请人。

第一百零七条

人民检察院认为当事人申请监督的行政审判程序中审判人员违法行为认定依据不足的，应当作出不支持监督申请的决定，并在决定之日起十五日内制作《不支持监督申请决定书》，发送申请人。

【条文主旨】

本条是关于对审判违法监督案件不支持监督申请决定的制作及发送的规定。

【条文释义】

本条是《规则》新增加的内容。本次修订，在2013年《民事诉讼监督规则》第一百零一条规定基础上，作了文字修改。当事人申请人民检察院对行政审判程序违法、审判人员违法行为进行监督，如果人民检察院经审查认为案件不符合监督条件，应当作出不支持监督申请的决定，并制作《不支持监督申请决定书》发送申请人，同时做好释法说理工作，提高不支持监督申请决定的可接受性，力争案结事了政和。

第七章　对行政案件执行活动的监督

> **第一百零八条**
>
> 人民检察院对人民法院行政案件执行活动实行法律监督。

【条文主旨】

本条是关于对人民法院行政案件执行活动实行法律监督的原则规定。

【条文释义】

本条是《规则》新增加的内容。

2016年《行政诉讼监督规则》第五章将审判程序中审判人员违法行为监督、执行活动监督合并在一章中作出规定，其中用四个条文（即2016年《行政诉讼监督规则》第二十九条至第三十二条）分别规定了对执行裁定、决定的监督，对执行实施措施的监督，对不履行或者怠于履行执行职责的监督，检察建议的制作发送以及人民法院审查回复。[1] 鉴于审判程序中审判人员违法行为监督、执行活动监督属于行政诉讼监督的不同类型，在监督对象、监督范围、审查思路方面均有所区别，有必要对二者分别予以规定。同时，执行活动监督在行政诉讼监督体系中的重要性越来越凸显，是当前和今后一个时期基层检察院行政检察重点工作，将这项职能单列出来，有利于推动执行活动监督深入开展，改变基层行政检察薄弱的局面。故此次修订将"对行政案件执行活动的监督"单列一章，并在2016年《行政诉讼监督规则》规定的基础上，作了补充完善和细化。

---

[1] 2011年3月，最高人民法院、最高人民检察院联合下发《关于在部分地方开展民事执行活动法律监督试点工作的通知》，在福建、江西等12个省（自治区、直辖市）开展试点工作，该通知第八条规定，"人民检察院对人民法院执行行政判决、裁定、行政赔偿调解和行政决定的活动实行法律监督，其范围和程序参照本通知执行"，是最早明确检察机关可以对行政案件执行活动实行法律监督的规定。

（一）参考最高人民法院执行局编纂的《人民法院办理执行案件规范》，采用"行政案件执行活动"的表述

在修订过程中，有部门提出，不同于"民事执行活动"概念的约定俗成，建议对"人民法院行政执行活动"的概念进一步研究明确。最高人民法院执行局 2017 年编纂的《人民法院办理执行案件规范》①第二十三章第六节为"行政案件的执行"，划分为对行政判决书、行政裁定书、行政赔偿判决书、行政赔偿调解书的执行，以及对行政机关作出的行政决定的执行。参考前述《人民法院办理执行案件规范》，《规则》采用了"行政案件执行活动"概念，包括行政诉讼（行政裁判）执行活动和行政非诉执行活动。

（二）人民检察院对人民法院行政案件执行活动实行法律监督有明确的法律依据，执行监督对象包括行政诉讼（行政裁判）执行和行政非诉执行

行政诉讼法第十一条规定，"人民检察院有权对行政诉讼实行法律监督"，这里的行政诉讼包括执行活动；第一百零一条规定，"……人民检察院对行政案件……执行的监督，本法没有规定的，适用《中华人民共和国民事诉讼法》的相关规定"。民事诉讼法及司法解释对执行活动监督有详细规定。中央有关文件和"两高"共同下发的文件及最高人民法院的文件对此也有明确要求。例如，《最高人民院、最高人民检察院关于民事执行活动法律监督若干问题的规定》（法发〔2016〕30 号）第二十一条规定，"人民检察院对人民法院行政执行活动实施法律监督，行政诉讼法及有关司法解释没有规定的，参照本规定执行"。②《最高人民法院关于深化执行改革健全解决执行难长效机制的意见——人民法院执行工作纲要（2019—2023）》第四十七条规定，"依法接受检察监督。会同检察机关完善民事、刑事、行政案件执行活动法律监督制度，依法办理执行监督检察建议"。2019 年 7 月 14 日，中央全面依法治国委员会印发的《关于加强综合治理从源头切实解决执行难问题的意见》（中法委发〔2019〕1 号）明确要求，"检察机关要加强对民事、行政执行包括非诉执行活动的法律监督，推动依法执行、规范执行"。

---

① 最高人民法院执行局：《人民法院办理执行案件规范》，人民法院出版社 2017 年版。

② 部分省级人民法院、人民检察院也先后探索建立人民检察院对人民法院行政执行活动实施法律监督协作配合机制，如福建省高级人民法院、福建省人民检察院制定的《关于加强行政执行活动法律监督的若干意见（试行）》。

第一百零九条

人民检察院发现人民法院执行裁定、决定等有下列情形之一的,应当向同级人民法院提出检察建议:

(一)提级管辖、指定管辖或者对管辖异议的裁定违反法律规定的;

(二)裁定受理、不予受理、中止执行、终结执行、终结本次执行程序、恢复执行、执行回转等违反法律规定的;

(三)变更、追加执行主体错误的;

(四)裁定采取财产调查、控制、处置等措施违反法律规定的;

(五)审查执行异议、复议以及案外人异议作出的裁定违反法律规定的;

(六)决定罚款、拘留、暂缓执行等事项违反法律规定的;

(七)执行裁定、决定等违反法定程序的;

(八)对行政机关申请强制执行的行政行为作出准予执行或者不准予执行的裁定违反法律规定的;

(九)执行裁定、决定等有其他违法情形的。

【条文主旨】

本条是关于人民检察院对人民法院执行裁定、决定等实施监督的规定。

【条文释义】

本次修订,在沿用2016年《行政诉讼监督规则》第二十九条的规定,具体列举了人民法院在执行审查活动中的典型违法行为的八种主要情形的基础上,新增了终结本次执行程序的情形。

(一)提级管辖、指定管辖或者对管辖异议的裁定违反法律规定的

1.执行案件管辖,是指确立申请执行人的申请由哪一级或哪一地的人民法院受理和执行,涉及申请执行人申请权利的依法行使和人民法院之间对执行案件的分工权限与制衡协调,也是检察机关开展行政案件执行活动监督的重点领域。行政诉讼法第九十五条、《最高人民法院关于适用〈中华人民共和国行政诉讼法〉的解释》第一百五十四条第一款规定了"一审管辖"的执行管辖原则,即发生法律效力的行政判决书、裁定书、行政赔偿判决书和行政调解书,由第一审人民法院执行。需要注意的是,对于行政非诉执行的管辖,采取的是由申请人所在地的基层人民法院受理,执行对象为不动产的,由不

动产所在地的基层人民法院受理。①

2. 提级管辖和指定管辖。在普通管辖的原则性规定之外，《最高人民法院关于适用〈中华人民共和国行政诉讼法〉的解释》第一百五十四条第二款规定了提级管辖，即第一审人民法院认为情况特殊，需要由第二审人民法院执行的，可以报请第二审人民法院执行；第二审人民法院可以决定由其执行，也可以决定由第一审人民法院执行。根据行政诉讼法第一百零一条规定，行政诉讼法及其司法解释对执行管辖其他问题没有具体规定的，可以适用民事诉讼法的相关规定。根据民事诉讼法第二百三十三条规定，人民法院自收到申请执行书之日起超过六个月未执行的，申请执行人可以向上一级人民法院申请执行；上一级人民法院经审查，可以责令原人民法院在一定期限内执行，也可以决定由本院执行（提级管辖），或者指令其他人民法院执行（指定管辖）。此外，《最高人民法院关于人民法院执行工作若干问题的规定（试行）》（1998年6月11日最高人民法院审判委员会第992次会议通过，根据2020年12月23日最高人民法院审判委员会第1823次会议修正）第十四条对执行案件的指定管辖也作出了具体规定，即人民法院之间因执行管辖权发生争议的，由双方协商解决；协商不成的，报请双方共同上级人民法院指定管辖。

3. 对管辖权异议。为保护当事人诉讼权利以及实体权利，针对可能存在的管辖权冲突以及错误管辖问题，有关司法解释还设置了当事人针对错误执行管辖提出异议的救济机制。根据《最高人民法院关于适用〈中华人民共和国民事诉讼法〉执行程序若干问题的解释》（2008年9月8日最高人民法院审判委员会第1452次会议通过，根据2020年12月23日最高人民法院审判委员会第1823次会议修正）第三条规定，人民法院受理执行申请后，当事人（包括申请执行人和被执行人）对管辖权有异议的，应当自收到执行通知书之日起十日内提出。人民法院对当事人提出的异议，应当审查。异议成立的，应当撤销执行案件，并告知当事人向有管辖权的人民法院申请执行；异议不成立，裁定驳回。当事人对裁定不服的，可以向上一级人民法院申请复议。管辖权异议审查和复议期间，不停止执行。

人民法院在行政案件执行中对提级管辖、指定管辖或者对管辖异议的裁定，如果存在违反了上述法律规定的情形，人民检察院应当依据本条进行监督。

---

① 《最高人民法院关于适用〈中华人民共和国行政诉讼法〉的解释》第一百五十四条第一款。

（二）裁定受理、不予受理、中止执行、终结执行、终结本次执行程序、恢复执行、执行回转等违反法律规定的

执行受理是人民法院启动行政执行工作的入口，是申请执行人寻求执行救济的最初环节，人民法院决定受理或者不予受理申请执行案件时，应当依照行政诉讼法及相关司法解释对申请是否符合法定受理条件进行依法审查后作出裁定。

中止执行，是指因某种法定情形的发生导致执行程序暂时停止，待法定中止情形消失后再行恢复执行程序的执行工作机制。人民法院行政案件执行的中止执行，主要依据有民事诉讼法第二百六十三条[①]和《最高人民法院关于人民法院执行工作若干问题的规定（试行）》第五十九条的具体规定。[②]

终结执行，是指已经开展执行的案件，因某种法定情形的发生而不能继续进行，因此结束执行程序的执行工作机制。民事诉讼法第二百六十四条规定了人民法院裁定终结执行的情形有："（一）申请人撤销申请的；（二）据以执行的法律文书被撤销的；（三）作为被执行人的公民死亡，无遗产可供执行，又无义务承担人的；（四）追索赡养费、扶养费、抚育费案件的权利人死亡的；（五）作为被执行人的公民因生活困难无力偿还借款，无收入来源，又丧失劳动能力的；（六）人民法院认为应当终结执行的其他情形。"同时也可以适用《最高人民法院关于执行案件立案、结案若干问题的意见》（法发

[①] 《中华人民共和国民事诉讼法》第二百六十三条："有下列情形之一的，人民法院应当裁定中止执行：（一）申请人表示可以延期执行的；（二）案外人对执行标的提出确有理由的异议的；（三）作为一方当事人的公民死亡，需要等待继承人继承权利或者承担义务的；（四）作为一方当事人的法人或者其他组织终止，尚未确定权利义务承受人的；（五）人民法院认为应当中止执行的其他情形。中止的情形消失后，恢复执行。"

[②] 《最高人民法院关于人民法院执行工作若干问题的规定（试行）》第五十九条："按照审判监督程序提审或再审的案件，执行机构根据上级法院或本院作出的中止执行裁定书中止执行。"

〔2014〕26号）第十七条①对终结执行所作的具体规定。

　　终结本次执行程序，是指人民法院已穷尽一切执行措施，未发现被执行人有可供执行的财产或者发现的财产不能处置的，将暂时终结执行程序并作结案处理，待发现可供执行财产后再恢复执行的一项制度。人民法院对终结本次执行程序专门出台了《最高人民法院关于严格规范终结本次执行程序的规定（试行）》（法〔2016〕373号），对终结本次执行程序的实质标准和程序标准作了严格规定，包括要求必须依法发出执行通知、责令被执行人报告财产、将符合条件的被执行人纳入失信名单、依法查找下落不明的被执行人、穷尽财产调查措施、约谈申请执行人等。同时还规定，终结本次执行程序后的五年内，执行法院应当每六个月通过网络执行查控系统查询一次被执行人的财产，并将查询结果告知申请执行人。符合恢复执行条件的，执行法院应当及时恢复执行。需要指出的是，终结本次执行只适用于财产的执行，不适用行为的执行。

　　恢复执行，是指执行案件中止执行或终结某次执行程序后，因中止执行或终结执行程序的情形消失，经申请执行人申请或者法院依职权恢复案件执行程序，以及因一方当事人不履行执行和解协议，法院恢复对原生效法律文

---

① 《最高人民法院关于执行案件立案、结案若干问题的意见》第十七条："有下列情形之一的，可以"终结执行"方式结案：（一）申请人撤销申请或者是当事人双方达成执行和解协议，申请执行人撤回执行申请的；（二）据以执行的法律文书被撤销的；（三）作为被执行人的公民死亡，无遗产可供执行，又无义务承担人的；（四）追索赡养费、扶养费、抚育费案件的权利人死亡的；（五）作为被执行人的公民因生活困难无力偿还借款，无收入来源，又丧失劳动能力的；（六）作为被执行人的企业法人或其他组织被撤销、注销、吊销营业执照或者歇业、终止后既无财产可供执行，又无义务承受人，也没有能够依法追加变更执行主体的；（七）依照刑法第五十三条规定免除罚金的；（八）被执行人被人民法院裁定宣告破产的；（九）行政执行标的灭失的；（十）案件被上级人民法院裁定提级执行的；（十一）案件被上级人民法院裁定指定由其他法院执行的；（十二）按照《最高人民法院关于委托执行若干问题的规定》，办理了委托执行手续，且收到受托法院立案通知书的；（十三）人民法院认为应当终结执行的其他情形。

　　前款除第（十）项、第（十一）项、第（十二）项规定的情形外，终结执行的，应当制作裁定书，送达当事人。"

书执行的活动。恢复执行应当书面通知当事人。①

执行回转，是指执行中或执行完毕后，据以执行的法律文书被人民法院或其他有关机关撤销或变更的，原执行机构应当依照民事诉讼法第二百四十条的规定，依当事人申请或依职权，按照新的生效法律文书，作出执行回转的裁定，责令原申请执行人返还已取得的财产及其孳息的执行工作机制，是针对执行错误而设置的恢复至执行程序开始时状况的救济机制。执行回转应重新立案，适用执行程序的有关规定。②

人民法院裁定受理、不予受理、中止执行、终结执行、终结本次执行、恢复执行、执行回转等执行程序违反相关法律规定的，人民检察院应当依据本条进行监督。

（三）变更、追加执行主体错误的

变更、追加执行主体，是指在执行程序中，变更或者追加第三人为申请执行人或被执行人的一项制度。在执行工作中，人民法院往往要根据执行案件的具体情况和执行主体的具体情形，决定变更或者追加执行主体，特别是变更、追加被执行主体，以确保执行工作效率、维护当事人合法权利。但执行实践中，如果出现错误变更、追加执行主体的行为，将可能直接损害当事人、利害关系人或者案外人的合法权利。人民法院变更、追加执行主体的具体规定主要有民事诉讼法及其司法解释、《最高人民法院关于民事执行中变更、追加当事人若干问题的规定》（2016年8月29日最高人民法院审判委员会第1691次会议通过，根据2020年12月23日最高人民法院审判委员会第1823次会议修正）等。人民法院在行政案件执行中存在错误变更、追加执行主体情形的，人民检察院应当依据本条进行监督。

（四）裁定采取财产调查、控制、处置等措施违反法律规定的

在执行工作中，为确保执行工作效率，法律授予人民法院可以对被执行主体的财产采取调查、控制、处置等措施，但同时强调人民法院决定采取上述措施时，必须依照法定要求作出裁定。规范人民法院采取财产调查、控制、处置等措施的具体规定主要有民事诉讼法第二百四十九条第二款、第

---

① 《最高人民法院关于人民法院执行工作若干问题的规定（试行）》第六十条："中止执行的情形消失后，执行法院可以根据当事人的申请或依职权恢复执行。恢复执行应当书面通知当事人。"

② 《最高人民法院关于人民法院执行工作若干问题的规定（试行）》第六十五条、第六十六条。

二百五十条第二款、第二百五十一条,《最高人民法院关于民事执行中财产调查若干问题的规定》(2017年1月25日最高人民法院审判委员会第1708次会议通过,根据2020年12月23日最高人民法院审判委员会第1823次会议修正)《最高人民法院关于人民法院民事执行中查封、扣押、冻结财产的规定》(2004年10月26日最高人民法院审判委员会第1330次会议通过,根据2020年12月23日最高人民法院审判委员会第1823次会议修正)《最高人民法院关于人民法院民事执行中拍卖、变卖财产的规定》(2004年10月26日最高人民法院审判委员会第1330次会议通过,根据2020年12月23日最高人民法院审判委员会第1823次会议修正)以及《最高人民法院关于人民法院确定财产处置参考价若干问题的规定》(法释〔2018〕15号)等。人民法院在行政案件执行中裁定采取财产调查、控制、处置等措施违反法律规定的,人民检察院应当依据本条进行监督。

(五)审查执行异议、复议以及案外人异议作出的裁定违反法律规定的

执行异议、复议以及案外人异议是执行程序中的重要制度,目的在于针对可能存在的违法执行行为,在法院执行内部为合法权利受到侵害的当事人提供救济。执行过程中,当事人、利害关系人认为执行法院的执行行为违反法律或者司法解释规定的,可以向执行法院提出执行行为异议。当事人、利害关系人对执行行为异议裁定不服的,可以自裁定送达之日起十日内向上一级人民法院申请复议。民事诉讼法第二百三十二条①、第二百三十四条②以及《最高人民法院关于人民法院办理执行异议和复议案件若干问题的规定》(2014年12月29日最高人民法院审判委员会第1638次会议通过,根据2020年12月23日最高人民法院审判委员会第1823次会议修正)等对人民法院审查执行异议、复议以及案外人异议等程序问题作出了具体规定。人民法院

---

① 《中华人民共和国民事诉讼法》第二百三十二条:"当事人、利害关系人认为执行行为违反法律规定的,可以向负责执行的人民法院提出书面异议。当事人、利害关系人提出书面异议的,人民法院应当自收到书面异议之日起十五日内审查,理由成立的,裁定撤销或者改正;理由不成立的,裁定驳回。当事人、利害关系人对裁定不服的,可以自裁定送达之日起十日内向上一级人民法院申请复议。"

② 《中华人民共和国民事诉讼法》第二百三十四条:"执行过程中,案外人对执行标的提出书面异议的,人民法院应当自收到书面异议之日起十五日内审查,理由成立的,裁定中止对该标的的执行;理由不成立的,裁定驳回。案外人、当事人对裁定不服,认为原判决、裁定错误的,依照审判监督程序办理;与原判决、裁定无关的,可以自裁定送达之日起十五日内向人民法院提起诉讼。"

在行政案件执行中审查执行异议、复议以及案外人异议作出的裁定违反法律规定的，人民检察院应当依据本条进行监督。需要指出的是，经过上级法院复议的案件，最后发生法律效力的文书（行为）是上级法院作出的复议裁定（行为）。根据同级受理、管辖的一般原则，基层检察院对此无监督受理管辖权。即对经过执行复议的案件，应当由作出执行复议裁定的人民法院所在地的同级（或者上级）人民检察院受理、管辖。

（六）决定罚款、拘留、暂缓执行等事项违反法律规定的

根据行政诉讼法第五十九条规定，诉讼参与人或者其他人有违法妨碍诉讼行为的，人民法院可以采取罚款、拘留等强制措施。同时根据行政诉讼法第九十六条规定，行政机关在规定期限内不履行判决、裁定、调解书的，第一审人民法院可以从期满之日起，对该行政机关负责人按日处五十元至一百元的罚款；行政机关拒不履行判决、裁定、调解书，社会影响恶劣的，第一审人民法院也可以对该行政机关直接负责的主管人员和其他直接责任人员予以拘留。此外，民事诉讼法也对执行过程中人民法院可以采取罚款、拘留等强制措施的具体法定情形作出了规定。

暂缓执行，是指执行程序开始后，由于法定事由的出现，人民法院可以依职权或者应当事人、利害关系人申请，决定在特定期限内暂缓部分或全部执行措施，待法定事由消失后立即恢复执行。对暂缓执行的规定主要有民事诉讼法第二百三十八条[①]、《最高人民法院关于正确适用暂缓执行措施若干问题的规定》（法发〔2002〕16号）以及《最高人民法院关于人民法院执行工作若干问题的规定（试行）》第七十二条、第七十六条、第七十七条。

人民法院在行政案件执行中决定罚款、拘留、暂缓执行等事项违反法律规定的，人民检察院应当依据本条进行监督。

（七）执行裁定、决定等违反法定程序的

人民法院作出有关的执行裁定、决定，应当符合相应的法定程序。民事诉讼法、行政诉讼法以及相关司法解释对人民法院作出有关执行裁定、决定规定了相应的法定程序。应当注意的是，本项与前六项监督侧重点不同，本条前六项主要针对有关执行事项或者措施，其实际载体或者对象为执行裁定或者决定，监督其是否符合法律实体性规定，即是否符合法定事由、法定条

[①] 《中华人民共和国民事诉讼法》第二百三十八条："在执行中，被执行人向人民法院提供担保，并经申请执行人同意的，人民法院可以决定暂缓执行及暂缓执行的期限。被执行人逾期仍不履行的，人民法院有权执行被执行人的担保财产或者担保人的财产。"

件、法定范围等。而第七项主要针对执行裁定、决定是否符合法律程序性规定，包括作出执行裁定、决定的形式、期限送达等方面的程序性规定。人民法院在行政案件执行中执行裁定、决定等违反法定程序的，人民检察院应当依据本条进行监督。

（八）对行政机关申请强制执行的行政行为作出准予执行或者不准予执行的裁定违反法律规定的

本条规定是针对人民法院行政非诉执行案件审查裁定活动的监督。人民法院对行政机关申请强制执行的行政行为作出准予执行或者不准予执行的裁定，具体规定有《中华人民共和国行政强制法》第五十六条至第五十八条、《最高人民法院关于适用〈中华人民共和国行政诉讼法〉的解释》第一百六十条、第一百六十一条。人民法院对行政机关申请强制执行的行政行为作出准予执行或者不准予执行的裁定违反法律规定的，人民检察院应当依据本条进行监督。

（九）执行裁定、决定等有其他违法情形的

兜底性条款。人民法院在执行裁定、决定等存在前八项规定以外的其他违法情形的，人民检察院应当依据本条进行监督。

【实务指南】

1. 本条规定的是对人民法院行政案件执行审查活动的监督。人民法院在执行审查活动中，主要以裁定、决定的形式作出相关审查结果，其载体按照通常说法就是执行文书，人民检察院对裁定、决定的监督首先就是要对执行文书进行审查。人民法院执行文书除裁定书、决定书外，还有令、通知书、公告、委托书、函等法律文书，只要其属于人民法院在执行审查活动中违反相关法律规定作出的，检察机关都可以进行监督。

2. 人民法院对行政案件执行管辖，采取的是第一审人民法院管辖。[①] 同时，对执行管辖其他问题，行政诉讼法及其司法解释未作出具体规定，可以适用民事诉讼法的相关规定。但有两点要注意：一是行政案件执行"一审管辖"与民事执行的管辖有所区别，民事执行除"一审管辖"外，相关司法解释还规定了第一审人民法院同级的被执行的财产所在地人民法院也可以执行。二

[①] 《最高人民法院关于适用〈中华人民共和国行政诉讼法〉的解释》第一百五十四条："发生法律效力的行政判决书、行政裁定书、行政赔偿判决书和行政调解书，由第一审人民法院执行。"

是对发生法律效力的行政判决书、行政裁定书、行政赔偿判决书和行政调解书的执行管辖与对行政机关申请执行其行政行为的管辖不同，根据《最高人民法院关于适用〈中华人民共和国行政诉讼法〉的解释》（法释〔2018〕1号）第一百五十七条第一款规定，行政机关申请人民法院强制执行其行政行为的，由申请人所在地的基层人民法院受理；执行对象为不动产的，由不动产所在地的基层人民法院受理。还有两类特殊的执行管辖：一类是专利管理机关依法作出的处理决定和处罚决定，由被执行人住所地或财产所在地的省、自治区、直辖市有权受理专利纠纷案件的中级人民法院执行。[1]另一类是国务院各部门、各省、自治区、直辖市人民政府和海关依照法律、法规作出的处理决定和处罚决定，由被执行人住所地或财产所在地的中级人民法院执行。[2]

3. 人民法院行政非诉执行同样分为行政非诉执行案件审查裁定活动和执行实施活动，人民检察院除依据本条第八项规定对行政非诉执行案件审查裁定活动进行监督外，可以适用本章其他条文对人民法院行政非诉执行案件受理、执行实施活动进行监督。

第一百一十条

人民检察院发现人民法院在执行活动中违反规定采取调查、查封、扣押、冻结、评估、拍卖、变卖、保管、发还财产，以及信用惩戒等执行实施措施的，应当向同级人民法院提出检察建议。

【条文主旨】

本条是关于人民检察院对执行实施措施进行监督的规定。

【条文释义】

本次修订，在2016年《行政诉讼监督规则》第三十条规定的基础上，新增了对信用惩戒这一执行实施措施监督的内容。

根据人民法院对执行权分权机制，执行权划分为执行审查权和执行实施权，执行实施权的范围主要是财产调查、控制、处分、交付和分配以及罚款、拘留措施等实施事项。对于人民法院在执行活动中采取的调查、查封、扣押、

---

[1] 《最高人民法院关于人民法院执行工作若干问题的规定（试行）》第十一条。
[2] 《最高人民法院关于人民法院执行工作若干问题的规定（试行）》第十二条。

冻结、评估、拍卖、变卖、保管、发还财产，以及信用惩戒等执行实施措施，民事诉讼法以及《最高人民法院关于适用〈中华人民共和国民事诉讼法〉的解释》（2014年最高人民法院审判委员会第1636次会议通过，根据2020年12月23日最高人民法院审判委员会第1823次会议修正）、《最高人民法院关于人民法院执行工作若干问题的规定（试行）》等司法解释所作的相关规定，同样适用于人民法院行政案件执行活动。此外，人民法院在执行活动中存在不采取或怠于采取上述执行实施措施的情形，属于不作为，可以根据本规则第一百一十一条进行监督。

信用惩戒，是指被执行人不履行法律文书确定的义务的，人民法院可以在征信系统记录、通过媒体公布不履行义务信息以及法律规定的其他措施，还可以根据情节将其纳入失信被执行人名单，将被执行人不履行或者不完全履行义务的信息，向其所在单位、征信机构以及其他相关机构通报。对于纳入失信名单的情形、期限、程序、信息的内容及失信名单的公布及通报，失信信息的撤销、删除及纠正，以及不得纳入的情形等，应当依照《最高人民法院关于公布失信被执行人名单信息的若干规定》（法释〔2017〕7号）的相关规定执行，人民法院未严格依照上述规定执行的，人民检察院应当依据本条进行监督。

【实务指南】

实践中，适用信用惩戒执行措施存在的违法情形主要有：（1）应当对被执行人限制消费而未采取相应措施；（2）应当将被执行人纳入失信被执行人名单而未采取相应措施；（3）对已满足解除消费限制、删除失信信息而不予及时解除删除；（4）人民法院在未发出《执行通知书》、未采取查控财产措施，也未向被执行人发出任何有关信用惩戒措施风险提示通知的情况下，即决定进行信用惩戒，纳入失信被执行人名单。

第一百一十一条

人民检察院发现人民法院有下列不履行或者怠于履行执行职责情形之一的,应当向同级人民法院提出检察建议:

(一)对依法应当受理的执行申请不予受理又不依法作出不予受理裁定的;

(二)对已经受理的执行案件不依法作出执行裁定、无正当理由未在法定期限内采取执行措施或者执行结案的;

(三)违法不受理执行异议、复议或者受理后逾期未作出裁定、决定的;

(四)暂缓执行、停止执行、中止执行的原因消失后,不按规定恢复执行的;

(五)依法应当变更或者解除执行措施而不变更、解除的;

(六)对拒绝履行行政判决、裁定、调解书的行政机关未依照《中华人民共和国行政诉讼法》第九十六条规定采取执行措施的;

(七)其他不履行或者怠于履行执行职责行为的。

【条文主旨】

本条是关于人民检察院对人民法院不履行或者怠于履行执行职责情形实施监督的规定。

【条文释义】

本次修订,在2016年《行政诉讼监督规则》第三十一条具体列举的典型"消极执行"行为内容的基础上,新增了第六项"对拒绝履行行政判决、裁定、调解书的行政机关未依照《中华人民共和国行政诉讼法》第九十六条规定采取执行措施的"监督内容。

(一)对依法应当受理的执行申请不予受理又不依法作出不予受理裁定的

根据民事诉讼法及《最高人民法院关于人民法院推行立案登记制改革的意见》(法发〔2015〕6号)、《最高人民法院关于人民法院登记立案若干问题的规定》(法释〔2015〕8号)有关司法解释、司法文件的规定,对申请执行,人民法院立案部门应当一律接收申请执行材料,出具书面凭证并注明收到日期。对符合法律规定的申请执行,应当当场予以登记立案,移交执行机构执行。对不符合法律规定的申请执行,应当予以释明。当事人经释明后,仍然坚持提出申请的,裁定不予受理。对当场不能判定申请执行是否符合法律规定的，应当在七日内决定是否立案。当事人提交的申请执行书和相关材料不符合要求的，人民法院立案部门应当一次性书面告知在指定期限内补正。人民法院对申请执行不予受理的，应当出具书面裁定，并载明理由。对于符合法定条件的执行申请，人民法院不予受理又不依法作出不予受理裁定的，人民检察院应当依据本条进行监督。

（二）对已经受理的执行案件不依法作出执行裁定、无正当理由未在法定期限内采取执行措施或者执行结案的

人民法院对已经受理的执行案件，应当依法作出执行裁定，并在法定期限内采取执行措施或者执行结案。对于作出有关执行裁定的程序要求、执行案件的时限要求，可以参照民事诉讼法以及有关司法解释的具体规定。但同时应当注意，在开展监督中，不能简单根据法院实际执行时间超出法定执行期限来认定存在违法，应审查发现是否存在正当理由，即是否存在不计入执行期限的法定情形，如是否存在中止执行、暂缓执行的法定情形，法院是否作出中止执行、暂缓执行裁定以及实际恢复执行时间，是否存在对被查封、扣押财产的拍卖、变卖期间等，来综合判断法院是否违反了法定期限。实践中，对于行政非诉执行案件常遇到移送执行的二次申请问题，最高人民法院于1998年8月18日下发的《关于办理行政机关申请强制执行案件有关问题的通知》（法〔1998〕77号）明确，"行政机关申请人民法院强制执行案件由行政审判庭负责审查。经教育，行政行为相对人自动履行的，即可结案。需要强制执行的，由行政审判庭移送执行庭办理"。最高人民法院2011年10月19日公布的《关于执行权合理分配和科学运行的若干意见》（法发〔2011〕15号）第十三条规定："行政非诉案件、行政诉讼执行案件的执行申请，由立案机构登记后转行政审判机构进行合法性审查；裁定准予执行的，再由立案机构办理执行立案登记后移交执行局执行。"《最高人民法院关于适用〈中华人民共和国行政诉讼法〉的解释》第一百六十条第三款规定："需要采取强制执行措施的，由本院负责强制执行非诉行政行为的机构执行。"行政审判庭作出准予执行裁定后，应由其移送执行部门执行，属于法院内部移送程序，而不应由行政机关再次提出申请。人民法院对已经受理的执行案件不依法作出执行裁定、无正当理由未在法定期限内采取执行措施或者执行结案的，人民检察院应当依据本条进行监督。

（三）违法不受理执行异议、复议或者受理后逾期未作出裁定、决定的

执行异议、复议程序是当事人、利害关系人或者案外人针对违法执行行为在人民法院执行程序中寻求救济的重要工作机制，人民法院对符合受理条

件的执行异议、复议应当依法及时受理,并在期限内作出裁定、决定。具体的规定有民事诉讼法第二百三十二条、《最高人民法院关于适用〈中华人民共和国民事诉讼法〉执行程序若干问题的解释》第五条以及《最高人民法院关于人民法院办理执行异议和复议案件若干问题的规定》。人民法院违法不受理执行异议、复议或者受理后逾期未作出裁定、决定的,人民检察院应当依据本条进行监督。实践中应注意,对根据法律规定可以对人民法院的执行活动提出异议、申请复议或者提起诉讼,当事人、利害关系人、案外人没有提出异议、申请复议或者提起诉讼的,人民检察院不予受理,但有正当理由或者人民检察院依职权监督的除外。还需要特别指出的是,经过上级法院复议的案件,无论是否改变原被复议行为(下级院异议裁定),最后发生法律效力的文书(行为)是上级法院作出的复议裁定(行为)。对此不服申请检察监督的,检察机关的监督对象已转变为复议裁定。根据同级受理、管辖的一般原则,基层检察院对此无监督受理管辖权。即对经过执行复议的案件,应当由作出执行复议裁定的人民法院所在地的同级(或者上级)人民检察院受理、管辖。

(四)暂缓执行、停止执行、中止执行的原因消失后,不按规定恢复执行的

暂缓执行、中止执行属于人民法院行政案件执行中对执行活动采取的临时性的措施,非终结性、非终局性,其适用需要一定的适用情形或事由,这些适用情形消失后,人民法院应当立即恢复执行程序。暂缓执行、中止执行在前述对本规则第一百零九条的释义中进行了分析,但应当注意恢复执行的一些特殊规定。比如暂缓执行,根据相关规定,暂缓执行的期间届满后,人民法院应当立即恢复执行。暂缓执行期限届满前,据以决定暂缓执行的事由消灭的,人民法院应当立即作出恢复执行的决定。同时还应当注意,如果暂缓执行的决定是由执行法院的上级法院作出的,执行法院应当将该暂缓执行事由消灭的情况及时报告上级法院,该上级法院应当在收到报告后十日内审查核实并作出恢复执行的决定。[①]执行法院未及时上报或上级法院未按规定恢

[①]《最高人民法院关于正确适用暂缓执行措施若干问题的规定》第十三条:"暂缓执行期限届满后,人民法院应当立即恢复执行。暂缓执行期限届满前,据以决定暂缓执行的事由消灭的,如果该暂缓执行的决定是由执行法院作出的,执行法院应当立即作出恢复执行的决定;如果该暂缓执行的决定是由执行法院的上级人民法院作出的,执行法院应当将该暂缓执行事由消灭的情况及时报告上级人民法院,该上级人民法院应当在收到报告后十日内审查核实并作出恢复执行的决定。"

复的，人民检察院应当依法进行监督。

停止执行，是指在行政案件执行过程中对执行程序的临时中断，在本条系指除暂缓执行、中止执行以外，人民法院停止在执行程序中采取的相关处分措施。比如，执行行为异议审查期间，不停止执行，但被执行人、利害关系人提供充分、有效的担保请求停止相应处分措施的，人民法院可以准许①；如果担保被取消、不成立，或者申请执行人提供充分、有效的担保请求继续执行的，人民法院应当继续执行。在案外人异议程序中，案外人异议审查期间②以及驳回案外人执行异议裁定送达案外人之日起十五日内，人民法院不得对执行标的进行处分。③案外人向人民法院提供充分、有效的担保请求解除对异议标的的查封、扣押、冻结，人民法院可以准许；申请执行人提供充分、有效的担保请求继续执行的，应当继续执行。④应注意的是，这里规定的停止执行与在行政诉讼法第五十六条规定的停止执行行政行为不同⑤，这里停止执行的对象是人民法院执行活动中的处分措施。

人民法院在暂缓执行、停止执行、中止执行的原因消失后，不按规定恢复执行的，人民检察院应当依据本条进行监督。

（五）依法应当变更或者解除执行措施而不变更、解除的

人民法院在执行活动中采取的调查、查封、扣押、冻结、评估、拍卖、变卖、保管、发还财产，以及信用惩戒等执行实施措施，出现应当依法变更或者解除情形的，应当及时变更或者解除。民事诉讼法及其司法解释规定了

---

① 《最高人民法院关于适用〈中华人民共和国民事诉讼法〉执行程序若干问题的解释》第九条。

② 《最高人民法院关于适用〈中华人民共和国民事诉讼法〉执行程序若干问题的解释》第十五条第一款："案外人异议审查期间，人民法院不得对执行标的进行处分。"

③ 《最高人民法院关于适用〈中华人民共和国民事诉讼法〉的解释》第四百六十五条第二款。

④ 《最高人民法院关于适用〈中华人民共和国民事诉讼法〉执行程序若干问题的解释》第十六条第二款。

⑤ 《中华人民共和国行政诉讼法》第五十六条："诉讼期间，不停止行政行为的执行。但有下列情形之一的，裁定停止执行：（一）被告认为需要停止执行的；（二）原告或者利害关系人申请停止执行，人民法院认为该行政行为的执行会造成难以弥补的损失，并且停止执行不损害国家利益、社会公共利益的；（三）人民法院认为该行政行为的执行会给国家利益、社会公共利益造成重大损害的；（四）法律、法规规定停止执行的。当事人对停止执行或者不停止执行的裁定不服的，可以申请复议一次。"

变更或者解除执行措施的具体时限和要求,比如《最高人民法院关于人民法院民事执行中查封、扣押、冻结财产的规定》《最高人民法院关于人民法院民事执行中拍卖、变卖财产的规定》《最高人民法院关于人民法院办理财产保全案件若干问题的规定》(2016年10月17日最高人民法院审判委员会第1696次会议通过,根据2020年12月23日最高人民法院审判委员会第1823次会议修正)《最高人民法院关于首先查封法院与优先债权执行法院处分查封财产有关问题的批复》(法释〔2016〕6号)、《最高人民法院关于人民法院委托评估、拍卖和变卖工作的若干规定》(法释〔2009〕16号)、《最高人民法院关于人民法院委托评估、拍卖工作的若干规定》(法释〔2011〕21号)等规定。人民法院在行政执行案件中依法应当变更或者解除执行措施而不变更、解除的,人民检察院应当依据本条进行监督。

(六)对拒绝履行行政判决、裁定、调解书的行政机关未依照《中华人民共和国行政诉讼法》第九十六条规定采取执行措施的

本项是《规则》新增加的内容。人民法院作出的生效行政判决、裁定、调解书具有要求行政机关履行内容的,行政机关应当依法及时履行。根据行政诉讼法第九十六条规定,行政机关拒绝履行行政判决、裁定、调解书的,第一审人民法院根据具体情节,可以采取划拨、罚款、公告、司法建议以及拘留或追究刑事责任等五项执行措施。对出现行政诉讼法第九十六条规定五种情形之一的,人民法院未采取相应执行措施的,也属于人民法院不履行或者怠于履行执行职责的情形,人民检察院应当依据本条进行监督。

(七)其他不履行或者怠于履行执行职责行为的

本项是兜底性规定。人民法院不履行或者怠于履行执行职责违法情形,不属于前述六项规定的,人民检察院应当依据本条进行监督。

【实务指南】

执行不作为、消极执行等问题属于人民法院执行程序中多发性、典型性违法行为,既损害申请执行人的合法权益,也损害司法公信力,属于检察机关执行监督的重点。由于行政案件执行涉及的法律、司法解释以及相关规定较多,目前尚未有统一的法律规范,在条文释义中尽量将相关的规定列举出来,以便办案中准确适用。同时也要注意,本条属于列举的"不作为",与本《规则》第一百零九条、第一百一十条规定的"乱作为"不同,监督对象更具隐蔽性。实践中,可以对照本条所列的各项情形,重点审查案件中是否存在不履行或者怠于履行执行职责行为的问题。为确保监督的准确性,人民检察

院可以依据《规则》第一百一十二条规定先行制发《说明案件执行情况通知书》。

第一百一十二条

人民检察院认为人民法院在行政案件执行活动中可能存在怠于履行职责情形的,可以向人民法院发出《说明案件执行情况通知书》,要求说明案件的执行情况及理由,并在十五日内书面回复人民检察院。

【条文主旨】

本条是关于要求人民法院说明案件执行情况的规定。

【条文释义】

本条是《规则》新增加的内容。

该规定明确了对人民法院行政案件执行活动中怠于履职情形,人民检察院可向人民法院书面了解情况。这种做法来源于司法实践,也符合当前执行工作和执行检察监督工作实际。人民法院执行不作为、消极执行属于比较典型的一类执行违法情形,人民检察院可以通过检察建议等方式进行监督。但实践中,人民法院未能执行的原因比较复杂,有的是具备执行条件没有执行到位,有的是不具备执行条件无法执行到位,即前者属于执行不作为,后者属于客观上执行不能。检察建议效力和作用的发挥更多依赖于针对性、说服力等因素,应当遵循及时准确、必要审慎原则,摸清实际情况,精准指出问题,提出可操作性建议。由于信息不对称,某些检察建议针对性不强、精准度不高,发出之后发现人民法院不存在违法情形,影响了建议严肃性。同时,行政案件执行活动还具有自身的特点和规律,检察机关在开展监督工作中要注意遵循司法工作规律,注重履职的谦抑性。

实践中,申请监督人中有的反映人民法院超期不执行,有的反映人民法院未采取任何执行措施,有的反映人民法院选择性执行等。对于这类案件,检察机关通过听取申请人陈述和常规的调查核实,往往难以确认人民法院执行是否存在违法情形。对此,检察机关一般有两种做法:第一种做法是直接发出检察建议,理由是人民法院违反有关规定超期不执行。针对这种建议,人民法院在回复中大多说明已经采取了必要执行措施,只是因为被执行人无财产可供执行或其他原因,导致执行不能到位。这样的监督案件,效果并不理想。如果检察机关针对没有执行到位的情形，不问原因，一概发出检察建议进行监督，则可能导致监督错误。第二种做法是检察机关选择先向人民法院发函或与执行人员沟通，充分了解其对案件所做的工作，然后综合判断人民法院是否存在消极执行问题，再决定是否提出监督建议，这样效果更好。对此，《最高人民法院、最高人民检察院关于民事执行活动法律监督若干问题的规定》（法发〔2016〕30号）第十条创设了向人民法院了解情况的制度[①]。在行政案件执行中，执行不到位的情况更为复杂，特别是在征地拆迁、违法建设查处等领域。对此，行政案件执行活动监督可参照适用《最高人民法院、最高人民检察院关于民事执行活动法律监督若干问题的规定》第十条的规定。此次《规则》修订，将这一制度明确下来，并将文书名称明确为《说明案件执行情况通知书》。人民检察院对于认为人民法院在行政案件执行活动中可能存在怠于履行职责情形的，要求人民法院说明情况，性质上属于调查核实的一种方式，通过调查核实，避免因情况复杂导致的执行监督错误，同时也有监督前的提醒和告知的作用，有利于促进人民法院加快执行进度，保障检察监督的精准性和谦抑性。

【实务指南】

理解和把握这一规定，需要注意两个问题：一是这一制度主要针对的是"人民法院在行政案件执行活动中可能存在怠于履行职责的情形"，也就是根据申请人反映，检察机关经初步审查发现，人民法院可能存在消极执行、执行不作为、选择性执行等情形，但通过听取申请人陈述和常规的调查核实，没有充足证据足以确认人民法院存在违法情形的。二是为规范这一制度，一般采取书面方式，检察机关书面了解，法院书面回复。《说明案件执行情况通知书》应当载明以下内容：案件来源，申请人所反映的或者人民检察院依职权发现的人民法院可能存在怠于执行的情形，要求人民法院说明案件的执行情况及理由，以及书面回复期限。三是要结合人民法院的回复情况，全面审查案件事实，以判断是否需要采取进一步的监督措施。对于人民法院的书面回复，经审查认为不存在消极执行、执行不作为等违法情形的，或者虽然超

[①] 《最高人民法院、最高人民检察院关于民事执行活动法律监督若干问题的规定》（法发〔2016〕30号）第十条："人民检察院认为人民法院在民事执行活动中可能存在怠于履行职责情形的，可以向人民法院书面了解相关情况，人民法院应当说明案件的执行情况及理由，并在十五日内书面回复人民检察院。"

过执行期限或者执行不到位,但有不可归责于人民法院的原因,人民法院对此作出充分合理的说明的,应当认为案件不符合监督条件,据此作出相应的决定并制作法律文书,对于当事人申请监督的案件,应当作出不支持监督申请决定书;对于人民检察院依职权监督的案件,应当作出终结审查决定书。如果人民检察院经审查认为,人民法院对于不及时、不完全执行的说明理由不成立,经进一步调查核实,确实存在怠于履行执行职责情况的,应当依法提出监督意见。

第一百一十三条

人民检察院依照本章规定提出检察建议,适用本规则第一百零六条①的规定。

【条文主旨】

本条是关于执行监督检察建议的决定程序、发送、告知等的引致性适用规定。

【条文释义】

本次修订,在2016年《行政诉讼监督规则》第三十二条规定的基础上加以修改。

(一)关于执行监督检察建议的法定形式及发送程序

检察建议是对行政案件执行活动进行监督的主要方式。为体现检察监督的规范性与严肃性,人民检察院针对行政案件执行活动的违法情形向同级人民法院提出检察建议的,应当以书面方式进行。制作检察建议书应当按照执行监督检察建议的样式,载明案件来源、检察机关查明的事实、监督理由、依据以及建议内容等。由于执行监督检察建议书是检察机关的法律监督文书,其主送机关是同级人民法院,不需要将《检察建议书》另行发送其他当事人,由检察机关以《通知书》的形式将检察机关对案件的办理结果告知当事人较

---

① 《人民检察院行政诉讼监督规则》第一百零六条:"人民检察院依照本章规定提出检察建议,应当经检察长批准或者检察委员会决定,制作《检察建议书》,在决定之日起十五日内将《检察建议书》连同案件卷宗移送同级人民法院。当事人申请监督的案件,人民检察院应当制作通知文书,发送申请人。"

为适宜。因此，对于当事人申请监督的案件，人民检察院应当制作决定提出执行监督检察建议的《通知书》，发送申请人。

（二）执行监督检察建议的决定程序

本条对行政执行监督检察建议决定程序的适用作了规定。修订后的《规则》将原来的人民检察院对行政案件执行活动提出检察建议应当经检察委员会决定，修改为应当经检察长批准或者检察委员会决定。关于执行监督检察建议是否应当经检察委员会决定的问题，在2016年《行政诉讼监督规则》制定过程中就存在不同的意见和观点。当时考虑到执行监督检察建议经过检察委员会讨论和决定程序，客观上能起到保障检察建议的质量和效果，提高检察建议的严谨性和严肃性，避免滥发检察建议、检察建议缺乏实质性内容等消极现象的作用，检察机关自我加压，规定执行监督检察建议一律应当经过检察委员会决定。但经过几年的实践，暴露出一些问题，在这次《规则》修订过程中，各地普遍建议调整执行监督检察建议的决定权限。主要理由：一是检察机关对行政案件执行活动提出的检察建议，主要针对执行中的程序性违法而非针对实体裁判问题，所监督的行为大多数是动态化、暂时性的程序性行为，时效性要求较高。2016年《行政诉讼监督规则》规定对执行活动提出检察建议需经检察委员会决定后，一定程度上影响检察机关及时监督纠正执行违法行为。二是《人民检察院检察建议工作规定》严格规范检察建议制发程序，完善检察建议的登记、备案和统计制度，在统一业务应用系统中对检察建议实行统一管理、全程留痕、全程监督；定期开展评查和综合分析，及时发现存在的问题，有针对性的进行整改，确保检察建议的质量。因此，此次修订对执行监督检察建议的审批权限作了修改，与审判程序中审判人员违法行为监督检察建议等其他类型的检察建议的决定程序保持一致，即可以根据案件的具体情况，报请检察长决定或者提请检察委员会讨论决定，不需要一律由检察委员会决定。这一修改回应了司法实践的需要，有利于提高执行监督案件的办案效率，也符合本轮司法责任制改革精神。

【实务指南】

1. 此次《规则》修订对行政执行监督检察建议的发送程序作了细化规定，明确了发送时间、发送对象和发送内容。人民检察院决定提出行政执行监督检察建议的，应当在决定之日起十五日内将《检察建议书》连同案件卷宗移送同级人民法院。此处的决定之日是指检察委员会决定之日或者检察长审批之日。

《人民检察院行政诉讼监督规则》理解与适用

2. 提出行政执行监督检察建议，无论是检察长批准还是检察委员会决定，都要严格把握监督标准，提高监督质量，绝不能将审批权限的调整理解为标准的放宽。对于疑难复杂案件或社会影响大、争议大的案件，仍应提交检察委员会研究决定。

3. 删除检察建议效力的参照适用条款之后，按照新规定优于旧规定原则，检察建议的回复期，应当按照《最高人民法院、最高人民检察院关于民事执行活动法律监督若干问题的规定》执行，即人民法院对检察建议的审查处理及回复期限为三个月，特殊情况下可延长一个月。今后最高人民法院、最高人民检察院就这一问题达成新的共识或者会签新的司法解释，也应该遵照执行。在办案实践中，检察机关可要求人民法院按照最高人民法院、最高人民检察院会签的最新司法解释对检察建议进行回复，对于无正当理由不采纳的，应当进行跟进监督。

第一百一十四条

对于当事人申请的执行监督案件，人民检察院认为人民法院执行活动不存在违法情形的，应当作出不支持监督申请的决定，并在决定之日起十五日内制作《不支持监督申请决定书》，发送申请人。

【条文主旨】

本条是关于不支持监督申请决定书作出及发送的规定。

【条文释义】

本条是《规则》新增加的内容。

2016 年《行政诉讼监督规则》未对不支持当事人申请监督的程序问题作出具体规定。对不支持申请监督的程序问题，根据 2016 年《行政诉讼监督规则》第三十六条规定，适用 2013 年《民事诉讼监督规则》的相关规定。修订后的《规则》对此予以明确，即如果人民检察院经审查认为人民法院执行活动不存在违法情形的，作出不支持监督申请的决定，并在决定之日起十五日内制作《不支持监督申请决定书》，发送申请人。与 2013 年《民事诉讼监督规则》的区别是，将"……人民检察院认为当事人申请监督的人民法院执行活动不存在违法情形的"中"当事人申请监督的"的表述删除。因为人民检察院对行政案件执行活动的监督，是对人民法院执行活动是否存在违法情形予以全面、客观审查，从而独立作出是否进行监督的结论，不受申请人申请监督理由和主张事实的限制。

【实务指南】

实践中应当注意：一是对于人民检察院依职权监督的案件，经审查认为人民法院执行活动不存在违法情形的，由于案件不存在监督申请人，人民检察院应当作出终结审查决定，而不能作出不支持监督申请决定。二是虽然申请人所反映的违法事实不存在，但检察机关经全面审查，发现人民法院执行活动中存在其他违法情形的，不能简单作出不支持监督申请决定，而应当同时提出监督意见。

第一百一十五条

人民检察院发现同级人民法院行政案件执行活动中执行人员存在违法行为的，参照本规则第六章有关规定执行。

【条文主旨】

本条是关于人民法院执行人员违法行为监督参照适用的规定。

【条文释义】

本条是《规则》新增加的内容。

《规则》完善了对人民法院执行人员违法行为的监督机制。行政诉讼法第九十三条第三款规定了人民检察院可以对行政审判程序中审判人员违法行为进行监督，但对于人民法院行政案件执行活动中执行人员存在违法行为能否进行监督，以及如何进行监督，未予明确。2016年《行政诉讼监督规则》规定的审判人员违法行为监督对象系审判人员，执行监督对象系执行活动，对人民法院执行人员违法行为的监督存在空白地带。这次《规则》修订，增加了对人民法院执行人员违法行为监督的内容，将行政诉讼执行和行政非诉执行人员违法行为纳入监督范围，参照审判人员违法行为监督相关规定办理。

【实务指南】

对于人民法院行政案件执行活动中执行人员存在法官法第四十六条等规定的违法行为，尚未构成犯罪的，应当向同级人民法院提出检察建议。提出检察建议之后，如果发现有避重就轻、包庇开脱违法执行人员甚至对检察监督置之不理的情形，应当加强跟踪监督，及时向同级党委报告，向纪委监委移送线索。对于可能涉嫌滥用职权罪、玩忽职守罪或者执行判决裁定滥用职权罪等司法工作人员涉嫌利用职权实施的侵犯公民权利、损害司法公正案件线索的，可以移送本院司法人员相关职务犯罪侦查部门，或者有管辖权的人民检察院依法查处。

第八章　案件管理

本章是新增加的一章。2016年《行政诉讼监督规则》没有规定案件管理，参照适用2013年《民事诉讼监督规则》第九章"案件管理"的规定。本次修订，根据行政诉讼监督案件的特点，新增加了"案件管理"一章，对案件管理部门关于行政诉讼监督案件办案活动的基本职能、监督情形和程序作出了规定。

第一百一十六条

人民检察院负责案件管理的部门对行政诉讼监督案件的受理、期限、程序、质量等进行管理、监督、预警。

【条文主旨】

本条是关于案件管理部门对行政诉讼监督案件管理的总体规定。

【条文释义】

本条是《规则》新增加的内容。案件管理机制改革是2011年最高人民检察院在全国部署的一项重要改革任务。检察机关全面推进案件管理机制改革以来，案件管理部门职责也在不断拓展完善。从之前"对检察机关办理的案件实行统一受理、流程监控、案后评查、统计分析、信息查询、综合考评"，逐渐发展为"对检察机关办理的案件实行统一受理、流程监控、质量评查、统计分析、信息查询、业务考评、案件信息公开、涉案财物管理、业务信息化需求统筹"等多项职能，且有具体的相关规定。如果在本条中全面表述，无疑是重复现有规定，而且与其他条文体例不相符，多数内容不属于行政诉讼监督范畴。因此，只规定了案件管理部门职责中与行政诉讼监督程序、流程等密切相关的内容，即"对行政诉讼监督案件的受理、期限、程序、质量等"实施监督管理。

第一百一十七条

负责案件管理的部门对以本院名义制发行政诉讼监督法律文书实施监督管理。

【条文主旨】

本条是关于案件管理部门对法律文书实施监督管理的规定。

【条文释义】

本条是《规则》新增加的内容。案件文书是司法办案活动重要节点的反映和体现。加强对司法办案活动的监督管理,一个很重要的内容就是加强对案件文书的监督管理。《最高人民检察院关于成立最高人民检察院案件管理办公室的通知》明确指出,负责案件管理的部门统一负责以最高人民检察院名义制发的案件文书的监管。从实践看,负责案件管理的部门已经普遍承担起对本院法律文书的管理工作。

第一百一十八条

负责案件管理的部门发现本院办案活动有下列情形之一的,应当及时提出纠正意见:

(一)法律文书制作、使用不符合法律和有关规定的;

(二)违反办案期限有关规定的;

(三)侵害当事人、委托代理人诉讼权利的;

(四)未依法对行政诉讼活动中的违法行为履行法律监督职责的;

(五)其他应当提出纠正意见的情形。

情节轻微的,可以口头提示;情节较重的,应当发送《案件流程监控通知书》,提示办案部门及时查明情况并予以纠正;情节严重的,应当同时向检察长报告。

负责行政检察的部门收到《案件流程监控通知书》后,应当在十日内将核查情况书面回复负责案件管理的部门。

【条文主旨】

本条是关于案件管理部门对行政诉讼监督案件办理活动的监督情形和程序的规定。

【条文释义】

本条是《规则》新增加的内容。对人民检察院受理或者办理的案件，负责案件管理的部门应当依照法律规定和相关司法解释、规范性文件等，对办案活动是否合法、规范、及时、完备等进行及时的监督、提示、防控。

第一款第一项明确，负责案件管理的部门对法律文书制作、使用负有监督管理职能。《人民检察院案件流程监控工作规定（试行）》（高检发案管字〔2016〕3号）第八条规定，"在文书制作、使用方面，应当重点监督、审查下列内容：（一）文书名称、类型、文号、格式、文字、数字等是否规范；（二）应当制作的文书是否制作；（三）是否违反规定开具、使用、处理空白文书；（四）是否依照规定程序审批；（五）是否违反规定在统一业务应用系统外制作文书；（六）对文书样式中的提示性语言是否删除、修改；（七）在统一业务应用系统中制作的文书是否依照规定使用印章、打印、送达；（八）是否存在其他不规范制作、使用文书的情形。"

第一款第二项明确，负责案件管理的部门对办案期限承担监督管理职能。《人民检察院案件流程监控工作规定（试行）》第九条规定，"在办案期限方面，应当重点监督、审查下列内容：（一）是否超过法定办案期限仍未办结案件；（二）中止、延长、重新计算办案期限是否依照规定办理审批手续；（三）是否依法就变更办案期限告知相关诉讼参与人；（四）是否存在其他违反办案期限规定的情形。"

第一款第三项明确，负责案件管理的部门对侵害当事人、委托代理人诉讼权利的行为负有监督管理职能。《人民检察院案件流程监控工作规定（试行）》第十条规定，"在诉讼权利保障方面，应当重点监督、审查下列内容：（一）是否依法告知当事人相关诉讼权利义务；（二）是否依法答复当事人、辩护人、诉讼代理人；（三）是否依法听取辩护人、被害人及其诉讼代理人意见；（四）是否依法向诉讼参与人送达法律文书；（五）是否依法、及时告知辩护人、诉讼代理人重大程序性决定；（六）是否依照规定保障律师行使知情权、会见权、阅卷权、申请收集调取证据权等执业权利；（七）是否依法保证当事人获得法律援助；（八）对未成年人刑事案件是否依法落实特殊程序规定；（九）是否依照规定办理其他诉讼权利保障事项。"

第一款第四项明确，负责案件管理的部门对"未依法对行政诉讼活动中的违法行为履行法律监督职责"的行为负有监督管理职能。检察机关作为国家的法律监督机关，依法对行政诉讼活动实行法律监督。负责案件管理的部门是检察机关内部对司法办案活动专司监督管理职责的部门,如果在工作中发现办案部门未依法履职,可以对其提醒督促,以提高检察机关法律监督的合力。

第一款第五项是兜底性规定,负责案件管理的部门对于办案部门或者办案人员有其他违法办理案件的情形的,可以提出纠正意见。这一规定顺应了司法实践需要,能够适应不同的情形。

第二款规定了负责案件管理的部门进行监督纠正的方式方法。负责案件管理的部门发现办案部门或者办案人员违法办案的,应当及时履行监督管理职责。监督纠正的方式方法有多种,可以进行口头纠正,也可以向办案部门发送《案件流程监控通知书》,必要时还可以与部门负责人沟通、向检察长报告等。但在实践中,负责案件管理的部门既要敢于监督管理,又要善于监督管理,要善于运用不同的方式方法履行职责,特别是要善于根据不同的具体情况,选择运用他人容易接受的方式、能够达到最佳效果的方式方法来实施监督管理,不能机械、僵化。比如,对于违法办案情节轻微的,可以通过口头提示的方式进行,不必一律发正式的书面监控通知书;对于违法办案情节较重或者多次违反办案规范的,应当书面纠正;情节严重的,在书面敦促纠正的同时,还应当向检察长报告,以便院领导及时掌握情况,更好地实现对司法办案活动的监督管理。

第三款明确了行政检察部门的义务。结合实际,规定行政检察部门的核查情况回复时间为十日。

第九章　其他规定

本章共十六条，与2016年《行政诉讼监督规则》相比增加十三条。本次修订，在总结地方检察机关实践经验、吸纳中央有关部门意见的基础上，完善类案监督，加强跟进监督和接续监督，建立完善专项监督，建立行政诉讼年度报告和专题分析制度。同时，提炼行政争议实质性化解专项活动经验，建立完善了司法救助制度。

第一百一十九条

人民检察院发现人民法院在多起同一类行政案件中有下列情形之一的，可以提出检察建议：

（一）同类问题适用法律不一致的；

（二）适用法律存在同类错误的；

（三）其他同类违法行为。

人民检察院发现有关单位的工作制度、管理方法、工作程序违法或者不当，需要改正、改进的，可以提出检察建议。

【条文主旨】

本条是关于人民检察院对人民法院的类案监督和对有关单位提出检察建议的规定。

【条文释义】

本条是《规则》新增加的内容。

本条共两款。第一款是关于对人民法院的类案监督的规定。行政诉讼类案监督，是指检察机关办理行政诉讼监督案件中，对发现的同类问题进行分析研究并提出监督意见的监督模式。类案监督可以突破个案监督的局限，打破就案论案的单一模式，有利于发现、解决带有共性、普遍性的问题以及机制、体制问题。根据本款规定制发的检察建议属于类案的纠正违法检察建议。

第二款是对有关单位提出检察建议的规定，该款规定的检察建议属于社会治理检察建议。检察机关参与社会治理是检察机关围绕中心、服务大局的重要渠道，也是履行法律监督职能的重要手段。检察机关在办案工作中发现相关单位和部门的规章制度、管理方法、工作程序违法或不当，提出改进工作、完善治理的检察建议，是检察机关推动国家治理体系和治理能力现代化的重要方式。

【实务指南】

1. 提出类案监督检察建议的主体不限于办理案件的人民检察院。实践中，人民检察院发现同级人民法院存在本条第一款规定的情形，可以向同级法院提出类案监督检察建议；如由上级人民检察院向上级人民法院提出检察建议更为适宜的，可以报请上级人民检察院提出一个检察建议。上级人民检察院发现辖区范围内人民法院在多起同一类行政案件中存在可以提出类案检察建议，且辖区内基层人民检察院尚未就该问题向基层人民法院提出类案检察建议的，上级人民检察院可以向同级人民法院提出类案监督检察建议。

2. 本条第二款规定的有关单位，包括人民法院、被诉行政机关、与办理本案存在关联的其他单位。

第一百二十条

人民检察院依照有关规定提出改进工作、完善治理的检察建议，对同类违法情形，应当制发一份检察建议。

【条文主旨】

本条是关于检察建议数量的规定。

【条文释义】

本条是《规则》新增加的内容。

人民检察院应当注重检察建议质量，避免盲目追求数量。为杜绝滥发检察建议损害检察权威，《规则》增加本条规定，明确对同类违法情形，应当制发一份检察建议。这是落实精准监督理念的具体体现。改进工作、完善治理的检察建议往往用于解决特定地区、特定时期或特定群体的问题，如检察机关发现有关单位在工作制度、管理领域等存在具有普遍性的问题，制发一份检察建议有利于节约司法资源、提高监督效率。

第一百二十一条

人民检察院办理行政诉讼监督案件,可以对行政诉讼监督情况进行年度或者专题分析,向人民法院、行政机关通报,向党委、人大报告。通报、报告包括以下内容:

(一)审判机关、行政机关存在的普遍性问题和突出问题;

(二)审判机关、行政机关存在的苗头性、倾向性问题或者某方面问题的特点和趋势;

(三)促进依法行政、公正司法的意见和建议;

(四)认为需要通报、报告的其他情形。

【条文主旨】

本条是关于制发行政诉讼监督年度报告或者专题报告的规定。

【条文释义】

本条是《规则》新增加的内容。

实践中,一些地方检察院探索每年对办理的行政诉讼监督案件进行量化分析,发现行政审判和行政执法存在的痛点问题,有针对性地提出建设性意见,形成行政诉讼监督年度报告,引起人民法院和行政机关的高度重视,成为行政诉讼监督的新方式。为提升行政诉讼监督的全面性、综合性和系统性,在总结地方检察院探索做法的基础上,本条规定建立行政诉讼监督年度或者专题分析制度。对行政诉讼监督的年度或专题分析,体现了检察机关当好党委政府的法治参谋,促进法治政府建设,促进法院公正司法中的作用和地位,是检察机关参与社会治理,促进国家治理体系和治理能力现代化的重要体现。

【实务指南】

行政诉讼监督报告制度,既可以年度整体报告,也可以就某个专题进行分析,通报的对象包括人民法院和行政机关,报告的对象是党委和人大。行政诉讼监督年度报告的基本要素包括:审判机关、行政机关存在的普遍性问题和突出问题;审判机关、行政机关存在的苗头性、倾向性问题或者某方面问题的特点和趋势;促进依法行政、公正司法的意见和建议;认为需要通报、报告的其他情形。专题分析相对灵活，根据实际情况选择适用，可以针对行政机关在某领域的行政执法工作中的问题开展分析，也可以针对法院在某类行政诉讼中的问题开展分析。

第一百二十二条

人民检察院可以针对行政诉讼监督中的普遍性问题或者突出问题，组织开展专项监督活动。

【条文主旨】

本条是关于组织开展专项监督活动的规定。

【条文释义】

本条是《规则》新增加的内容。

在修订过程中，有的部门提出，基于完善监督方式，强化监督职责，加强类案监督，深化监督作用，促进解决行政诉讼中存在的共性问题的考虑，建议增加专项监督的制度设计，规定人民检察院可根据依申请监督和依职权监督的工作情况，有针对性组织开展某一领域或者某一方面的专项监督工作。经研究，予以采纳。开展行政诉讼监督专项活动，是检察机关坚持抓系统、系统抓，集中时间集中力量推进工作的重要方法。在不同阶段，围绕党和国家工作大局，及时针对行政诉讼监督中普遍性问题或突出问题，在全国范围内开展专项监督活动，充分贯彻党中央决策部署和最高人民检察院的工作要求。专项监督活动一直以来都是人民检察院依职权开展行政诉讼监督的一种方式，本次修订规则对此予以明确，为今后开展专项监督活动提供了明确的规范依据。

【实务指南】

组织专项监督活动要针对人民群众反映强烈的突出问题，回应社会公众对公平正义的新期待。最高人民检察院有权在全国范围内组织开展专项监督活动。各地人民检察院根据监督工作需要，可在辖区内开展专项监督活动。专项监督活动具有期限性，开展时应当确立起止日期；结束后需要评估、总结，切实解决某类普遍性问题或突出问题。

第一百二十三条

人民检察院负责行政检察的部门在履行职责过程中，发现涉嫌违纪违法犯罪以及需要追究司法责任的行为，经检察长批准，应当及时将相关线索及材料移送有管辖权的机关或者部门。

人民检察院其他职能部门在履行职责中发现符合本规则规定的应当依职权监督的行政诉讼监督案件线索，应当及时向负责行政检察的部门通报。

【条文主旨】

本条是关于案件线索移送的规定。

【条文释义】

本条在2016年《行政诉讼监督规则》第三十五条规定基础上，作了两处修改：（1）细化违纪违法犯罪线索类型和移送的机关。在办理行政诉讼监督案件中，既可能发现涉嫌违法犯罪行为的线索，也可能发现应当追究司法责任及涉嫌违纪的线索，发现后要及时移送有管辖权的单位或者部门。（2）将人民检察院其他职能部门履行职责中发现的线索表述为行政诉讼监督案件线索，扩大依职权监督的来源。

【实务指南】

关于涉嫌违纪违法犯罪以及需要追究司法责任的主体。行政检察部门在履行职责中发现人民法院、行政机关、检察机关以及其他部门、单位人员的违纪违法犯罪线索，适用本条规定处理。需要追究司法责任的主体是指独立办案的法官和检察官。

第一百二十四条

人民法院对行政诉讼监督案件作出再审判决、裁定或者其他处理决定后，提出监督意见的人民检察院应当对处理结果进行审查，并填写《行政诉讼监督案件处理结果审查登记表》。

【条文主旨】

本条是关于监督结果审查的规定。

【条文释义】

本条是《规则》新增加的内容。本次修订，沿用2013年《民事诉讼监督规则》第一百一十六条的规定。

人民检察院办理行政诉讼监督案件提出监督意见的，应当审查有关单位对监督意见的处理结果是否正确。同时，要填写《行政诉讼监督案件处理结果审查登记表》，完成监督工作的案件管理。

第一百二十五条

有下列情形之一的，人民检察院可以依照有关规定跟进监督或者提请上级人民检察院监督：

（一）人民法院审理行政抗诉案件作出的判决、裁定、调解书仍符合抗诉条件且存在明显错误的；

（二）人民法院、行政机关对人民检察院提出的检察建议未在规定的期限内作出处理并书面回复的；

（三）人民法院、行政机关对检察建议的处理错误的。

【条文主旨】

本条是关于跟进监督与接续监督的规定。

【条文释义】

本条是《规则》新增加的内容。本次修订，在2013年《民事诉讼监督规则》第一百一十七条规定的基础上，将行政机关对检察建议未在规定的期限内作出处理并书面回复，或者行政机关对检察建议的处理错误的情形，纳入跟进监督和接续监督的范围。

人民检察院提出抗诉后，人民法院经过再审作出判决、裁定、调解书，属于再审裁判，当事人不能再次申请监督，但如果再审裁判仍符合抗诉条件且明显错误的，人民检察院应跟进监督，按照《规则》第三十六条第一款的规定启动依职权监督程序。人民法院、行政机关对人民检察院提出的检察建议未在规定期限内作出处理并书面回复，或者处理错误的，人民检察院也应跟进监督。《中共中央办公厅关于深化司法责任制综合配套改革的意见》第十四条要求"健全上下级检察机关接续监督机制，对于同级监督未能纠正的问题，上级检察机关要接续进行监督"。对于上述情形，人民检察院可以提请上一级人民检察院向同级人民法院或者被监督行政机关的上级机关提出监督意见，以接续监督保障监督效果。

【实务指南】

1. 人民法院审理行政抗诉案件作出的判决、裁定、调解书，需要进一步监督的条件是仍符合抗诉条件且存在明显错误。这里的明显错误包括事实认定明显错误和法律适用明显错误。所谓明显，就是显而易见，不存在合理争议和认识分歧的错误。同时，还需要符合抗诉的条件。如果裁判是接受抗诉的人民法院将案件交下一级人民法院作出的，仍符合抗诉条件且明显错误的，由原抗诉人民检察院再次提出抗诉。如果裁判是接受抗诉的人民法院作出的裁判，仍符合抗诉条件且明显错误的，由提出抗诉的人民检察院的上一级人民检察院提出抗诉。

2. 关于针对人民法院、行政机关对人民检察院提出的检察建议未在规定期限内作出处理并书面回复的，或者处理错误的，人民检察跟进监督的方式。根据《人民检察院检察建议工作规定》第二十五条规定，被建议单位在规定期限内经督促无正当理由不予整改或者整改不到位的，经检察长决定，可以将相关情况报告上级人民检察院，通报被建议单位的上级机关、行政主管部门或者行业组织等，必要时可以报告同级党委、人大，通报同级政府、纪检监察机关。

3. 针对人民法院审理抗诉案件作出的裁判、调解书仍需要提出抗诉的，按照本《规则》规定的抗诉程序办理。针对检察建议的跟进监督，根据《人民检察院检察建议工作规定》的规定，应当报检察长决定。

第一百二十六条

地方各级人民检察院对适用法律确属疑难、复杂，本院难以决断的重大行政诉讼监督案件，可以向上一级人民检察院请示。

请示案件依照最高人民检察院关于办理下级人民检察院请示件、下级人民检察院向最高人民检察院报送公文的相关规定办理。

【条文主旨】

本条是关于向上一级人民检察院请示的规定。

【条文释义】

本条是《规则》新增加的内容。本次修订，沿用 2013 年《民事诉讼监督规则》第一百一十八条的规定。

本条规定了下级人民检察院请示案件的条件及程序。关于请示案件，最高人民检察院制定了《关于下级检察院向最高人民检察院报送公文的规定》和《最高人民检察院办理下级人民检察院请示件的暂行规定》，下级人民检察院请示案件应当依照上述文件办理。依照相关规定，请示案件应当符合以下条件：（1）事实清楚、证据确凿，但法律适用确属疑难、复杂，难以决断的案件；（2）案件经过本级人民检察院检察委员会讨论；（3）有争议的案件应当写清争议焦点和具体分歧意见，并写明检察委员会多数委员的意见；（4）有检察长的明确意见；（5）附全部案件材料及检察委员会讨论记录；（6）请示文件应当加盖院章。

【实务指南】

1. 请示案件应当逐级进行，除省级人民检察院的请示外，最高人民检察院原则上不办理其他各级人民检察院直接向最高人民检察院的请示。

2. 案件请示限于法律适用问题，不包括事实认定及案件如何处理等问题。比如提请抗诉属于作出生效裁判的人民法院的同级人民检察院的职能，地方各级人民检察院不得针对案件是否应当提请抗诉，向上一级人民检察院请示。

3. 请示件应当以省级人民检察院名义向最高人民检察院请示，省级人民检察院各内设机构、部门不得向最高人民检察院请示，其他各级人民检察院以此类推；请示件的标题内应标明"请示"，不得以"报告"等形式请示事项或在"报告"中夹带请示事项；请示的主送机关只列"最高人民检察院"，请示件需送其他机关的用抄送形式，但不能抄送最高人民检察院各内设机构；请示应当一文一事。请示件应一式五份。

4. 上一级人民检察院对请示案件，应当在规定的办案期限内办结并以正式公文进行答复。未规定办案期限的，应当在一个月内办理完毕；需要延长办理期限的，应当经检察长批准。

第一百二十七条

人民检察院发现作出的相关决定确有错误或者有其他情形需要撤回、变更的，应当经检察长批准或者检察委员会决定。

【条文主旨】

本条是关于撤回或者变更监督意见的规定。

【条文释义】

本条是《规则》新增加的内容。本次修订，在2013年《民事诉讼监督规则》第一百一十四条规定的基础上，进行了文字修改。

本条规定了撤回和变更人民检察院作出的相关决定的程序。"确有错误"主要指提出的监督意见或作出不支持监督决定违反法律规定，或者存在明显不当情形；"其他情形"主要指抗诉后出现新情况，需要撤回抗诉的情形。比如，人民检察院向法院提出抗诉后，与法院共同开展行政争议实质性化解工作，再审开庭审理前，行政争议得到实质性化解的，人民检察院可以撤回抗诉。在程序上，应当经本院检察长批准或检察委员会决定。

第一百二十八条

人民法院对人民检察院监督行为提出书面异议的，人民检察院应当在规定期限内将处理结果书面回复人民法院。人民法院对回复意见仍有异议，并通过上一级人民法院向上一级人民检察院提出的，上一级人民检察院认为人民法院异议正确，应当要求下级人民检察院及时纠正。

【条文主旨】

本条是关于人民法院异议的处理程序的规定。

【条文释义】

本次修订，在2016年《行政诉讼监督规则》第三十三条规定的基础上作了两处修改。（1）吸收《人民检察院检察建议工作规定》第二十三条关于检察建议的异议复核程序的相关规定，将人民法院对人民检察院监督行为提出书面建议表述为书面异议。（2）将人民检察院书面回复人民法院异议的时间由"一个月"修改为"规定期限"。《最高人民法院、最高人民检察院关于对

《人民检察院行政诉讼监督规则》理解与适用

民事审判活动与行政诉讼实行法律监督的若干意见（试行）》第十五条规定，人民法院发现检察监督行为违反法律或者检察纪律的，可以向人民检察院提出书面建议，人民检察院应当在一个月内将处理结果书面回复人民法院。而《最高人民法院、最高人民检察院关于民事执行活动法律监督若干问题的规定》第十七条规定，"人民法院认为检察监督行为违反法律规定的，可以向人民检察院提出书面建议。人民检察院应当在收到书面建议后三个月内作出处理并将处理情况书面回复人民法院"。实践中，应当根据具体案件和异议意见确定回复期限。

【实务指南】

人民法院对人民检察院的监督行为提出异议，人民检察院应当进行复核。经复核，异议成立的，应当报经检察长或者检察委员会讨论决定后，及时对检察建议书作出修改或者撤回检察建议书；异议不成立的，应当报经检察长同意后，向被建议单位说明理由。检察机关上下级之间为领导关系，上级人民检察院认为法院提出的异议成立，下级人民检察院的监督行为错误的，应当要求下级人民检察院及时纠正，下级人民检察院必须执行。

第一百二十九条

制作行政诉讼监督法律文书，应当符合规定的格式。
行政诉讼监督法律文书的格式另行制定。

【条文主旨】

本条是关于行政诉讼监督法律文书格式的规定。

【条文释义】

本条是《规则》新增加的内容。本次修订，沿用2013年《民事诉讼监督规则》第一百一十九条的规定。

最高人民检察院发布了与修订后《人民检察院行政诉讼监督规则》配套的法律文书，即《人民检察院行政诉讼监督法律文书样本（2021年版）》，并在检察业务系统2.0中予以更新。各级人民检察院制作法律文书，应当符合规定格式，确保行政诉讼监督法律文书的权威性和统一性。

第一百三十条

人民检察院可以参照《中华人民共和国行政诉讼法》《中华人民共和国民事诉讼法》有关规定发送法律文书。

【条文主旨】

本条是关于法律文书送达的规定。

【条文释义】

本条是《规则》新增加的内容。本次修订,在2013年《民事诉讼监督规则》第一百二十条规定的基础上,增加参照行政诉讼法的有关规定。

人民检察院送达法律文书,应当符合行政诉讼法第一百零一条、民事诉讼法第七章、第二十五章,《最高人民法院关于适用〈中华人民共和国行政诉讼法〉的解释》中关于送达的相关规定。对于当事人拒绝接收法律文书的,应如实记录相关情况并入卷留存。

第一百三十一条

人民检察院发现制作的法律文书存在笔误的,应当作出《补正决定书》予以补正。

【条文主旨】

本条是关于法律文书补正的规定。

【条文释义】

本条是《规则》新增加的内容。本次修订,沿用2013年《民事诉讼监督规则》第一百二十一条的规定。

"笔误"是指法律文书中出现的不影响案件事实认定、法律适用的错误。实践中,法律文书存在错误的,各地采取的补正方式也不尽相同。为了规范法律文书的制作,本条明确发现笔误的,应当以《补正决定书》的形式及时补正,确保检察法律文书的严肃性。

第一百三十二条

人民检察院办理行政诉讼监督案件，应当依照规定立卷归档。

【条文主旨】

本条是关于行政诉讼监督案件立卷的规定。

【条文释义】

本条是《规则》新增加的内容。本次修订，沿用 2013 年《民事诉讼监督规则》第一百二十二条的规定。

人民检察院办理行政诉讼监督案件，应当根据《人民检察院诉讼档案管理办法》（高检发〔2021〕5 号）、《人民检察院诉讼档案案卷格式标准》（高检办发〔2021〕3 号）的规定，建立行政诉讼监督案卷。

第一百三十三条

人民检察院办理行政诉讼监督案件，不收取案件受理费。申请复印、鉴定、审计、勘验等产生的费用由申请人直接支付给有关机构或者单位，人民检察院不得代收代付。

【条文主旨】

本条是关于案件受理费和相关费用的规定。

【条文释义】

本条是《规则》新增加的内容。本次修订，沿用 2013 年《民事诉讼监督规则》第一百二十三条的规定。

人民检察院办理行政诉讼监督案件是履行行政诉讼监督职能，是检察机关的法定职责。人民检察院办理行政诉讼监督案件的办案经费由国家财政保障，不应另行收取案件的受理费。对办案中当事人申请复印、鉴定、审计、勘验等产生的费用，由当事人直接向产生费用的机构或单位支付，检察院不得代收，确保人民检察院办理行政诉讼监督案件的廉洁性。

第一百三十四条

人民检察院办理行政诉讼监督案件，对于申请人诉求具有一定合理性，但通过法律途径难以解决，且生活困难的，可以依法给予司法救助。

对于未纳入国家司法救助范围或者实施国家司法救助后仍然面临生活困难的申请人，可以引导其依照相关规定申请社会救助。

【条文主旨】

本条是关于对行政相对人实施司法救助和社会救助的规定。

【条文释义】

本条是《规则》新增加的内容。

中央政法委员会、财政部、最高人民法院、最高人民检察院、公安部、司法部《关于建立完善国家司法救助制度的意见（试行）》（中政委〔2014〕3号）第二条第二款规定："涉法涉诉信访人，其诉求具有一定合理性，但通过法律途径难以解决，且生活困难，愿意接受国家司法救助后息诉息访的，可参照执行。"检察机关办理行政诉讼监督案件，对符合条件的申请人（涉法涉诉信访人）实行司法救助，对于实质性化解行政争议，解决程序空转问题具有较好的促进作用。

社会救助是国家和社会给予年老、疾病、遭遇突发事件、丧失劳动能力或者因其他原因导致家庭收入难以满足基本生活需求的公民以物质或者其他帮助，以维持其基本生活，保障其最低生活水平的社会保障制度。行政诉讼监督案件的申请人中老弱病残人员、生活困难人员占有一定比例，对该部分人员加强人文关怀，引导其依照相关规定申请社会救助，有利于司法救助与社会救助的衔接，有利于保障其基本生活。

第十章 附 则

本章共三条，与2016年《行政诉讼监督规则》相比，增加一条关于检察建议的引致条文。

第一百三十五条

人民检察院办理行政诉讼监督案件，本规则没有规定的，适用《人民检察院民事诉讼监督规则》的相关规定。

【条文主旨】

本条是关于适用《民事诉讼监督规则》的规定。

【条文释义】

本条沿用2016年《行政诉讼监督规则》第三十六条的规定。行政诉讼法第一百零一条规定，"人民法院审理行政案件，关于期间、送达、财产保全、开庭审理、调解、中止诉讼、终结诉讼、简易程序、执行等，以及人民检察院对行政案件受理、审理、裁判、执行的监督，本法没有规定的，适用《中华人民共和国民事诉讼法》的相关规定"。根据这一规定，对于行政诉讼法中未予明确规定但民事诉讼法作出了具体规定的诉讼制度，只要符合行政诉讼监督性质的，都可以适用于人民检察院对行政案件受理、审理、裁判、执行的监督。

【实务指南】

行政诉讼具有自身的特殊任务和鲜明特点，在立法宗旨、诉讼当事人、举证责任和审判方式等诸多方面与民事诉讼都有很大差别。相应地，行政诉讼监督也具有诸多不同于民事诉讼监督的目标任务与特殊要求。《规则》是最高人民检察院明确"四大检察""十大业务"工作格局后，为更好地规范、指导行政诉讼监督工作通过的一部重要的司法解释，对全面深化行政检察监督将起到重要作用。本次修订采取了制定单独且体例完整的《规则》的方式，基本涵盖了办理行政诉讼监督案件涉及的全部具体程序规范，充分体现了行政诉讼监督的规律和特点，为办理行政诉讼监督案件提供了明确的规范指引，因此实践中适用《人民检察院民事诉讼监督规则》（高检发释字〔2021〕1号）的空间非常有限。

《最高人民检察院关于做好〈人民检察院行政诉讼监督规则〉施行衔接工作的通知》（高检发办字〔2021〕61号）第六条规定，"《人民检察院行政诉讼监督规则》第三十六条第一款第四项规定，人民检察院在履行职责中发现人民检察院作出的不支持监督申请决定确有错误的，应当依职权监督。《人民检察院民事诉讼监督规则》第一百二十六条关于复查程序的规定不适用于行政诉讼监督案件的受理、办理。"

第一百三十六条

人民检察院办理行政诉讼监督案件，向有关单位和部门提出检察建议，本规则没有规定的，适用《人民检察院检察建议工作规定》的相关规定。

【条文主旨】

本条是关于适用《人民检察院检察建议工作规定》的规定。

【条文释义】

本条是《规则》新增加的内容。

《人民检察院检察建议工作规定》第一条规定，"为了进一步加强和规范检察建议工作，确保检察建议的质量和效果，充分发挥检察建议的作用，根据《中华人民共和国人民检察院组织法》等法律规定，结合检察工作实际，制定本规定"。本《规则》对再审检察建议、审判程序监督检察建议、执行监督检察建议作了较完备的规定。对于同步穿透式监督，向行政机关提出纠正违法或社会治理检察建议，本《规则》仅在第一百一十九条第二款、第一百二十条等少数条文有所涉及，很不完备，因此，本条增加引致适用《人民检察院检察建议工作规定》的规定。比如，《人民检察院检察建议工作规定》第九条第三项规定，人民检察院办理行政诉讼监督案件或者执行监督案件，发现行政机关违反法律规定、可能影响人民法院公正审理和执行的行为的，可以向有关执法机关提出纠正违法检察建议；第十一条规定，人民检察院在办理案件中发现社会治理工作存在违法犯罪隐患、管理监督漏洞、风险防控问题等情形,可以提出改进工作、完善治理的检察建议。对于检察建议的决定、备案、异议复核等程序,本《规则》没有规定的,适用《人民检察院检察建议工作规定》的相关规定。

第一百三十七条

本规则自 2021 年 9 月 1 日起施行,《人民检察院行政诉讼监督规则（试行）》同时废止。本院之前公布的其他规定与本规则内容不一致的,以本规则为准。

【条文主旨】

本条是关于施行时间的规定。

【条文释义】

本条在 2016 年《行政诉讼监督规则》第三十七条的基础上作了修改。一是修订后《规则》的生效时间,明确自 2021 年 9 月 1 日起施行。二是关于修订后《规则》的效力。最高人民检察院之前公布的其他规定与本规则内容不一致的,以本规则为准。本院之前公布的其他规定包括:（1）本院之前公布的其他有关行政诉讼监督的规定。比如,近年来推进司法体制和工作机制改革过程中相继颁布的涉及行政检察领域的有关改革文件,主要包括《最高人民法院、最高人民检察院、公安部、国家安全部、司法部关于对司法工作人员在诉讼活动中的渎职行为加强法律监督的若干规定（试行）》《最高人民法院、最高人民检察院关于对民事审判活动与行政诉讼实行法律监督的若干意见（试行）》和《最高人民法院、最高人民检察院关于民事执行活动法律监督若干问题的规定》等。在执行本《规则》过程中,应注意与以上司改文件的衔接工作。（2）本院之前公布的其他专门规定。

附　　录

《人民检察院行政诉讼监督规则》
的理解与适用[*]

张相军[**]　张步洪[***]　马　睿[****]

修订后的《人民检察院行政诉讼监督规则》(以下简称《行政诉讼监督规则》)经2021年4月8日最高人民检察院第十三届检察委员会第六十五次会议审议通过，于9月1日正式施行。《行政诉讼监督规则》系统规定了检察机关履行行政诉讼监督职责的各项程序，是检察机关对行政诉讼实施法律监督的基本遵循。学习掌握并贯彻执行好《行政诉讼监督规则》，是各级检察机关和检察人员的一项重要任务。为便于正确理解和适用，现就修订的背景过程、基本原则、主要内容等解读如下。

一、修订的背景过程

随着中国特色社会主义进入新时代，人民群众对民主、法治、公平、正义的需求在行政检察工作中越来越多地得到体现，推进国家治理体系和治理

---

[*]　本文原载于《人民检察》2021年第10期。
[**]　最高人民检察院第七检察厅厅长。
[***]　最高人民检察院第七检察厅副厅长。
[****]　最高人民检察院第七检察厅二级检察官助理。

能力现代化对行政检察工作提出新的更高要求，政法领域全面深化改革对行政检察工作有新的部署，最高检党组关于"四大检察""十大业务"全面协调充分发展的重大部署对做实行政检察提出新的课题，行政检察工作面临不少新形势新任务。2016年最高检发布的《人民检察院行政诉讼监督规则（试行）》（已失效，以下简称《行政诉讼监督规则（试行）》）对于检察机关正确贯彻落实2014年修改的行政诉讼法，规范和加强行政诉讼监督，提高行政检察工作的质量和水平发挥了重要作用。但《行政诉讼监督规则（试行）》已不能完全适应相继出现的新情况新问题，各地检察机关建议修订完善的呼声越来越高。《中共中央办公厅关于深化司法责任制综合配套改革的意见》、最高检《2018—2022年检察改革工作规划》均将修订《行政诉讼监督规则（试行）》列为一项重要的改革任务，中央第四巡视组反馈意见的整改方案对此也提出明确要求。修订工作自2019年启动，历时两年多，在广泛征求和充分吸纳地方检察机关及最高检机关各部门意见，召开专家论证会广泛听取专家学者意见，多次征求全国人大常委会法工委、最高人民法院、司法部、自然资源部等机关意见的基础上，《行政诉讼监督规则》经最高检检察委员会审议通过。

二、修订的基本原则

本次修订坚持以习近平新时代中国特色社会主义思想为指引，深入贯彻习近平法治思想，既严格遵循司法解释的功能定位，又坚持问题导向，力争使规则条文具有较强的系统性、针对性和可操作性。修订工作主要把握四项基本原则。

（一）坚持以人民为中心，回应人民群众对行政检察工作的新需求

新时代人民群众对民主、法治、公平、正义、安全、环境等方面的新需求在行政检察工作中日益凸显。一是行政诉讼监督案件量持续上升。2017年到2020年，检察机关受理的行政裁判结果监督案件、行政审判人员违法行为监督案件、行政执行监督案件均呈逐年上升态势，反映出人民群众对检察机关加强行政诉讼监督工作有越来越多的需求。二是行政诉讼监督案件类型多样。行政诉讼所涉行政行为涵盖社会生活的方方面面，随着经济社会快速发展，行政机关的管理方式和手段愈加多元，除行政处罚、行政强制、行政许可、行政履职、行政给付等引起的诉讼之外，因行政协议等新型管理方式引起的诉讼越来越多地进入检察监督环节。三是行政案件矛盾集中、争议解决难。一些行政案件反复纠缠于是否符合起诉、立案条件，经过行政复议和法

院一审、二审、再审程序，有的甚至发回重审，几年甚至十几年仍未进入实体审理程序。

为确保向人民群众提供更优的行政检察产品，本次修订坚持以人民为中心的发展思想，积极顺应人民群众对行政诉讼监督工作的新要求，以充分发挥行政检察职能，推动解决人民群众的操心事、烦心事、揪心事。

（二）建立独立的行政检察监督规则体系

我国行政诉讼制度脱胎于民事诉讼制度，不少行政诉讼程序可以适用民事诉讼法的规定。但行政诉讼具有自身的特殊任务和鲜明特点，在立法宗旨、诉讼当事人、举证责任和审判方式等诸多方面与民事诉讼有很大差别。"四大检察"法律监督总体布局形成后，做实行政检察工作需要有独立的行政检察监督规则体系作支撑。检察机关行政诉讼监督规则体系的发展大致经历三个时期：一是民行合一适用时期。2001年9月30日最高检第九届检察委员会第九十七次会议通过《人民检察院民事行政抗诉案件办案规则》（已失效），并于发布之日起施行。这一时期没有独立的行政诉讼监督规则，民事行政办案适用同一规则，对行政诉讼监督的规律和特点缺乏应有的关照。二是行政诉讼监督规则相对独立时期。2016年4月15日，最高检发布《行政诉讼监督规则（试行）》。自此，行政诉讼监督有了相对独立的规则依据。此前，最高检于2013年11月发布《人民检察院民事诉讼监督规则（试行）》（已失效）。2016年以来，民事诉讼监督和行政诉讼监督各自有了相对独立的监督规则，但行政诉讼监督规则只有三十七条，对一些具体程序问题未作规定，而是在《行政诉讼监督规则（试行）》第三十六条规定可以"适用《人民检察院民事诉讼监督规则（试行）》的相关规定"。采用这种模式，主要是参照了行政诉讼法关于行政诉讼可以适用民事诉讼法的立法模式。但在司法实践中，对于《人民检察院民事诉讼监督规则（试行）》中哪些条文可以适用，哪些条文完全不能适用，哪些条文可以部分适用，产生了很多争议。此外，对于行政诉讼监督法律文书中引用《人民检察院民事诉讼监督规则（试行）》有关规定，一些案件当事人认为检察机关适用法律错误，为此，还需要专门向当事人进行释明。三是建立独立的行政检察监督规则体系时期。《行政诉讼监督规则》是最高检明确"四大检察""十大业务"工作格局后，为更好规范、指导行政诉讼监督工作通过的一部重要的司法解释，对全面深化行政检察监督将起到重要作用。本次修订采取了制定单独且体例完整的行政诉讼监督规则的方式，基本涵盖了办理行政诉讼监督案件涉及的全部具体程序规范，充分体现了行政诉讼监督的规律和特点，为办理行政诉讼监督案件提供了明确的规范指引。

（三）落实新时代检察监督新理念

2018年以来，最高检党组坚持以习近平新时代中国特色社会主义思想为指导，深入贯彻习近平法治思想，适应新时代新要求，提出了"为大局服务、为人民司法""在办案中监督、在监督中办案""精准监督""智慧借助""双赢多赢共赢""案结事了政和"等一系列检察监督新理念，各级检察机关行政检察部门在行政检察实践中也创造性地探索提出并实践了穿透式监督理念。《行政诉讼监督规则》总结提炼行政检察新的实践经验，就更好贯彻落实检察监督新理念作了针对性规定，使检察监督理念不仅内化于心、外践于行，更固化于制。

第一，针对检察机关主动性发挥不够，依职权监督案件数量较少的问题，进一步贯彻在"办案中监督、在监督中办案"的理念，修改依职权监督条件。为进一步发挥检察机关主动性，《行政诉讼监督规则》第三十六条增加了"依照有关规定需要人民检察院跟进监督的；人民检察院作出的不支持监督申请决定确有错误的"两种依职权监督情形，同时规定检察机关对行政案件依职权监督，不受当事人是否申请再审的限制。

第二，针对抗诉改变率低、行政检察影响力弱的问题，进一步强化精准监督。实践中，有的行政检察办案人员存在畏难情绪，人为提升抗诉必要性标准；有的仅停留在书面审查和"坐堂办案"，没有针对争议焦点做好深入细致的调查核实等工作，致使监督流于形式，未发挥行政检察"一手托两家"的作用。针对这些问题，《行政诉讼监督规则》新增了听取当事人意见、公开听证、强制类案检索等办案方式，完善调卷制度，进一步明确抗诉条件，提升监督精准度。

第三，针对缺乏跟进监督手段和异议反馈机制的问题，进一步从制度上落实"双赢多赢共赢"理念。比如，检察机关向被建议单位提出检察建议，被建议机关未按时回复或者未采纳，以往参照适用《人民检察院民事诉讼监督规则（试行）》第一百一十七条的规定。同时，实践中也存在检察建议不准确的问题，当被建议单位对检察建议有异议时，没有规定相应的处理程序。对此，《行政诉讼监督规则》对行政诉讼案件跟进监督的条件、程序予以明确，并新增了被建议单位异议程序等规定。

第四，针对行政检察队伍监督水平有待提高的问题，进一步体现加强智慧借助的导向。行政检察起步晚、基础薄，全国行政检察人员中有行政执法、行政审判执行工作经验的少，加之行政检察案件多数属于行政执法、行政审判环节未能有效解决的问题，因而需要借助外脑提升监督能力和水平。近年来，最高检党组高度重视智慧借助，尤其是在民事行政检察领域，建立了民事行政专家咨询委员会，搭建了民事行政专家咨询网。与之相适应，《行政诉讼监督规则》在第五条、第四十七条、第五十条中新增听取专家意见的相关规定。

（四）固化司法改革成果和实践经验

《行政诉讼监督规则（试行）》制定于2016年。此后，随着司法责任制改革和综合配套改革不断深化，全国人大常委会分别于2018年、2019年修订了人民检察院组织法、检察官法，最高法、最高检制定发布了一些新的司法解释和司法政策，对行政诉讼监督工作提出了新要求。2018年检察机关内设机构实施重塑性改革，自最高检党组提出"做实行政检察"以来，行政检察监督不断创新发展。本次修订坚持以改革为主基调，吸收人民检察院组织法、检察官法等新规定，贯彻中央关于深化司法责任制综合配套改革、人民监督员制度改革的意见要求，总结行政非诉执行监督和实质性化解行政争议等专项活动经验，作出了新的规定。比如，2019年最高检发布的《人民检察院办案活动接受人民监督员监督的规定》规定："人民检察院的办案活动依照法律和本规定接受人民监督员的监督。"《行政诉讼监督规则》新增接受人民监督员监督等规定，回应了"谁来监督监督者"的问题。

三、修订的主要内容

《行政诉讼监督规则》共十章一百三十七条，与《行政诉讼监督规则（试行）》七章三十七条相比，新增"回避""案件管理"两章，将原第五章"对审判程序中审判人员违法行为的监督与对执行活动的监督"分立为两章，主要围绕七个方面作了修订。

（一）畅通司法救济渠道，保障当事人的程序权利

第一，修改监督期限起算点。根据法律规定，当事人不服法院生效行政判决、裁定，应当先向法院申请再审，法院作出驳回再审申请裁定或者逾期未作出裁定，是当事人申请检察机关监督的前置条件。实践中，法院作出驳回再审申请裁定与实际送达常常存在时间差，有的甚至超过六个月才送达。如果按照裁定书中载明的时间计算申请监督期限，不利于保障当事人的合法权利。为更好地保障当事人获得检察救济的权利，《行政诉讼监督规则》将申

请监督期限的起算点由"作出驳回再审申请裁定之日"修改为"送达驳回再审申请裁定之日"。

第二,科学界定检察办案期限。在坚持"行政诉讼监督案件应当在三个月内审查终结并作出决定"规定的同时,《行政诉讼监督规则》进一步明确了不计入审查期限、延长审查期限的情形。同时,对符合中止审查条件的案件,要求详细说明理由,并向当事人发送《中止审查决定书》,在中止审查的原因消除后,应当及时恢复审查,以防止无故拖延办案时限。

第三,规范行政检察听证程序。公开听证是检察机关为广泛听取各方意见,深化检务公开,自觉接受监督,确保案件得到依法正确处理而采取的一种办案方式。近年来,公开听证在办理行政诉讼监督案件过程中得到广泛运用,尤其是在促进行政争议实质性化解方面发挥了重要作用。《行政诉讼监督规则》在第四章"审查"一章中单设一节,用九个条文专门规定听证程序,在与《人民检察院审查案件听证工作规定》保持一致的基础上,结合行政诉讼监督案件的特点,对听证程序作了更具体明确的规定。

第四,扩大依职权监督的范围。《行政诉讼监督规则》新增两类依职权监督案件的情形。一是依照有关规定需要检察机关跟进监督的。检察机关作为法律监督机关,承担着保障法律统一正确实施的重任。检察机关经过监督程序对法院违反法律规定行使行政审判权和执行权的行为提出监督意见,法院未予纠正,检察机关的监督任务就未完成,因此需要跟进监督或者提请上级检察机关监督。二是检察机关作出不支持监督申请决定确有错误的。为避免当事人在检察机关作出决定后不必要地继续寻求权利救济,同时为纠正错误留有余地,《行政诉讼监督规则》未设置复查程序,但对于不支持监督申请决定确有错误的,检察机关依职权发现后可以重新审查。

第五,调整赔偿监督案件内部分工。此前,根据最高检2010年印发的《人民检察院国家赔偿工作规定》,行政赔偿监督案件由国家赔偿工作办公室办理。考虑到法院由行政审判庭审理行政赔偿案件,检察机关内设机构改革后负责控告检察的部门与国家赔偿工作办公室合署办公且负责行政诉讼监督案件的受理,为贯彻案件受理与审查相分离的要求,《行政诉讼监督规则》第七条第二款规定,"当事人不服人民法院生效行政赔偿判决、裁定、调解书的案件,由负责行政检察的部门办理,适用本规则规定"。

(二)践行精准监督,提升办案质效

第一,建立繁简分流制度。《行政诉讼监督规则》第五条规定,"人民检察院办理行政诉讼监督案件,应当实行繁简分流,繁案精办、简案快办"。第四章"审查"一章新增一节规定了"简易案件办理"。对原一审法院适用简易程序审理的,或者案件事实清楚、法律关系简单的案件,可以适当简化审批程序和审查终结,以提高办案效率,促进形成"简案有效率、繁案有质效、办案有层次、结案有保证"的良性办案监督模式。

第二,完善调查核实制度。《行政诉讼监督规则》第四章"审查"一章新增一节规定"调查核实",进一步明确检察机关进行调查核实的适用条件,丰富调查核实内容,完善对妨碍调查核实的处置措施。比如,有"被诉行政行为及相关行政行为可能违法的""行政相对人合法权益未得到依法实现的"情形,检察机关可以调查核实;对于拒绝或者妨碍检察机关调查核实的,检察机关可以向有关单位或者其上级主管机关提出检察建议,责令纠正,必要时可以通报同级政府、监察机关;涉嫌违纪违法犯罪的,依照规定移送有关机关处理。

第三,明确智慧借助原则和方式。一是在总则中新增智慧借助原则。检察机关在办理行政诉讼监督案件中"用好外脑",建立健全专家咨询制度,是践行智慧借助理念最主要的表现形式,也是落实精准监督要求的一种实现方式。专家论证、共同研判等,既有助于提升行政诉讼监督专业化水平,也有利于提升行政诉讼监督的权威性、增强社会对检察工作的认同感。二是在"审查"一章中规定了对于事实认定、法律适用的重大疑难复杂问题,听取专家意见的具体方式。目前,最高检和绝大部分省级检察院成立了民事行政专家咨询委员会,听取专家意见比较便捷。偏远地区尤其是基层检察院难以在当地找到专家的,可以通过"检答网"寻求个案咨询或借助"民事行政检察专家咨询网"获取专家咨询意见。

第四,建立案例强制检索制度。《行政诉讼监督规则》第五十一条规定,"人民检察院办理行政诉讼监督案件,应当全面检索相关指导性案例、典型案例和关联案例,并在审查终结报告中作出说明"。建立案例强制检索制度,有利于统一司法办案尺度,提高监督质效。指导性案例、典型案例经过最高法、最高检严格筛选,具有较强的示范性、引领性;关联案例是指与在办案件具有相似性或相关性的案件。实践中,如果无法检索到指导性案例、典型案例,可以检索最高法裁判生效的案件和最高检审查终结的案件,本省(自治区、直辖市)高级法院、省检察院发布的参考性案例以及裁判生效、审查终结的案件。

第五,进一步明确行政抗诉条件。《行政诉讼监督规则》第八十二条将

"人民检察院调查取得的证据"列入新证据的范围;第八十三条围绕证据证明力及其审查判断,修改完善"认定事实的主要证据不足"的判断标准;第八十四条将"导致原判决、裁定结果确有错误"作为"适用法律、法规确有错误"的要件。

(三)落实司法责任制,完善案件办理程序

第一,确定"谁办案谁负责、谁决定谁负责"的办案程序。党中央在一系列深化司法体制改革文件中反复强调实行"谁办案谁负责、谁决定谁负责",突出检察官在司法办案中的主体地位。此次修订,既体现了中央司法责任制改革要求,也是对行政检察工作践行司法责任制改革要求成熟做法的总结提炼。在检察官、检察长、检察委员会的办案权限划分中,检察官和检察官办案组对审查认定案件事实的准确性负责,具有办案中一般事项的决定权;检察长、检察委员会负责处理、决定办案中的重大事项。

第二,完善再审检察建议程序。考虑到与《最高人民法院、最高人民检察院关于对民事审判活动与行政诉讼实行法律监督的若干意见(试行)》《最高人民检察院人民检察院民事诉讼监督规则》保持一致,体现再审检察建议的严肃性,避免再审检察建议在实践中被滥用,《行政诉讼监督规则》沿用提出再审检察建议须经检察委员会决定的规定,并增加了备案程序。

第三,明确跟进监督程序。为落实监督责任,避免"一抗了之",《行政诉讼监督规则》完善了对抗诉案件的跟进监督机制。跟进监督包括督促、审判程序违法行为监督、再次提出抗诉等方式。比如,在个别案件中,接受抗诉的法院自行再审(提审)的案件,如果所作再审判决、裁定、调解书仍符合抗诉条件且存在明显错误的,为确保抗诉案件的监督实效,维护法律权威和检察监督的严肃性,检察机关应当按照《行政诉讼监督规则》第一百二十五条的规定跟进监督或者提请上级检察院监督。

第四,完善出席抗诉案件再审法庭制度。《行政诉讼监督规则》于第五章"对生效行政判决、裁定、调解书的监督"部分新增一节"出席法庭",增加了出庭准备工作、协调法院安排人民监督员旁听再审案件等内容,细化了检察人员出席再审法庭的主要任务。比如,宣读抗诉书;对检察机关调查取得的证据予以出示和说明;经审判长许可,对证据采信、法律适用和案件情况予以说明,针对争议焦点,客观、公正、全面地阐述法律监督意见;对法庭审理中违反诉讼程序的情况予以记录。

第五,完善执行监督程序。参照最高人民法院、最高人民检察院关于民事执行监督的有关规定,增加向法院制发《说明案件执行情况通知书》的规定,完善对法院执行人员违法行为的监督机制,将执行监督检察建议决定程序修改为"应当经检察长批准或者检察委员会决定"。参照《人民检察院民事诉讼监督规则》,设定受理执行监督申请的前置程序,即"根据法律规定可以对人民法院的执行活动提出异议、复议或者提起诉讼,当事人、利害关系人、案外人没有提出异议、申请复议或者提起诉讼的,检察机关不予受理"。同时规定,当事人有正当理由的或者检察机关依职权办理的案件不受限制。

(四)新增实质性化解行政争议任务,促进案结事了政和

《行政诉讼监督规则》针对行政诉讼"程序空转"的突出问题,将推动实质性化解行政争议作为行政诉讼监督的基本职能和任务,第二条关于监督任务的规定中增加了"推动行政争议实质性化解"的要求;同时,对2019年10月以来开展的"加强行政检察监督,促进行政争议实质性化解"专项活动经验进行总结、固化,第六条增加规定"实质性化解行政争议"的原则、方式等,即"人民检察院办理行政诉讼监督案件,应当查清案件事实、辨明是非,综合运用监督纠正、公开听证、释法说理、司法救助等手段,开展行政争议实质性化解工作"。

解决行政争议是行政诉讼制度的功能之一。在法律框架内促进行政争议得以解决是行政诉讼监督的应有之义。2014年修订的行政诉讼法第一条将"解决行政争议"作为行政诉讼的目的和任务。当事人不服法院生效行政判决、裁定、调解书向检察机关申请监督,说明在先前的一审、二审、再审程序中均没有实现解决行政争议的目的。这种情况下,检察监督程序成为运用司法程序解决行政争议的又一重要时间窗口。检察机关在行政诉讼监督中推动实质性化解行政争议,是以定分止争的实际效果来弥补行政诉讼制度在个案中运行不畅的短板,是以节约司法资源、提高解决行政争议效率来补强司法的公正公信,有利于发挥行政诉讼监督在国家和社会治理中的独特作用。案件经过检察监督程序仍不能有效解决行政争议,行政相对人不仅会延续对被诉行政行为的异议,而且会叠加对司法机关的不满。按照法律规定,当事人有权申请检察监督,检察机关作出决定之后当事人不再享有继续寻求启动司法程序的法定权利。行政争议因已经过行政诉讼程序审理,行政机关及信访部门会按照"诉访分离"原则将该争议划为涉法涉诉信访事项,不再纳入行政化解渠道,从而造成该行政争议丧失救济渠道,导致当事人的合理诉求得不到重视和解决。因此,根据行政诉讼法"解决行政争议"的立法目的,总结

《人民检察院行政诉讼监督规则》理解与适用

检察机关实质性化解行政争议的经验做法,在本次规则制定中明确检察机关推动"实质性化解行政争议"。

(五)加强穿透式监督,促进法治政府建设

为更好地发挥检察机关"一手托两家"作用,保障检察机关更加积极有效地参与社会治理,《行政诉讼监督规则》基于完善监督方式、强化监督职责、提升监督质效和促进解决共性问题的考虑,增加检察机关针对行政诉讼中的普遍性问题或者突出问题组织开展某一领域或某一方面的专项监督工作,针对多起案件中的同类问题开展类案监督等规定。比如,《行政诉讼监督规则》第一百二十一条规定的行政诉讼监督年度报告制度是近些年的实践创新。对行政诉讼监督情况进行的年度或专题分析,体现了检察机关作为党委的法治参谋,在服务大局、促进法治政府建设、促进法院公正司法中的作用和地位,也是检察机关参与社会治理、促进国家治理体系和治理能力现代化的一种有效方式。行政诉讼监督报告制度,既可以进行年度整体报告,也可以就某个专题进行分析,通报的对象包括法院和行政机关,报告的对象是党委和人大。专题分析相对灵活,根据实际情况选择适用,可以针对某行政机关在某领域的行政诉讼或者执法工作进行分析,也可以针对法院在某类行政诉讼中的问题开展分析。再如,开展行政诉讼监督专项活动,是检察机关坚持抓系统、系统抓,集中时间、力量推进工作的重要方法。《行政诉讼监督规则》对此予以明确,为行政诉讼监督工作今后开展专项监督活动提供了明确的规范依据。

(六)落实检察一体化机制,形成监督合力

"检察一体化"是检察机关履行法律监督职能,维护国家法制统一的重要制度保证。根据宪法和法律关于上级检察院领导下级检察院工作的规定,《行政诉讼监督规则》细化了行政诉讼监督工作中调用检察官、交办、提级办理、指定办理的相关规定。一是明确领导体制。《行政诉讼监督规则》第十条第一款、第二款突出强调上下级检察机关之间的领导关系,有利于明确方向、找准工作重点,切实做实行政诉讼监督工作,促进行政诉讼监督业务在全国各地各层级均衡、快速发展。二是明确检察人员调用程序。《行政诉讼监督规则》第十条第三款规定,"上级人民检察院可以依法统一调用辖区的检察人员办理行政诉讼监督案件,调用的决定应当以书面形式作出。被调用的检察官可以代表办理案件的人民检察院履行相关检察职责"。这是根据人民检察院组织法第二十四条第一款第四项上级检察院"可以统一调用辖区的检察人员办理案件"的规定新增加的条文,有助于解决行政诉讼监督案件"倒三角"的现实问题,既能缓解上级检察院的办案压力,又能为下级检察院锻炼培养队伍。三是完善交办、指办、提办案件程序。《行政诉讼监督规则》明确规定,上级检察院可以将受理的行政诉讼监督案件交由下级检察院办理,并限定办理期限;确有必要的,上级检察院可以提办案件或指定下级检察院办理案件。对于交办案件,办案主体仍然是上级检察院,下级检察院应当在上级检察院规定的办理期限内提出处理意见。对于提办、指办案件,要充分考虑个案实际情况,准确把握"确有必要的"条件。一般是疑难、复杂或不适合下级检察院办理的案件,可以提级办理。指办案件主要考虑借助下级检察院的属地优势,充分发挥属地检察院在实质性化解行政争议中的作用。

(七)自觉接受监督制约,实现"双赢多赢共赢"

为确保检察机关依法公正履行行政诉讼监督职责,提升监督质效,《行政诉讼监督规则》增加规定了检察人员自觉接受监督、接受法院制约等内容。一是明确检察人员纪律要求。《行政诉讼监督规则》第十二条规定,"检察人员办理行政诉讼监督案件,应当秉持客观公正的立场,自觉接受监督。检察人员不得违反规定与当事人、律师、特殊关系人、中介组织接触、交往。检察人员有收受贿赂、徇私枉法等行为的,应当追究纪律责任和法律责任。检察人员对过问或者干预、插手行政诉讼监督案件办理等重大事项的行为,应当依照有关规定全面、如实、及时记录、报告"。二是增加规定检察机关应当积极督促和支持法院等被建议单位落实检察建议,建立完善法院的异议及处理程序,形成与法院的良性互动。

修订后《人民检察院行政诉讼监督规则》重点条文解读

张相军** 张步洪*** 马 睿****

《中共中央关于加强新时代检察机关法律监督工作的意见》强调"全面深化行政检察监督",修订《人民检察院行政诉讼监督规则》(以下简称《行政诉讼监督规则》)是贯彻落实中央意见的重要举措。修订后的《行政诉讼监督规则》已于 2021 年 9 月 1 日正式施行,与原《人民检察院行政诉讼监督规则(试行)》(已失效,以下简称《行政诉讼监督规则(试行)》)七章三十七条相比,增加了三章一百条。为使广大行政检察人员熟悉、掌握和运用好规则的各项规定,现就修订的主要内容作如下解读。

一、坚持以人民为中心,畅通权利救济渠道

(一)科学界定当事人申请监督期限起算时间点

根据法律规定,当事人不服人民法院生效行政判决、裁定,应当先向人民法院申请再审,人民法院作出驳回再审申请裁定或者逾期未作裁定是当事人申请监督的前置条件。实践中,人民法院作出驳回再审申请裁定与实际送达常常存在时间差,有的甚至超过六个月才送达。如果按照裁定书载明的时间计算申请监督期限,不利于保障当事人的合法权利。为更好地保障当事人申请监督的权利,《行政诉讼监督规则》第二十条规定,当事人向人民检察院申请监督,应当在人民法院送达驳回再审申请裁定之日或者再审判决、裁定发生法律效力之日起六个月内提出;人民法院逾期未对再审申请作出裁定

---

* 本文原载于《中国检察官》2021 年第 9 期。
** 最高人民检察院第七检察厅厅长。
*** 最高人民检察院第七检察厅副厅长。
**** 最高人民检察院第七检察厅二级检察官助理。

的,当事人应当在再审申请审查期限届满之日起六个月内提出监督申请。将申请监督期限的起算点由"裁定作出之日"修改为"送达驳回再审申请裁定之日",有利于更好地保障申请人获得检察救济的权利。

(二)更加科学严谨地规范办案期限

在坚持"行政诉讼监督案件应当在三个月内审查终结并作出决定"规定的同时,《行政诉讼监督规则》进一步明确了不计入审查期限、延长审查期限和中止审查的事由和审批权限。第五十六条第一款、第二款规定,"人民检察院受理当事人申请对人民法院已经发生法律效力的行政判决、裁定、调解书监督的案件,应当在三个月内审查终结并作出决定,但调卷、鉴定、评估、审计、专家咨询等期间不计入审查期限""有需要调查核实、实质性化解行政争议及其他特殊情况需要延长审查期限的,由本院检察长批准"。同时,对符合规定条件中止审查的案件,要求详细说明理由,并向当事人发送《中止审查决定书》,在中止审查的原因消除后,应当及时恢复审查,严防无故拖延办案时限。

(三)增加规定符合行政检察特点的听证程序

听证是检察机关为广泛听取各方意见、深化检务公开、自觉接受监督,确保案件得到依法正确处理而采取的一种办案方式。近年来公开听证在办理行政诉讼监督案件过程中得到广泛运用,尤其是在促进行政争议实质性化解方面发挥了重要作用。《行政诉讼监督规则》在第四章"审查"中单设一节,用九个条文专门规定听证程序,在与《人民检察院审查案件听证工作规定》保持一致的基础上,结合行政诉讼监督案件的特点,作了更具体明确的规定。比如,第六十九条第二款规定"人民检察院应当邀请人民监督员参加听证会,依照有关规定接受人民监督员监督"。人民监督员担任听证员或旁听听证会,对促进检察机关办案公正、最大限度凝聚共识、实现行政争议实质性化解具有十分重要的意义。再如,第七十条规定人民检察院决定召开听证会的,在听证三日前告知听证会参加人案由、听证时间和地点;告知当事人主持听证会的检察官及听证员的姓名、身份。第七十五条规定,听证员的意见是人民检察院依法处理案件的重要参考。通过这些规定,可以更好地保障听证活动的公开性、公平性和公正性。

(四)扩大依职权开展行政检察监督的范围

《行政诉讼监督规则》新增两类依职权监督案件。一是依照有关规定需要人民检察院跟进监督的。检察机关作为法律监督机关,承担着保障法律统一正确实施的重任。检察机关经过监督程序对人民法院违反法律规定行使行政审判权和执行权的行为提出监督意见，人民法院未予纠正，检察机关的监督任务就未完成，因此需要跟进监督，或者提请上级检察院监督。二是人民检察院作出不支持监督申请决定确有错误的。为避免当事人在检察机关作出决定后不必要地继续寻求权利救济，同时为纠正错误留有余地，《行政诉讼监督规则》取消了复查程序，不允许当事人就人民检察院审查终结并作出决定的案件向原审查案件的检察机关或其上级机关申请复查，但对于不支持监督申请决定确有错误的，保留了检察机关依职权发现后重新审查的途径。

（五）行政赔偿监督案件改由行政检察部门检察官审查

此前，根据《人民检察院国家赔偿工作规定》，行政赔偿监督案件由国家赔偿工作办公室办理。考虑到人民法院由行政审判庭审理行政赔偿案件，检察机关内设机构改革后负责控告检察的部门与国家赔偿工作办公室合署办公且负责行政诉讼监督案件的受理，为贯彻案件受理与审查相分离的要求，《行政诉讼监督规则》第七条第二款规定："当事人不服人民法院生效行政赔偿判决、裁定、调解书的案件，由负责行政检察的部门办理，适用本规则规定。"从行政诉讼法的规定来看，行政赔偿判决、裁定、调解书本身也属于行政判决、裁定、调解书的范畴，由负责行政检察的部门办理此类监督案件符合行政诉讼制度和行政诉讼监督规律。《行政诉讼监督规则》施行后，检察机关办理赔偿监督案件一律适用《行政诉讼监督规则》规定，不再适用《人民检察院国家赔偿工作规定》；国家赔偿工作办公室在2021年9月1日前尚未办结的行政赔偿监督案件，由国家赔偿工作办公室依照《行政诉讼监督规则》继续办理。

二、落实检察监督新理念，促进办案提质增效

（一）建立繁简分流制度

《行政诉讼监督规则》第五条第一款规定："人民检察院办理行政诉讼监督案件，应当实行繁简分流，繁案精办、简案快办。"并在第四章"审查"中新增一节规定了"简易案件办理"。繁简分流是体现行政诉讼监督案件特点、适应行政诉讼监督规律、促进司法资源优化配置、提升监督质量效果的有效举措。面对日益增长的行政诉讼监督案件以及精准监督等要求，通过繁简分流，改变以往不区分案件具体情况、对所有案件均衡用力的做法。这就要求检察机关对案件进行必要的筛选、评估，根据繁简程度确定审查办案思路和

重点。对当事人众多、权利义务不明确、法律关系复杂的"繁案"应当精细化办理,以提升办案的政治效果、社会效果、法律效果。对原一审法院适用简易程序、案件事实清楚、权利义务明确、法律关系简单等"简案",可以适当简化程序和法律文书,以提高办案效率,促进形成"简案有效率、繁案有质效、办案有层次、结案有保证"的良性办案监督模式,以较小的司法成本和较少的时间成本取得较好效果。

(二)完善调查核实制度

《行政诉讼监督规则》第四章"审查"中新增一节规定"调查核实",进一步明确检察机关进行调查核实的适用条件,丰富调查核实内容,完善对妨碍调查核实的处置措施。比如,新增"被诉行政行为及相关行政行为可能违法的""行政相对人合法权益未得到依法实现的"等情形可以调查核实;对于拒绝或者妨碍人民检察院调查核实的,人民检察院可以向有关单位或者其上级主管机关提出检察建议,责令纠正,必要时可以通报同级政府、监察机关;涉嫌违纪违法犯罪的,依照规定移送有关机关处理。

(三)明确智慧借助原则和方式

一是在总则中新增智慧借助原则。《行政诉讼监督规则》第五条第二款规定:"人民检察院办理行政诉讼监督案件,应当加强智慧借助,对于重大、疑难、复杂问题,可以向专家咨询或者组织专家论证,听取专家意见建议。"检察机关在办理行政诉讼监督案件中"用好外脑",建立健全专家咨询制度,是践行智慧借助理念最主要的表现形式,也是落实精准监督要求的一种实现方式。全国检察机关行政检察队伍整体结构较新,许多从事行政检察工作的人员不具有行政法专业背景或相关工作经历,而行政检察涉及面广、专业性强,通过专家论证、共同研判等,既有助于提升行政诉讼监督专业化水平,也有利于提升行政诉讼监督的权威性,增强社会对检察工作认同感。通过外部专家有效参与,实现与检察人员优势互补,有利于更好地凝聚共识,避免"唱独角戏""自说自话"。二是在第四章"审查"中规定了对于事实认定、法律适用的重大疑难复杂问题,听取专家意见的具体方式。《行政诉讼监督规则》第五十条规定,"人民检察院审查案件,对于事实认定、法律适用的重大、疑难、复杂问题,可以采用以下方式听取专家意见:(一)召开专家论证会;(二)口头或者书面咨询;(三)其他咨询或者论证方式"。目前,最高人民检察院和绝大部分省级人民检察院成立了民事行政专家咨询委员会,听取专家意见比较便捷。偏远地区尤其是基层检察院难以在当地找到专家的,可以通过检答网寻求个案咨询或借助民事行政检察专家咨询网获取专家咨询意见。

（四）建立案例强制检索制度

《行政诉讼监督规则》第五十一条规定："人民检察院办理行政诉讼监督案件，应当全面检索相关指导性案例、典型案例和关联案例，并在审查终结报告中作出说明。"建立案例强制检索制度，有利于统一司法办案尺度，提高监督质效。指导性案例、典型案例经过最高人民法院、最高人民检察院严格筛选，具有较强的示范性、引领性；关联案例是指与在办案件具有相似性或相关性的案件。实践中，如果无法检索到指导性案例、典型案例，可以检索最高人民法院裁判生效的案件和最高人民检察院审查终结的案件、本省（自治区、直辖市）高级人民法院、人民检察院发布的参考性案例以及裁判生效、审查终结的案件。

（五）进一步明确行政抗诉条件

《行政诉讼监督规则》第八十二条将"人民检察院调查取得的证据"列入新证据的范围；围绕证据证明力及其审查判断，第八十三条修改完善"认定事实的主要证据不足"的判断标准；第八十四条将"导致原判决、裁定结果确有错误"作为"适用法律、法规确有错误"的要件，将"违背法律、法规的立法目的和基本原则"作为"适用法律、法规确有错误"的情形之一。

三、落实司法责任制，完善案件办理程序

（一）确定"谁办案谁负责、谁决定谁负责"的办案程序

长期以来，检察机关办理民事、行政诉讼监督案件实行"三级审批"模式。这种承办人审查、部门负责人审核、检察长审批的办案模式，在检察人员专业化程度不高的情况下较好地保证了案件得以公正处理。但在司法责任制改革背景下，这种办案模式已经不适应检察机关办案规律。党中央在一系列深化司法体制改革文件中反复强调实行"谁办案谁负责、谁决定谁负责"，突出检察官在司法办案中的主体地位。此次修订《行政诉讼监督规则》，既体现了司法责任制改革要求，也是对行政检察工作践行司法责任制改革要求形成的成熟做法的总结提炼。在检察官、检察长、检察委员会的办案权限划分中，检察官和检察官办案组对审查认定案件事实的准确性负责，具有办案中一般事项的决定权；检察长、检察委员会负责处理、决定办案中的重大事项。除《行政诉讼监督规则》规定的"重大办案事项"外，其他办案事项，检察长都可以委托检察官决定，因此检察官无重大办案事项的决定权；对于重大

办案事项，除了检察长可以决定，也可以由检察委员会讨论决定，但需由检察长根据案件情况提交讨论决定。应当注意的是，人民检察院的副检察长受检察长委托，可以履行相关职责。在《行政诉讼监督规则》没有专门区分检察长、副检察长的情况下，参照《最高人民检察院关于完善人民检察院司法责任制的若干意见》的规定，应理解为"检察长"包括检察长和分管行政诉讼监督工作的副检察长。

（二）完善再审检察建议程序

《行政诉讼监督规则》第九十二条第二款规定，"人民检察院提出再审检察建议，应当经本院检察委员会决定，并在提出再审检察建议之日起五日内将《再审检察建议书》及审查终结报告等案件材料报上一级人民检察院备案。上一级人民检察院认为下级人民检察院发出的《再审检察建议书》错误或者不当的，应当指令下级人民检察院撤回或者变更"。关于提出再审检察建议是否应当经检察委员会讨论决定，在修订过程中有两种意见。一种意见认为，与抗诉这一刚性监督方式相比，再审检察建议是较为柔性的监督方式，抗诉和提请抗诉都没有规定必须经过检察委员会讨论决定，要求提出再审检察建议必须经过检察委员会讨论决定，过于严格；检察委员会讨论案件的程序较为复杂，如此规定会延长办案期限，不利于提高办案效率。另一种意见认为，再审检察建议应当经本院检察委员会讨论决定，能够提高再审检察建议的质量，体现再审检察建议的严肃性，避免再审检察建议在实践中被滥用；要求再审检察建议应当经本院检察委员会讨论决定与"两高"《关于民事审判活动与行政诉讼实行法律监督的若干意见（试行）》的规定保持一致，人民检察院提出再审检察建议应当经过检察委员会讨论决定。为了与《民事诉讼监督规则》在同一问题上保持一致，本次修订采纳了第二种意见，规定提出再审检察建议须经检委会决定，并增加规定了备案程序。

（三）明确跟进监督程序

为落实监督责任，避免"一抗了之"，《行政诉讼监督规则》完善了对抗诉案件的跟进监督机制。跟进监督包括督促、审判程序违法行为监督、再次提出抗诉等方式。第九十四条第二款规定，"人民检察院提出抗诉后，接受抗诉的人民法院未在法定期限内作出审判监督的相关裁定的，人民检察院可以采取询问、走访等方式进行督促，并制作工作记录。人民法院对抗诉案件裁定再审后，对于人民法院在审判活动中存在违反法定审理期限等违法情形的，依照本规则第六章规定办理"。《最高人民法院关于适用〈中华人民共和国行政诉讼法〉的解释》第一百二十四条规定,接受抗诉的人民法院应当自收到抗诉书之日起三十日内裁定再审。对于"三十日内裁定再审",司法实践中主要存在两种认识:一种观点认为,作出三十日的相对较短的日期限制,是为了防止因接受抗诉的人民法院工作拖延而迟迟不作出进入再审程序的裁定;另一种观点认为,三十日的规定,除有督促人民法院及时裁定再审之意,还包含有接受抗诉的人民法院审查抗诉是否符合形式要件的立法本意,抗诉符合形式要件的,人民法院应在三十日内作出再审的裁定。需要注意的是,以上的审查应当属于形式审查,至于抗诉理由是否应当支持,属于裁定再审之后再审法院的审查任务。为确保监督实效,《行政诉讼监督规则》增加了关于提出抗诉的人民检察院可以再次提出抗诉的规定,以确保抗诉案件的监督实效,维护法律权威和检察监督的严肃性。第九十四条第三款规定:"人民检察院提出抗诉的案件,接受抗诉的人民法院将案件交下一级人民法院再审,下一级人民法院审理后作出的再审判决、裁定仍符合抗诉条件且存在明显错误的,原提出抗诉的人民检察院可以再次提出抗诉。"在个别案件中,接受抗诉的人民法院自行再审(提审)的案件,如果所作再审判决、裁定、调解书仍符合抗诉条件且存在明显错误的,人民检察院应当按照《行政诉讼监督规则》第一百二十四条的规定跟进监督或者提请上级人民检察院监督。

(四)完善出席抗诉案件再审法庭制度

《行政诉讼监督规则》第五章"对生效行政判决、裁定、调解书的监督"部分新增一节"出席法庭",增加了出庭准备和任务、协调人民监督员旁听再审案件等内容,细化了检察人员出席再审法庭的主要任务。包括:(1)宣读抗诉书。通过宣读抗诉书并发表法律监督意见,使法庭和参加庭审的当事人更加充分了解抗诉的理由和依据,展示人民检察院维护司法公正的良好形象。(2)对人民检察院调查取得的证据予以出示和说明。就功能定位而言,检察监督是对公权力的监督,检察机关进行调查核实的目的在于准确判断公权力的行使是否符合法律规定,不是代替当事人收集证据。人民检察院在抗诉再审法庭上秉持客观公正立场,不参加质证。检察机关对调查取得的证据予以出示和说明,由人民法院依法决定是否采纳。(3)经审判长许可,对证据采信、法律适用和案件情况予以说明,针对争议焦点,客观、公正、全面地阐述法律监督意见。以上说明和阐述,需要分阶段进行,为了庭审的顺利进行,检察人员可在庭审前与审判长进行沟通。检察人员需要进行说明和阐述时,须向审判长提示并经审判长许可后,方可进行。(4)对法庭审理中违反诉讼程序的情况予以记录。为保证庭审活动的连续性,检察人员发现庭审活动违反诉讼程序相关规定的,应当将相关情况如实记录,待休庭后及时向检察长报告,在庭审后按照《行政诉讼监督规则》第六章的规定提出检察建议。

(五)落实"检察一体化"办案机制

1. 明确领导体制。《行政诉讼监督规则》第十条第一款规定,"最高人民检察院领导地方各级人民检察院和专门人民检察院的行政诉讼监督工作,上级人民检察院领导下级人民检察院的行政诉讼监督工作"。该条第二款规定:"上级人民检察院认为下级人民检察院的决定错误的,有权指令下级人民检察院纠正,或者依法撤销、变更。上级人民检察院的决定,应当以书面形式作出,下级人民检察院应当执行。下级人民检察院对上级人民检察院的决定有不同意见的,可以在执行的同时向上级人民检察院报告。"突出强调上下级检察机关之间的领导关系,有利于明确方向、找准工作重点,切实做实行政诉讼监督工作,促进行政诉讼监督业务在全国各地、本地区的各层级均衡、快速发展。

2. 明确检察人员调用程序。《行政诉讼监督规则》第十条第三款规定:"上级人民检察院可以依法统一调用辖区的检察人员办理行政诉讼监督案件,调用的决定应当以书面形式作出。被调用的检察官可以代表办理案件的人民检察院履行相关检察职责。"这是根据《人民检察院组织法》第二十四条第一款第四项所规定的上级人民检察院"可以统一调用辖区的检察人员办理案件"新增加的条文,有助于解决行政诉讼监督案件"倒三角"的现实问题,既缓解上级人民检察院的办案压力,又为下级人民检察院锻炼培养队伍。司法实践中,上级人民检察院调用辖区内的检察人员办理案件,既包括检察官,也包括检察辅助人员;既包括调用本院的检察人员到辖区内的下级人民检察院办理案件,也包括调用辖区内的下级人民检察院的检察人员到本院或者辖区内的其他下级人民检察院办理案件。上级检察机关的调用决定应当为书面形式,以保证办案的规范性和人员管理、业绩考核的科学性。需要注意的是,各级人民检察院的检察官是由相应的人大常委会任免的,被调用检察官如果没有被任命为办理案件的人民检察院的检察官,不应授权其签发法律文书、出庭支持抗诉。

3. 完善交办案件程序。《行政诉讼监督规则》第四十一条规定:"上级人民检察院可以将受理的行政诉讼监督案件交由下级人民检察院办理,并限定办理期限。交办的案件应当制作《交办通知书》,并将有关材料移送下级人民检察院。下级人民检察院应当依法办理，在规定期限内提出处理意见并报送上级人民检察院，上级人民检察院应当在法定期限内作出决定。上级人民检察院交办案件需要通知当事人的，应当制作通知文书，并发送当事人。"

4. 完善提办指办案件程序。《行政诉讼监督规则》第四十二条规定："上级人民检察院认为确有必要的，可以办理下级人民检察院受理的行政诉讼监督案件。下级人民检察院受理的行政诉讼监督案件，认为需要由上级人民检察院办理的，可以报请上级人民检察院办理。最高人民检察院、省级人民检察院根据实质性化解行政争议等需要，可以指定下级人民检察院办理案件。"实践中，提办、指办案件，要充分考虑个案实际情况，准确把握确有必要的条件，一般是疑难、复杂或不适合下级人民检察院办理的案件，可以提级办理。指办案件主要考虑借助下级人民检察院的属地优势，充分发挥属地检察院在实质性化解行政争议中的作用。

四、新增实质性化解行政争议，回应当事人正当合理诉求

《行政诉讼监督规则》针对行政诉讼"程序空转"突出问题，将推动实质性化解行政争议作为行政诉讼监督的基本职能和任务。第二条关于监督任务的规定中增加了"推动行政争议实质性化解"的要求，同时对2019年10月以来开展的"加强行政检察监督，促进行政争议实质性化解"专项活动经验进行总结、固化。第六条增加规定"实质性化解行政争议"的原则、方式等，"人民检察院办理行政诉讼监督案件，应当查清案件事实、辨明是非，综合运用监督纠正、公开听证、释法说理、司法救助等手段，开展行政争议实质性化解工作"。

解决行政争议是行政诉讼制度的功能之一。在法律框架促进行政争议得以解决是行政诉讼监督的应有之义。2014年修订的行政诉讼法第一条将"解决行政争议"新增为行政诉讼的目的和任务。当事人不服人民法院生效行政判决、裁定、调解书向人民检察院申请监督，说明在先前的一审、二审、再审程序中均没有实现解决行政争议的目的。这种情况下，检察监督程序成为运用司法程序解决行政争议的又一重要时间窗口。检察机关在行政诉讼监督中推动实质性化解行政争议，是以定纷止争的实际效果来弥补行政诉讼制度在个案中运行不畅的短板，是以节约司法资源、提高解决行政争议效率来补强司法的公正公信，有利于发挥行政诉讼监督在国家和社会治理中的独特作用。案件经过检察监督程序仍不能有效解决行政争议，行政相对人不仅会延续对被诉行政行为的异议，而且会叠加对司法机关的不满。按照法律规定，

当事人有权申请检察监督，检察机关作出决定之后当事人不再享有继续寻求启动司法程序的法定权利。行政争议因已经过行政诉讼程序审理，行政机关及信访部门会按照"诉访分离"原则将该争议划为涉法涉诉信访事项，不再纳入行政化解渠道，从而造成该行政争议完全丧失救济渠道，导致当事人的合理诉求得不到重视和解决。因此，根据行政诉讼法"解决行政争议"的立法目的，总结检察机关实质性化解行政争议经验做法，在本次修订中明确检察机关推动"实质性化解行政争议"。

鉴于检察机关开展行政争议实质性化解工作起步不久，有些工作方法尚未完全定型，《行政诉讼监督规则》未对化解的具体情形、程序等内容作出细化规定。当然，检察机关通过近两年的实践已经把握了实质性化解行政争议的一些规律，例如，行政相对人在诉讼和诉讼监督程序中，有权处分自己的程序权利和实体权利；行政机关作为承担社会管理、市场监管职责，提供公共服务的国家机关，有责任和义务保障公民、组织合法权益。"行政争议因超过起诉期限等情形被人民法院不予立案或者驳回起诉，人民法院裁定没有错误，但行政行为违法，侵害公民、法人或者其他组织合法权益""作为行政相对人的申请人诉求正当，有实质性化解可能，通过和解更有利于依法公正解决其实质诉求"等程序空转案件，是检察机关化解的重点案件。这些也往往是行政相对人诉求合法正当、审判环节未予正面回应的案件。检察机关在查清事实、辨明是非的基础上，按照自愿、合法的原则，引导双方当事人达成共识，明确各自的权利义务，符合保障私权、监督公权、解决争议等多重目的，体现了检察机关尽最大可能在司法框架内解决行政争议的法治担当，不违反司法终局原则。

五、与其他监督融合贯通，为检察机关深度参与社会治理提供支撑

为更好地发挥检察机关"一手托两家"作用，保障检察机关更加积极有效地参与社会治理，《行政诉讼监督规则》基于完善监督方式、强化监督职责、深化监督作用和促进解决共性问题的考虑，增加人民检察院针对行政诉讼中的普遍性问题或者突出问题，组织开展某一领域或某一方面的专项监督工作，针对多起案件中的同类问题开展类案监督等规定。比如，《行政诉讼监督规则》第一百二十一条规定的行政诉讼监督年度报告制度是近些年的实践创新，为这次监督规则修改所吸收。对行政诉讼监督的年度或专题分析，体现了检察机关作为党委的法治参谋，服务大局，促进法治政府建设，促进法院公正司法中的作用和地位，也是检察机关参与社会治理，促进国家治理体系和治理能力现代化的一种有效方式。行政诉讼监督报告制度,既可以年度整体报告,也可以就某个专题进行分析,通报的对象包括人民法院和行政机关,报告的对象是党委和人大。行政诉讼监督年度报告的基本要素包括:审判机关、行政机关存在的普遍性问题和突出问题;审判机关、行政机关存在的苗头性、倾向性问题或者某方面问题的特点和趋势;促进依法行政、公正司法的意见和建议以及其他认为需要通报、报告的情形。专题分析相对灵活,根据实际情况选择适用,可以针对某行政机关在某领域的行政诉讼或者执行工作中的分析,也可以针对法院在某类行政诉讼中的问题开展分析。再如,开展行政诉讼监督专项活动,是检察机关坚持抓系统、系统抓,集中时间集中力量推进工作的重要方法。《行政诉讼监督规则》第一百二十二条规定,"人民检察院可以针对行政诉讼监督中的普遍性问题或者突出问题,组织开展专项监督活动"。专项监督活动一直以来都是人民检察院依职权开展诉讼监督工作的一种方式。《行政诉讼监督规则》对此予以明确,为行政诉讼监督工作今后开展专项监督活动提供了明确的规范依据。

六、压实办案责任,不设复查程序

在修订过程中,对于是否参照《民事诉讼监督规则》相关规定增设复查程序,存在认识分歧。

根据行政诉讼法第一百零一条和民事诉讼法第二百零九条第二款规定,对行政裁判结果监督案件实行"一次审查",抗诉权在上级检察院。为便于当事人申请监督,充分发挥再审检察建议同级监督优势,缓解行政裁判结果监督工作中"倒三角"难题,提高监督效率和效果,《行政诉讼监督规则(试行)》参照《民事诉讼监督规则(试行)》,确立了"同级受理"原则。多年实践证明,"同级受理"原则基本符合检察监督工作实际。2014年最高人民检察院《民事行政检察厅与控告检察厅办理民事行政检察案件第二次座谈会议纪要》第七条规定了当事人申请复查制度,作为"同级受理"原则的有益补充,力图弥补"同级受理"原则下一律不允许民事案件当事人向上级人民检察院申请复查的不合理之处。但该规定不适用于行政申诉复查案件。《行政诉讼监督规则(试行)》第七条第四项规定,"人民检察院已经审查终结作出决定的",不予受理。

本次修订,没有增设复查程序。主要出于以下考虑:一是行政案件与民事案件不同,法院审理前,不少行政案件经过了行政复议程序,办案周期更长。二是强化精细审查、精准监督,将功夫下在审查过程中,努力使作出的不支持监督申请决定经得起法律和时间的检验。三是最高人民检察院明确将化解行政争议作为行政诉讼监督的"牛鼻子",对拟不支持监督申请的行政案件压实办案单位化解行政争议的责任,这比增设复查程序更有利于实现案结事了政和的目标,更有利于减少当事人诉累。四是不增设复查程序不会影响当事人合法权益的保护。如果在实质性化解行政争议中发现原不支持监督申请决定确有错误的,检察机关可依职权启动监督程序纠正错误。

七、单设对执行活动监督一章,完善执行监督程序

《行政诉讼监督规则》第七章规定了"对行政案件执行活动的监督",共八条。本次修订,参照"两高"关于民事执行监督的有关规定,增加向法院制发《说明执行情况通知书》的规定,完善对法院执行人员违法行为的监督机制,将执行监督检察建议决定程序修改为"应当经检察长批准或者检察委员会决定"。参照《人民检察院民事诉讼监督规则》,设定受理执行监督申请的前置程序,即"根据法律规定可以提出异议、复议或者提起诉讼,当事人、利害关系人、案外人没有提出异议、复议或者提起诉讼的,检察机关不予受理……",同时规定当事人有正当理由的、人民检察院依职权办理的案件不受限制,进一步完善检察机关办理执行监督案件程序。

修订过程中,有的部门提出检察机关监督行政非诉执行没有法律依据。经研究认为,行政非诉执行监督是行政执行活动监督的应有之义。主要理由有以下几点:一是2014年修改行政诉讼法时,对行政执行监督作了原则性规定,给司法解释留下空间。二是行政诉讼法第一百零一条规定人民检察院对行政案件执行的监督"本法没有规定的,适用《中华人民共和国民事诉讼法》的相关规定"。民事诉讼法及司法解释对执行活动监督有详细规定,故人民检察院对人民法院的行政案件执行活动实行法律监督具有明确的法律依据。同时,最高人民法院执行局编纂的《人民法院办理执行案件规范》第二十三章第六节"行政案件的执行"部分,将行政案件的执行明确划分为对行政判决书、行政裁定书、行政赔偿判决书、行政赔偿调解书的执行以及对行政机关作出的行政决定的执行。因此,执行监督对象包括行政诉讼执行和行政非诉执行。三是中央有关文件和"两高"共同下发的文件以及最高人民法院之前文件对检察机关开展行政案件执行活动监督也有明确要求。"两高"《关于民事执行活动法律监督若干问题的规定》第二十一条使用了"人民法院行政执行活动"的概念。2019年7月14日,中央全面依法治国委员会印发的《关于加强综合治理从源头切实解决执行难问题的意见》(中法委发〔2019〕1号)

明确要求"检察机关要加强对民事、行政执行包括非诉执行活动的法律监督，推动依法执行、规范执行"。

本次修订《行政诉讼监督规则》，最高人民检察院就此和有关机关通过征求意见、座谈研讨进一步凝聚了共识。《行政诉讼监督规则》重申了《行政诉讼监督规则（试行）》关于行政诉讼执行监督、行政非诉执行监督相关内容。

八、准确把握新旧规则衔接适用

《行政诉讼监督规则》第一百三十七条规定："本规则自2021年9月1日起施行，《行政诉讼监督规则（试行）》同时废止。本院之前公布的其他规定与本规则内容不一致的，以本规则为准。"在新旧规则衔接适用方面，要注意把握以下几点：

一是人民检察院在2021年9月1日以前受理但尚未办结的行政诉讼监督案件，适用《行政诉讼监督规则》继续办理；已经依照《人民检察院行政诉讼监督规则（试行）》完成的程序事项，仍然有效。

二是《行政诉讼监督规则》第二十九条第二款新增对不服上级人民法院复议裁定、决定的申请监督案件的受理规定。对于人民检察院在2021年9月1日以前受理但尚未办结的前述行政诉讼监督案件，原办理的下级人民检察院可以依照《行政诉讼监督规则》第二十九条第二款、第四十二条第二款的规定移送上级人民检察院办理。上级人民检察院对下级人民检察院移送的案件不再交由下级人民检察院办理。

三是军事检察院等专门人民检察院受理、办理行政诉讼监督案件适用《行政诉讼监督规则》。同时，可以结合履行军事行政诉讼监督等职责实际，根据《行政诉讼监督规则》精神制定有关规定，报最高人民检察院批准后施行。

中华人民共和国行政诉讼法

（1989年4月4日第七届全国人民代表大会第二次会议通过 根据2014年11月1日第十二届全国人民代表大会常务委员会第十一次会议《关于修改〈中华人民共和国行政诉讼法〉的决定》第一次修正 根据2017年6月27日第十二届全国人民代表大会常务委员会第二十八次会议《关于修改〈中华人民共和国民事诉讼法〉和〈中华人民共和国行政诉讼法〉的决定》第二次修正）

目　录

第一章　总　则
第二章　受案范围
第三章　管　辖
第四章　诉讼参加人
第五章　证　据
第六章　起诉和受理
第七章　审理和判决
　　第一节　一般规定
　　第二节　第一审普通程序
　　第三节　简易程序
　　第四节　第二审程序
　　第五节　审判监督程序
第八章　执　行
第九章　涉外行政诉讼
第十章　附　则

《人民检察院行政诉讼监督规则》理解与适用

第一章 总 则

第一条 为保证人民法院公正、及时审理行政案件，解决行政争议，保护公民、法人和其他组织的合法权益，监督行政机关依法行使职权，根据宪法，制定本法。

第二条 公民、法人或者其他组织认为行政机关和行政机关工作人员的行政行为侵犯其合法权益，有权依照本法向人民法院提起诉讼。

前款所称行政行为，包括法律、法规、规章授权的组织作出的行政行为。

第三条 人民法院应当保障公民、法人和其他组织的起诉权利，对应当受理的行政案件依法受理。

行政机关及其工作人员不得干预、阻碍人民法院受理行政案件。

被诉行政机关负责人应当出庭应诉。不能出庭的，应当委托行政机关相应的工作人员出庭。

第四条 人民法院依法对行政案件独立行使审判权，不受行政机关、社会团体和个人的干涉。

人民法院设行政审判庭，审理行政案件。

第五条 人民法院审理行政案件，以事实为根据，以法律为准绳。

第六条 人民法院审理行政案件，对行政行为是否合法进行审查。

第七条 人民法院审理行政案件，依法实行合议、回避、公开审判和两审终审制度。

第八条 当事人在行政诉讼中的法律地位平等。

第九条 各民族公民都有用本民族语言、文字进行行政诉讼的权利。

在少数民族聚居或者多民族共同居住的地区，人民法院应当用当地民族通用的语言、文字进行审理和发布法律文书。

人民法院应当对不通晓当地民族通用的语言、文字的诉讼参与人提供翻译。

第十条 当事人在行政诉讼中有权进行辩论。

第十一条 人民检察院有权对行政诉讼实行法律监督。

第二章 受案范围

第十二条 人民法院受理公民、法人或者其他组织提起的下列诉讼：

（一）对行政拘留、暂扣或者吊销许可证和执照、责令停产停业、没收违法所得、没收非法财物、罚款、警告等行政处罚不服的；

（二）对限制人身自由或者对财产的查封、扣押、冻结等行政强制措施和行政强制执行不服的；

（三）申请行政许可，行政机关拒绝或者在法定期限内不予答复，或者对行政机关作出的有关行政许可的其他决定不服的；

（四）对行政机关作出的关于确认土地、矿藏、水流、森林、山岭、草原、荒地、滩涂、海域等自然资源的所有权或者使用权的决定不服的；

（五）对征收、征用决定及其补偿决定不服的；

（六）申请行政机关履行保护人身权、财产权等合法权益的法定职责，行政机关拒绝履行或者不予答复的；

（七）认为行政机关侵犯其经营自主权或者农村土地承包经营权、农村土地经营权的；

（八）认为行政机关滥用行政权力排除或者限制竞争的；

（九）认为行政机关违法集资、摊派费用或者违法要求履行其他义务的；

（十）认为行政机关没有依法支付抚恤金、最低生活保障待遇或者社会保险待遇的；

（十一）认为行政机关不依法履行、未按照约定履行或者违法变更、解除政府特许经营协议、土地房屋征收补偿协议等协议的；

（十二）认为行政机关侵犯其他人身权、财产权等合法权益的。

除前款规定外，人民法院受理法律、法规规定可以提起诉讼的其他行政案件。

第十三条 人民法院不受理公民、法人或者其他组织对下列事项提起的诉讼：

（一）国防、外交等国家行为；

（二）行政法规、规章或者行政机关制定、发布的具有普遍约束力的决定、命令；

（三）行政机关对行政机关工作人员的奖惩、任免等决定；

（四）法律规定由行政机关最终裁决的行政行为。

第三章 管 辖

第十四条 基层人民法院管辖第一审行政案件。

第十五条　中级人民法院管辖下列第一审行政案件：
（一）对国务院部门或者县级以上地方人民政府所作的行政行为提起诉讼的案件；
（二）海关处理的案件；
（三）本辖区内重大、复杂的案件；
（四）其他法律规定由中级人民法院管辖的案件。

第十六条　高级人民法院管辖本辖区内重大、复杂的第一审行政案件。

第十七条　最高人民法院管辖全国范围内重大、复杂的第一审行政案件。

第十八条　行政案件由最初作出行政行为的行政机关所在地人民法院管辖。经复议的案件，也可以由复议机关所在地人民法院管辖。

经最高人民法院批准，高级人民法院可以根据审判工作的实际情况，确定若干人民法院跨行政区域管辖行政案件。

第十九条　对限制人身自由的行政强制措施不服提起的诉讼，由被告所在地或者原告所在地人民法院管辖。

第二十条　因不动产提起的行政诉讼，由不动产所在地人民法院管辖。

第二十一条　两个以上人民法院都有管辖权的案件，原告可以选择其中一个人民法院提起诉讼。原告向两个以上有管辖权的人民法院提起诉讼的，由最先立案的人民法院管辖。

第二十二条　人民法院发现受理的案件不属于本院管辖的，应当移送有管辖权的人民法院，受移送的人民法院应当受理。受移送的人民法院认为受移送的案件按照规定不属于本院管辖的，应当报请上级人民法院指定管辖，不得再自行移送。

第二十三条　有管辖权的人民法院由于特殊原因不能行使管辖权的，由上级人民法院指定管辖。

人民法院对管辖权发生争议，由争议双方协商解决。协商不成的，报它们的共同上级人民法院指定管辖。

第二十四条　上级人民法院有权审理下级人民法院管辖的第一审行政案件。

下级人民法院对其管辖的第一审行政案件，认为需要由上级人民法院审理或者指定管辖的，可以报请上级人民法院决定。

第四章 诉讼参加人

第二十五条 行政行为的相对人以及其他与行政行为有利害关系的公民、法人或者其他组织，有权提起诉讼。

有权提起诉讼的公民死亡，其近亲属可以提起诉讼。

有权提起诉讼的法人或者其他组织终止，承受其权利的法人或者其他组织可以提起诉讼。

人民检察院在履行职责中发现生态环境和资源保护、食品药品安全、国有财产保护、国有土地使用权出让等领域负有监督管理职责的行政机关违法行使职权或者不作为，致使国家利益或者社会公共利益受到侵害的，应当向行政机关提出检察建议，督促其依法履行职责。行政机关不依法履行职责的，人民检察院依法向人民法院提起诉讼。

第二十六条 公民、法人或者其他组织直接向人民法院提起诉讼的，作出行政行为的行政机关是被告。

经复议的案件，复议机关决定维持原行政行为的，作出原行政行为的行政机关和复议机关是共同被告；复议机关改变原行政行为的，复议机关是被告。

复议机关在法定期限内未作出复议决定，公民、法人或者其他组织起诉原行政行为的，作出原行政行为的行政机关是被告；起诉复议机关不作为的，复议机关是被告。

两个以上行政机关作出同一行政行为的，共同作出行政行为的行政机关是共同被告。

行政机关委托的组织所作的行政行为，委托的行政机关是被告。

行政机关被撤销或者职权变更的，继续行使其职权的行政机关是被告。

第二十七条 当事人一方或者双方为二人以上，因同一行政行为发生的行政案件，或者因同类行政行为发生的行政案件、人民法院认为可以合并审理并经当事人同意的，为共同诉讼。

第二十八条 当事人一方人数众多的共同诉讼，可以由当事人推选代表人进行诉讼。代表人的诉讼行为对其所代表的当事人发生效力，但代表人变更、放弃诉讼请求或者承认对方当事人的诉讼请求，应当经被代表的当事人同意。

第二十九条 公民、法人或者其他组织同被诉行政行为有利害关系但没有提起诉讼,或者同案件处理结果有利害关系的,可以作为第三人申请参加诉讼,或者由人民法院通知参加诉讼。

人民法院判决第三人承担义务或者减损第三人权益的,第三人有权依法提起上诉。

第三十条 没有诉讼行为能力的公民,由其法定代理人代为诉讼。法定代理人互相推诿代理责任的,由人民法院指定其中一人代为诉讼。

第三十一条 当事人、法定代理人,可以委托一至二人作为诉讼代理人。

下列人员可以被委托为诉讼代理人:

(一)律师、基层法律服务工作者;

(二)当事人的近亲属或者工作人员;

(三)当事人所在社区、单位以及有关社会团体推荐的公民。

第三十二条 代理诉讼的律师,有权按照规定查阅、复制本案有关材料,有权向有关组织和公民调查,收集与本案有关的证据。对涉及国家秘密、商业秘密和个人隐私的材料,应当依照法律规定保密。

当事人和其他诉讼代理人有权按照规定查阅、复制本案庭审材料,但涉及国家秘密、商业秘密和个人隐私的内容除外。

第五章 证　据

第三十三条 证据包括:

(一)书证;

(二)物证;

(三)视听资料;

(四)电子数据;

(五)证人证言;

(六)当事人的陈述;

(七)鉴定意见;

(八)勘验笔录、现场笔录。

以上证据经法庭审查属实,才能作为认定案件事实的根据。

第三十四条 被告对作出的行政行为负有举证责任,应当提供作出该行政行为的证据和所依据的规范性文件。

被告不提供或者无正当理由逾期提供证据,视为没有相应证据。但是,被诉行政行为涉及第三人合法权益,第三人提供证据的除外。

第三十五条 在诉讼过程中,被告及其诉讼代理人不得自行向原告、第三人和证人收集证据。

第三十六条 被告在作出行政行为时已经收集了证据,但因不可抗力等正当事由不能提供的,经人民法院准许,可以延期提供。

原告或者第三人提出了其在行政处理程序中没有提出的理由或者证据的,经人民法院准许,被告可以补充证据。

第三十七条 原告可以提供证明行政行为违法的证据。原告提供的证据不成立的,不免除被告的举证责任。

第三十八条 在起诉被告不履行法定职责的案件中,原告应当提供其向被告提出申请的证据。但有下列情形之一的除外:

(一)被告应当依职权主动履行法定职责的;

(二)原告因正当理由不能提供证据的。

在行政赔偿、补偿的案件中,原告应当对行政行为造成的损害提供证据。因被告的原因导致原告无法举证的,由被告承担举证责任。

第三十九条 人民法院有权要求当事人提供或者补充证据。

第四十条 人民法院有权向有关行政机关以及其他组织、公民调取证据。但是,不得为证明行政行为的合法性调取被告作出行政行为时未收集的证据。

第四十一条 与本案有关的下列证据,原告或者第三人不能自行收集的,可以申请人民法院调取:

(一)由国家机关保存而须由人民法院调取的证据;

(二)涉及国家秘密、商业秘密和个人隐私的证据;

(三)确因客观原因不能自行收集的其他证据。

第四十二条 在证据可能灭失或者以后难以取得的情况下,诉讼参加人可以向人民法院申请保全证据,人民法院也可以主动采取保全措施。

第四十三条 证据应当在法庭上出示,并由当事人互相质证。对涉及国家秘密、商业秘密和个人隐私的证据,不得在公开开庭时出示。

人民法院应当按照法定程序,全面、客观地审查核实证据。对未采纳的证据应当在裁判文书中说明理由。

以非法手段取得的证据,不得作为认定案件事实的根据。

第六章 起诉和受理

第四十四条 对属于人民法院受案范围的行政案件,公民、法人或者其他组织可以先向行政机关申请复议，对复议决定不服的，再向人民法院提起诉讼；也可以直接向人民法院提起诉讼。

法律、法规规定应当先向行政机关申请复议，对复议决定不服再向人民法院提起诉讼的，依照法律、法规的规定。

第四十五条 公民、法人或者其他组织不服复议决定的，可以在收到复议决定书之日起十五日内向人民法院提起诉讼。复议机关逾期不作决定的，申请人可以在复议期满之日起十五日内向人民法院提起诉讼。法律另有规定的除外。

第四十六条 公民、法人或者其他组织直接向人民法院提起诉讼的，应当自知道或者应当知道作出行政行为之日起六个月内提出。法律另有规定的除外。

因不动产提起诉讼的案件自行政行为作出之日起超过二十年，其他案件自行政行为作出之日起超过五年提起诉讼的，人民法院不予受理。

第四十七条 公民、法人或者其他组织申请行政机关履行保护其人身权、财产权等合法权益的法定职责，行政机关在接到申请之日起两个月内不履行的，公民、法人或者其他组织可以向人民法院提起诉讼。法律、法规对行政机关履行职责的期限另有规定的，从其规定。

公民、法人或者其他组织在紧急情况下请求行政机关履行保护其人身权、财产权等合法权益的法定职责，行政机关不履行的，提起诉讼不受前款规定期限的限制。

第四十八条 公民、法人或者其他组织因不可抗力或者其他不属于其自身的原因耽误起诉期限的，被耽误的时间不计算在起诉期限内。

公民、法人或者其他组织因前款规定以外的其他特殊情况耽误起诉期限的，在障碍消除后十日内，可以申请延长期限，是否准许由人民法院决定。

第四十九条 提起诉讼应当符合下列条件：

（一）原告是符合本法第二十五条规定的公民、法人或者其他组织；

（二）有明确的被告；

（三）有具体的诉讼请求和事实根据；

（四）属于人民法院受案范围和受诉人民法院管辖。

第五十条 起诉应当向人民法院递交起诉状，并按照被告人数提出副本。

书写起诉状确有困难的，可以口头起诉，由人民法院记入笔录，出具注明日期的书面凭证，并告知对方当事人。

第五十一条 人民法院在接到起诉状时对符合本法规定的起诉条件的，

应当登记立案。

对当场不能判定是否符合本法规定的起诉条件的，应当接收起诉状，出具注明收到日期的书面凭证，并在七日内决定是否立案。不符合起诉条件的，作出不予立案的裁定。裁定书应当载明不予立案的理由。原告对裁定不服的，可以提起上诉。

起诉状内容欠缺或者有其他错误的，应当给予指导和释明，并一次性告知当事人需要补正的内容。不得未经指导和释明即以起诉不符合条件为由不接收起诉状。

对于不接收起诉状、接收起诉状后不出具书面凭证，以及不一次性告知当事人需要补正的起诉状内容的，当事人可以向上级人民法院投诉，上级人民法院应当责令改正，并对直接负责的主管人员和其他直接责任人员依法给予处分。

第五十二条 人民法院既不立案，又不作出不予立案裁定的，当事人可以向上一级人民法院起诉。上一级人民法院认为符合起诉条件的，应当立案、审理，也可以指定其他下级人民法院立案、审理。

第五十三条 公民、法人或者其他组织认为行政行为所依据的国务院部门和地方人民政府及其部门制定的规范性文件不合法，在对行政行为提起诉讼时，可以一并请求对该规范性文件进行审查。

前款规定的规范性文件不含规章。

第七章　审理和判决

第一节　一般规定

第五十四条 人民法院公开审理行政案件，但涉及国家秘密、个人隐私和法律另有规定的除外。

涉及商业秘密的案件，当事人申请不公开审理的，可以不公开审理。

第五十五条 当事人认为审判人员与本案有利害关系或者有其他关系可能影响公正审判，有权申请审判人员回避。

审判人员认为自己与本案有利害关系或者有其他关系，应当申请回避。

前两款规定，适用于书记员、翻译人员、鉴定人、勘验人。

院长担任审判长时的回避，由审判委员会决定；审判人员的回避，由院长决定；其他人员的回避，由审判长决定。当事人对决定不服的，可以申请复议一次。

第五十六条 诉讼期间，不停止行政行为的执行。但有下列情形之一的，裁定停止执行：

（一）被告认为需要停止执行的；

（二）原告或者利害关系人申请停止执行，人民法院认为该行政行为的执行会造成难以弥补的损失，并且停止执行不损害国家利益、社会公共利益的；

（三）人民法院认为该行政行为的执行会给国家利益、社会公共利益造成重大损害的；

（四）法律、法规规定停止执行的。

当事人对停止执行或者不停止执行的裁定不服的，可以申请复议一次。

第五十七条 人民法院对起诉行政机关没有依法支付抚恤金、最低生活保障金和工伤、医疗社会保险金的案件，权利义务关系明确、不先予执行将严重影响原告生活的，可以根据原告的申请，裁定先予执行。

当事人对先予执行裁定不服的，可以申请复议一次。复议期间不停止裁定的执行。

第五十八条 经人民法院传票传唤，原告无正当理由拒不到庭，或者未经法庭许可中途退庭的，可以按照撤诉处理；被告无正当理由拒不到庭，或者未经法庭许可中途退庭的，可以缺席判决。

第五十九条 诉讼参与人或者其他人有下列行为之一的，人民法院可以根据情节轻重，予以训诫、责令具结悔过或者处一万元以下的罚款、十五日以下的拘留；构成犯罪的，依法追究刑事责任：

（一）有义务协助调查、执行的人，对人民法院的协助调查决定、协助执行通知书，无故推拖、拒绝或者妨碍调查、执行的；

（二）伪造、隐藏、毁灭证据或者提供虚假证明材料，妨碍人民法院审理案件的；

（三）指使、贿买、胁迫他人作伪证或者威胁、阻止证人作证的；

（四）隐藏、转移、变卖、毁损已被查封、扣押、冻结的财产的；

（五）以欺骗、胁迫等非法手段使原告撤诉的；

（六）以暴力、威胁或者其他方法阻碍人民法院工作人员执行职务，或者以哄闹、冲击法庭等方法扰乱人民法院工作秩序的；

（七）对人民法院审判人员或者其他工作人员、诉讼参与人、协助调查和执行的人员恐吓、侮辱、诽谤、诬陷、殴打、围攻或者打击报复的。

人民法院对有前款规定的行为之一的单位，可以对其主要负责人或者直接责任人员依照前款规定予以罚款、拘留；构成犯罪的，依法追究刑事责任。

罚款、拘留须经人民法院院长批准。当事人不服的，可以向上一级人民法院申请复议一次。复议期间不停止执行。

第六十条 人民法院审理行政案件，不适用调解。但是，行政赔偿、补偿以及行政机关行使法律、法规规定的自由裁量权的案件可以调解。

调解应当遵循自愿、合法原则，不得损害国家利益、社会公共利益和他人合法权益。

第六十一条 在涉及行政许可、登记、征收、征用和行政机关对民事争议所作的裁决的行政诉讼中，当事人申请一并解决相关民事争议的，人民法院可以一并审理。

在行政诉讼中，人民法院认为行政案件的审理需以民事诉讼的裁判为依据的，可以裁定中止行政诉讼。

第六十二条 人民法院对行政案件宣告判决或者裁定前，原告申请撤诉的，或者被告改变其所作的行政行为，原告同意并申请撤诉的，是否准许，由人民法院裁定。

第六十三条 人民法院审理行政案件，以法律和行政法规、地方性法规为依据。地方性法规适用于本行政区域内发生的行政案件。

人民法院审理民族自治地方的行政案件，并以该民族自治地方的自治条例和单行条例为依据。

人民法院审理行政案件，参照规章。

第六十四条 人民法院在审理行政案件中，经审查认为本法第五十三条规定的规范性文件不合法的，不作为认定行政行为合法的依据，并向制定机关提出处理建议。

第六十五条 人民法院应当公开发生法律效力的判决书、裁定书，供公众查阅，但涉及国家秘密、商业秘密和个人隐私的内容除外。

第六十六条 人民法院在审理行政案件中，认为行政机关的主管人员、直接责任人员违法违纪的，应当将有关材料移送监察机关、该行政机关或者其上一级行政机关；认为有犯罪行为的，应当将有关材料移送公安、检察机关。

人民法院对被告经传票传唤无正当理由拒不到庭，或者未经法庭许可中途退庭的，可以将被告拒不到庭或者中途退庭的情况予以公告，并可以向监察机关或者被告的上一级行政机关提出依法给予其主要负责人或者直接责任人员处分的司法建议。

第二节　第一审普通程序

第六十七条　人民法院应当在立案之日起五日内,将起诉状副本发送被告。被告应当在收到起诉状副本之日起十五日内向人民法院提交作出行政行为的证据和所依据的规范性文件,并提出答辩状。人民法院应当在收到答辩状之日起五日内,将答辩状副本发送原告。

被告不提出答辩状的,不影响人民法院审理。

第六十八条　人民法院审理行政案件,由审判员组成合议庭,或者由审判员、陪审员组成合议庭。合议庭的成员,应当是三人以上的单数。

第六十九条　行政行为证据确凿,适用法律、法规正确,符合法定程序的,或者原告申请被告履行法定职责或者给付义务理由不成立的,人民法院判决驳回原告的诉讼请求。

第七十条　行政行为有下列情形之一的,人民法院判决撤销或者部分撤销,并可以判决被告重新作出行政行为:

（一）主要证据不足的;

（二）适用法律、法规错误的;

（三）违反法定程序的;

（四）超越职权的;

（五）滥用职权的;

（六）明显不当的。

第七十一条　人民法院判决被告重新作出行政行为的,被告不得以同一的事实和理由作出与原行政行为基本相同的行政行为。

第七十二条　人民法院经过审理,查明被告不履行法定职责的,判决被告在一定期限内履行。

第七十三条　人民法院经过审理,查明被告依法负有给付义务的,判决被告履行给付义务。

第七十四条　行政行为有下列情形之一的,人民法院判决确认违法,但不撤销行政行为:

（一）行政行为依法应当撤销,但撤销会给国家利益、社会公共利益造成重大损害的;

（二）行政行为程序轻微违法,但对原告权利不产生实际影响的。

行政行为有下列情形之一,不需要撤销或者判决履行的,人民法院判决确认违法:

（一）行政行为违法，但不具有可撤销内容的；

（二）被告改变原违法行政行为，原告仍要求确认原行政行为违法的；

（三）被告不履行或者拖延履行法定职责，判决履行没有意义的。

第七十五条 行政行为有实施主体不具有行政主体资格或者没有依据等重大且明显违法情形，原告申请确认行政行为无效的，人民法院判决确认无效。

第七十六条 人民法院判决确认违法或者无效的，可以同时判决责令被告采取补救措施；给原告造成损失的，依法判决被告承担赔偿责任。

第七十七条 行政处罚明显不当，或者其他行政行为涉及对款额的确定、认定确有错误的，人民法院可以判决变更。

人民法院判决变更，不得加重原告的义务或者减损原告的权益。但利害关系人同为原告，且诉讼请求相反的除外。

第七十八条 被告不依法履行、未按照约定履行或者违法变更、解除本法第十二条第一款第十一项规定的协议的，人民法院判决被告承担继续履行、采取补救措施或者赔偿损失等责任。

被告变更、解除本法第十二条第一款第十一项规定的协议合法，但未依法给予补偿的，人民法院判决给予补偿。

第七十九条 复议机关与作出原行政行为的行政机关为共同被告的案件，人民法院应当对复议决定和原行政行为一并作出裁判。

第八十条 人民法院对公开审理和不公开审理的案件，一律公开宣告判决。

当庭宣判的，应当在十日内发送判决书；定期宣判的，宣判后立即发给判决书。

宣告判决时，必须告知当事人上诉权利、上诉期限和上诉的人民法院。

第八十一条 人民法院应当在立案之日起六个月内作出第一审判决。有特殊情况需要延长的，由高级人民法院批准，高级人民法院审理第一审案件需要延长的，由最高人民法院批准。

第三节 简易程序

第八十二条 人民法院审理下列第一审行政案件，认为事实清楚、权利义务关系明确、争议不大的，可以适用简易程序：

（一）被诉行政行为是依法当场作出的；

（二）案件涉及款额二千元以下的；

（三）属于政府信息公开案件的。

除前款规定以外的第一审行政案件，当事人各方同意适用简易程序的，可以适用简易程序。

发回重审、按照审判监督程序再审的案件不适用简易程序。

第八十三条 适用简易程序审理的行政案件，由审判员一人独任审理，并应当在立案之日起四十五日内审结。

第八十四条 人民法院在审理过程中，发现案件不宜适用简易程序的，裁定转为普通程序。

第四节 第二审程序

第八十五条 当事人不服人民法院第一审判决的，有权在判决书送达之日起十五日内向上一级人民法院提起上诉。当事人不服人民法院第一审裁定的，有权在裁定书送达之日起十日内向上一级人民法院提起上诉。逾期不提起上诉的，人民法院的第一审判决或者裁定发生法律效力。

第八十六条 人民法院对上诉案件，应当组成合议庭，开庭审理。经过阅卷、调查和询问当事人，对没有提出新的事实、证据或者理由，合议庭认为不需要开庭审理的，也可以不开庭审理。

第八十七条 人民法院审理上诉案件，应当对原审人民法院的判决、裁定和被诉行政行为进行全面审查。

第八十八条 人民法院审理上诉案件，应当在收到上诉状之日起三个月内作出终审判决。有特殊情况需要延长的，由高级人民法院批准，高级人民法院审理上诉案件需要延长的，由最高人民法院批准。

第八十九条 人民法院审理上诉案件，按照下列情形，分别处理：

（一）原判决、裁定认定事实清楚，适用法律、法规正确的，判决或者裁定驳回上诉，维持原判决、裁定；

（二）原判决、裁定认定事实错误或者适用法律、法规错误的，依法改判、撤销或者变更；

（三）原判决认定基本事实不清、证据不足的，发回原审人民法院重审，或者查清事实后改判；

（四）原判决遗漏当事人或者违法缺席判决等严重违反法定程序的，裁定撤销原判决，发回原审人民法院重审。

原审人民法院对发回重审的案件作出判决后，当事人提起上诉的，第二审人民法院不得再次发回重审。

人民法院审理上诉案件，需要改变原审判决的，应当同时对被诉行政行为作出判决。

第五节　审判监督程序

第九十条　当事人对已经发生法律效力的判决、裁定，认为确有错误的，可以向上一级人民法院申请再审，但判决、裁定不停止执行。

第九十一条　当事人的申请符合下列情形之一的，人民法院应当再审：

（一）不予立案或者驳回起诉确有错误的；

（二）有新的证据，足以推翻原判决、裁定的；

（三）原判决、裁定认定事实的主要证据不足、未经质证或者系伪造的；

（四）原判决、裁定适用法律、法规确有错误的；

（五）违反法律规定的诉讼程序，可能影响公正审判的；

（六）原判决、裁定遗漏诉讼请求的；

（七）据以作出原判决、裁定的法律文书被撤销或者变更的；

（八）审判人员在审理该案件时有贪污受贿、徇私舞弊、枉法裁判行为的。

第九十二条　各级人民法院院长对本院已经发生法律效力的判决、裁定，发现有本法第九十一条规定情形之一，或者发现调解违反自愿原则或者调解书内容违法，认为需要再审的，应当提交审判委员会讨论决定。

最高人民法院对地方各级人民法院已经发生法律效力的判决、裁定，上级人民法院对下级人民法院已经发生法律效力的判决、裁定，发现有本法第九十一条规定情形之一，或者发现调解违反自愿原则或者调解书内容违法的，有权提审或者指令下级人民法院再审。

第九十三条　最高人民检察院对各级人民法院已经发生法律效力的判决、裁定，上级人民检察院对下级人民法院已经发生法律效力的判决、裁定，发现有本法第九十一条规定情形之一，或者发现调解书损害国家利益、社会公共利益的，应当提出抗诉。

地方各级人民检察院对同级人民法院已经发生法律效力的判决、裁定，发现有本法第九十一条规定情形之一，或者发现调解书损害国家利益、社会公共利益的，可以向同级人民法院提出检察建议，并报上级人民检察院备案；也可以提请上级人民检察院向同级人民法院提出抗诉。

各级人民检察院对审判监督程序以外的其他审判程序中审判人员的违法行为，有权向同级人民法院提出检察建议。

第八章　执　行

第九十四条　当事人必须履行人民法院发生法律效力的判决、裁定、调解书。

第九十五条　公民、法人或者其他组织拒绝履行判决、裁定、调解书的，行政机关或者第三人可以向第一审人民法院申请强制执行，或者由行政机关依法强制执行。

第九十六条　行政机关拒绝履行判决、裁定、调解书的，第一审人民法院可以采取下列措施：

（一）对应当归还的罚款或者应当给付的款额，通知银行从该行政机关的账户内划拨；

（二）在规定期限内不履行的，从期满之日起，对该行政机关负责人按日处五十元至一百元的罚款；

（三）将行政机关拒绝履行的情况予以公告；

（四）向监察机关或者该行政机关的上一级行政机关提出司法建议。接受司法建议的机关，根据有关规定进行处理，并将处理情况告知人民法院；

（五）拒不履行判决、裁定、调解书，社会影响恶劣的，可以对该行政机关直接负责的主管人员和其他直接责任人员予以拘留；情节严重，构成犯罪的，依法追究刑事责任。

第九十七条　公民、法人或者其他组织对行政行为在法定期限内不提起诉讼又不履行的，行政机关可以申请人民法院强制执行，或者依法强制执行。

第九章　涉外行政诉讼

第九十八条　外国人、无国籍人、外国组织在中华人民共和国进行行政诉讼，适用本法。法律另有规定的除外。

第九十九条　外国人、无国籍人、外国组织在中华人民共和国进行行政诉讼，同中华人民共和国公民、组织有同等的诉讼权利和义务。

外国法院对中华人民共和国公民、组织的行政诉讼权利加以限制的，人民法院对该国公民、组织的行政诉讼权利，实行对等原则。

第一百条　外国人、无国籍人、外国组织在中华人民共和国进行行政诉讼，委托律师代理诉讼的，应当委托中华人民共和国律师机构的律师。

第十章 附 则

第一百零一条 人民法院审理行政案件，关于期间、送达、财产保全、开庭审理、调解、中止诉讼、终结诉讼、简易程序、执行等，以及人民检察院对行政案件受理、审理、裁判、执行的监督，本法没有规定的，适用《中华人民共和国民事诉讼法》的相关规定。

第一百零二条 人民法院审理行政案件，应当收取诉讼费用。诉讼费用由败诉方承担，双方都有责任的由双方分担。收取诉讼费用的具体办法另行规定。

第一百零三条 本法自 1990 年 10 月 1 日起施行。

中华人民共和国民事诉讼法

（1991年4月9日第七届全国人民代表大会第四次会议通过　根据2007年10月28日第十届全国人民代表大会常务委员会第三十次会议《关于修改〈中华人民共和国民事诉讼法〉的决定》第一次修正　根据2012年8月31日第十一届全国人民代表大会常务委员会第二十八次会议《关于修改〈中华人民共和国民事诉讼法〉的决定》第二次修正　根据2017年6月27日第十二届全国人民代表大会常务委员会第二十八次会议《关于修改〈中华人民共和国民事诉讼法〉和〈中华人民共和国行政诉讼法〉的决定》第三次修正　根据2021年12月24日第十三届全国人民代表大会常务委员会第三十二次会议《关于修改〈中华人民共和国民事诉讼法〉的决定》第四次修正）

目　录

第一编　总　则
　第一章　任务、适用范围和基本原则
　第二章　管　辖
　　第一节　级别管辖
　　第二节　地域管辖
　　第三节　移送管辖和指定管辖
　第三章　审判组织
　第四章　回　避
　第五章　诉讼参加人
　　第一节　当事人
　　第二节　诉讼代理人
　第六章　证　据

第七章　期间、送达
　　　第一节　期　间
　　　第二节　送　达
　　第八章　调　解
　　第九章　保全和先予执行
　　第十章　对妨害民事诉讼的强制措施
　　第十一章　诉讼费用
第二编　审判程序
　　第十二章　第一审普通程序
　　　第一节　起诉和受理
　　　第二节　审理前的准备
　　　第三节　开庭审理
　　　第四节　诉讼中止和终结
　　　第五节　判决和裁定
　　第十三章　简易程序
　　第十四章　第二审程序
　　第十五章　特别程序
　　　第一节　一般规定
　　　第二节　选民资格案件
　　　第三节　宣告失踪、宣告死亡案件
　　　第四节　认定公民无民事行为能力、限制民事行为能力案件
　　　第五节　认定财产无主案件
　　　第六节　确认调解协议案件
　　　第七节　实现担保物权案件
　　第十六章　审判监督程序
　　第十七章　督促程序
　　第十八章　公示催告程序
第三编　执行程序
　　第十九章　一般规定
　　第二十章　执行的申请和移送
　　第二十一章　执行措施
　　第二十二章　执行中止和终结
第四编　涉外民事诉讼程序的特别规定

第二十三章　一般原则
第二十四章　管　辖
第二十五章　送达、期间
第二十六章　仲　裁
第二十七章　司法协助

第一编　总　则

第一章　任务、适用范围和基本原则

第一条　中华人民共和国民事诉讼法以宪法为根据，结合我国民事审判工作的经验和实际情况制定。

第二条　中华人民共和国民事诉讼法的任务，是保护当事人行使诉讼权利，保证人民法院查明事实，分清是非，正确适用法律，及时审理民事案件，确认民事权利义务关系，制裁民事违法行为，保护当事人的合法权益，教育公民自觉遵守法律，维护社会秩序、经济秩序，保障社会主义建设事业顺利进行。

第三条　人民法院受理公民之间、法人之间、其他组织之间以及他们相互之间因财产关系和人身关系提起的民事诉讼，适用本法的规定。

第四条　凡在中华人民共和国领域内进行民事诉讼，必须遵守本法。

第五条　外国人、无国籍人、外国企业和组织在人民法院起诉、应诉，同中华人民共和国公民、法人和其他组织有同等的诉讼权利义务。

外国法院对中华人民共和国公民、法人和其他组织的民事诉讼权利加以限制的，中华人民共和国人民法院对该国公民、企业和组织的民事诉讼权利，实行对等原则。

第六条　民事案件的审判权由人民法院行使。

人民法院依照法律规定对民事案件独立进行审判，不受行政机关、社会团体和个人的干涉。

第七条　人民法院审理民事案件，必须以事实为根据，以法律为准绳。

第八条　民事诉讼当事人有平等的诉讼权利。人民法院审理民事案件，应当保障和便利当事人行使诉讼权利，对当事人在适用法律上一律平等。

第九条　人民法院审理民事案件，应当根据自愿和合法的原则进行调解；

调解不成的，应当及时判决。

第十条 人民法院审理民事案件，依照法律规定实行合议、回避、公开审判和两审终审制度。

第十一条 各民族公民都有用本民族语言、文字进行民事诉讼的权利。

在少数民族聚居或者多民族共同居住的地区，人民法院应当用当地民族通用的语言、文字进行审理和发布法律文书。

人民法院应当对不通晓当地民族通用的语言、文字的诉讼参与人提供翻译。

第十二条 人民法院审理民事案件时，当事人有权进行辩论。

第十三条 民事诉讼应当遵循诚信原则。

当事人有权在法律规定的范围内处分自己的民事权利和诉讼权利。

第十四条 人民检察院有权对民事诉讼实行法律监督。

第十五条 机关、社会团体、企业事业单位对损害国家、集体或者个人民事权益的行为，可以支持受损害的单位或者个人向人民法院起诉。

第十六条 经当事人同意，民事诉讼活动可以通过信息网络平台在线进行。

民事诉讼活动通过信息网络平台在线进行的，与线下诉讼活动具有同等法律效力。

第十七条 民族自治地方的人民代表大会根据宪法和本法的原则，结合当地民族的具体情况，可以制定变通或者补充的规定。自治区的规定，报全国人民代表大会常务委员会批准。自治州、自治县的规定，报省或者自治区的人民代表大会常务委员会批准，并报全国人民代表大会常务委员会备案。

第二章 管 辖

第一节 级别管辖

第十八条 基层人民法院管辖第一审民事案件，但本法另有规定的除外。

第十九条 中级人民法院管辖下列第一审民事案件：

（一）重大涉外案件；

（二）在本辖区有重大影响的案件；

（三）最高人民法院确定由中级人民法院管辖的案件。

第二十条 高级人民法院管辖在本辖区有重大影响的第一审民事案件。

第二十一条　最高人民法院管辖下列第一审民事案件：
（一）在全国有重大影响的案件；
（二）认为应当由本院审理的案件。

第二节　地域管辖

第二十二条　对公民提起的民事诉讼，由被告住所地人民法院管辖；被告住所地与经常居住地不一致的，由经常居住地人民法院管辖。

对法人或者其他组织提起的民事诉讼，由被告住所地人民法院管辖。

同一诉讼的几个被告住所地、经常居住地在两个以上人民法院辖区的，各该人民法院都有管辖权。

第二十三条　下列民事诉讼，由原告住所地人民法院管辖；原告住所地与经常居住地不一致的，由原告经常居住地人民法院管辖：
（一）对不在中华人民共和国领域内居住的人提起的有关身份关系的诉讼；
（二）对下落不明或者宣告失踪的人提起的有关身份关系的诉讼；
（三）对被采取强制性教育措施的人提起的诉讼；
（四）对被监禁的人提起的诉讼。

第二十四条　因合同纠纷提起的诉讼，由被告住所地或者合同履行地人民法院管辖。

第二十五条　因保险合同纠纷提起的诉讼，由被告住所地或者保险标的物所在地人民法院管辖。

第二十六条　因票据纠纷提起的诉讼，由票据支付地或者被告住所地人民法院管辖。

第二十七条　因公司设立、确认股东资格、分配利润、解散等纠纷提起的诉讼，由公司住所地人民法院管辖。

第二十八条　因铁路、公路、水上、航空运输和联合运输合同纠纷提起的诉讼，由运输始发地、目的地或者被告住所地人民法院管辖。

第二十九条　因侵权行为提起的诉讼，由侵权行为地或者被告住所地人民法院管辖。

第三十条　因铁路、公路、水上和航空事故请求损害赔偿提起的诉讼，由事故发生地或者车辆、船舶最先到达地、航空器最先降落地或者被告住所地人民法院管辖。

第三十一条　因船舶碰撞或者其他海事损害事故请求损害赔偿提起的诉

讼，由碰撞发生地、碰撞船舶最先到达地、加害船舶被扣留地或者被告住所地人民法院管辖。

第三十二条　因海难救助费用提起的诉讼，由救助地或者被救助船舶最先到达地人民法院管辖。

第三十三条　因共同海损提起的诉讼，由船舶最先到达地、共同海损理算地或者航程终止地的人民法院管辖。

第三十四条　下列案件，由本条规定的人民法院专属管辖：

（一）因不动产纠纷提起的诉讼，由不动产所在地人民法院管辖；

（二）因港口作业中发生纠纷提起的诉讼，由港口所在地人民法院管辖；

（三）因继承遗产纠纷提起的诉讼，由被继承人死亡时住所地或者主要遗产所在地人民法院管辖。

第三十五条　合同或者其他财产权益纠纷的当事人可以书面协议选择被告住所地、合同履行地、合同签订地、原告住所地、标的物所在地等与争议有实际联系的地点的人民法院管辖，但不得违反本法对级别管辖和专属管辖的规定。

第三十六条　两个以上人民法院都有管辖权的诉讼，原告可以向其中一个人民法院起诉；原告向两个以上有管辖权的人民法院起诉的，由最先立案的人民法院管辖。

第三节　移送管辖和指定管辖

第三十七条　人民法院发现受理的案件不属于本院管辖的，应当移送有管辖权的人民法院，受移送的人民法院应当受理。受移送的人民法院认为受移送的案件依照规定不属于本院管辖的，应当报请上级人民法院指定管辖，不得再自行移送。

第三十八条　有管辖权的人民法院由于特殊原因，不能行使管辖权的，由上级人民法院指定管辖。

人民法院之间因管辖权发生争议，由争议双方协商解决；协商解决不了的，报请它们的共同上级人民法院指定管辖。

第三十九条　上级人民法院有权审理下级人民法院管辖的第一审民事案件；确有必要将本院管辖的第一审民事案件交下级人民法院审理的，应当报请其上级人民法院批准。

下级人民法院对它所管辖的第一审民事案件，认为需要由上级人民法院审理的，可以报请上级人民法院审理。

第三章　审判组织

第四十条　人民法院审理第一审民事案件,由审判员、陪审员共同组成合议庭或者由审判员组成合议庭。合议庭的成员人数,必须是单数。

适用简易程序审理的民事案件,由审判员一人独任审理。基层人民法院审理的基本事实清楚、权利义务关系明确的第一审民事案件,可以由审判员一人适用普通程序独任审理。

陪审员在执行陪审职务时,与审判员有同等的权利义务。

第四十一条　人民法院审理第二审民事案件,由审判员组成合议庭。合议庭的成员人数,必须是单数。

中级人民法院对第一审适用简易程序审结或者不服裁定提起上诉的第二审民事案件,事实清楚、权利义务关系明确的,经双方当事人同意,可以由审判员一人独任审理。

发回重审的案件,原审人民法院应当按照第一审程序另行组成合议庭。

审理再审案件,原来是第一审的,按照第一审程序另行组成合议庭;原来是第二审的或者是上级人民法院提审的,按照第二审程序另行组成合议庭。

第四十二条　人民法院审理下列民事案件,不得由审判员一人独任审理:

（一）涉及国家利益、社会公共利益的案件;

（二）涉及群体性纠纷,可能影响社会稳定的案件;

（三）人民群众广泛关注或者其他社会影响较大的案件;

（四）属于新类型或者疑难复杂的案件;

（五）法律规定应当组成合议庭审理的案件;

（六）其他不宜由审判员一人独任审理的案件。

第四十三条　人民法院在审理过程中,发现案件不宜由审判员一人独任审理的,应当裁定转由合议庭审理。

当事人认为案件由审判员一人独任审理违反法律规定的,可以向人民法院提出异议。人民法院对当事人提出的异议应当审查,异议成立的,裁定转由合议庭审理;异议不成立的,裁定驳回。

第四十四条　合议庭的审判长由院长或者庭长指定审判员一人担任;院长或者庭长参加审判的,由院长或者庭长担任。

第四十五条　合议庭评议案件,实行少数服从多数的原则。评议应当制作笔录,由合议庭成员签名。评议中的不同意见,必须如实记入笔录。

第四十六条　审判人员应当依法秉公办案。

审判人员不得接受当事人及其诉讼代理人请客送礼。

审判人员有贪污受贿，徇私舞弊，枉法裁判行为的，应当追究法律责任；构成犯罪的，依法追究刑事责任。

第四章　回　避

第四十七条　审判人员有下列情形之一的，应当自行回避，当事人有权用口头或者书面方式申请他们回避：

（一）是本案当事人或者当事人、诉讼代理人近亲属的；

（二）与本案有利害关系的；

（三）与本案当事人、诉讼代理人有其他关系，可能影响对案件公正审理的。

审判人员接受当事人、诉讼代理人请客送礼，或者违反规定会见当事人、诉讼代理人的，当事人有权要求他们回避。

审判人员有前款规定的行为的，应当依法追究法律责任。

前三款规定，适用于书记员、翻译人员、鉴定人、勘验人。

第四十八条　当事人提出回避申请，应当说明理由，在案件开始审理时提出；回避事由在案件开始审理后知道的，也可以在法庭辩论终结前提出。

被申请回避的人员在人民法院作出是否回避的决定前，应当暂停参与本案的工作，但案件需要采取紧急措施的除外。

第四十九条　院长担任审判长或者独任审判员时的回避，由审判委员会决定；审判人员的回避，由院长决定；其他人员的回避，由审判长或者独任审判员决定。

第五十条　人民法院对当事人提出的回避申请，应当在申请提出的三日内，以口头或者书面形式作出决定。申请人对决定不服的，可以在接到决定时申请复议一次。复议期间，被申请回避的人员，不停止参与本案的工作。人民法院对复议申请，应当在三日内作出复议决定，并通知复议申请人。

第五章　诉讼参加人

第一节　当事人

第五十一条　公民、法人和其他组织可以作为民事诉讼的当事人。

法人由其法定代表人进行诉讼。其他组织由其主要负责人进行诉讼。

第五十二条 当事人有权委托代理人,提出回避申请,收集、提供证据,进行辩论,请求调解,提起上诉,申请执行。

当事人可以查阅本案有关材料,并可以复制本案有关材料和法律文书。查阅、复制本案有关材料的范围和办法由最高人民法院规定。

当事人必须依法行使诉讼权利,遵守诉讼秩序,履行发生法律效力的判决书、裁定书和调解书。

第五十三条 双方当事人可以自行和解。

第五十四条 原告可以放弃或者变更诉讼请求。被告可以承认或者反驳诉讼请求,有权提起反诉。

第五十五条 当事人一方或者双方为二人以上,其诉讼标的是共同的,或者诉讼标的是同一种类、人民法院认为可以合并审理并经当事人同意的,为共同诉讼。

共同诉讼的一方当事人对诉讼标的有共同权利义务的,其中一人的诉讼行为经其他共同诉讼人承认,对其他共同诉讼人发生效力;对诉讼标的没有共同权利义务的,其中一人的诉讼行为对其他共同诉讼人不发生效力。

第五十六条 当事人一方人数众多的共同诉讼,可以由当事人推选代表人进行诉讼。代表人的诉讼行为对其所代表的当事人发生效力,但代表人变更、放弃诉讼请求或者承认对方当事人的诉讼请求,进行和解,必须经被代表的当事人同意。

第五十七条 诉讼标的是同一种类、当事人一方人数众多在起诉时人数尚未确定的,人民法院可以发出公告,说明案件情况和诉讼请求,通知权利人在一定期间向人民法院登记。

向人民法院登记的权利人可以推选代表人进行诉讼;推选不出代表人的,人民法院可以与参加登记的权利人商定代表人。

代表人的诉讼行为对其所代表的当事人发生效力,但代表人变更、放弃诉讼请求或者承认对方当事人的诉讼请求,进行和解,必须经被代表的当事人同意。

人民法院作出的判决、裁定,对参加登记的全体权利人发生效力。未参加登记的权利人在诉讼时效期间提起诉讼的,适用该判决、裁定。

第五十八条 对污染环境、侵害众多消费者合法权益等损害社会公共利益的行为，法律规定的机关和有关组织可以向人民法院提起诉讼。

人民检察院在履行职责中发现破坏生态环境和资源保护、食品药品安全领域侵害众多消费者合法权益等损害社会公共利益的行为，在没有前款规定的机关和组织或者前款规定的机关和组织不提起诉讼的情况下，可以向人民法院提起诉讼。前款规定的机关或者组织提起诉讼的，人民检察院可以支持起诉。

第五十九条 对当事人双方的诉讼标的，第三人认为有独立请求权的，有权提起诉讼。

对当事人双方的诉讼标的，第三人虽然没有独立请求权，但案件处理结果同他有法律上的利害关系的，可以申请参加诉讼，或者由人民法院通知他参加诉讼。人民法院判决承担民事责任的第三人，有当事人的诉讼权利义务。

前两款规定的第三人，因不能归责于本人的事由未参加诉讼，但有证据证明发生法律效力的判决、裁定、调解书的部分或者全部内容错误，损害其民事权益的，可以自知道或者应当知道其民事权益受到损害之日起六个月内，向作出该判决、裁定、调解书的人民法院提起诉讼。人民法院经审理，诉讼请求成立的，应当改变或者撤销原判决、裁定、调解书；诉讼请求不成立的，驳回诉讼请求。

第二节 诉讼代理人

第六十条 无诉讼行为能力人由他的监护人作为法定代理人代为诉讼。法定代理人之间互相推诿代理责任的，由人民法院指定其中一人代为诉讼。

第六十一条 当事人、法定代理人可以委托一至二人作为诉讼代理人。

下列人员可以被委托为诉讼代理人：

（一）律师、基层法律服务工作者；

（二）当事人的近亲属或者工作人员；

（三）当事人所在社区、单位以及有关社会团体推荐的公民。

第六十二条 委托他人代为诉讼，必须向人民法院提交由委托人签名或者盖章的授权委托书。

授权委托书必须记明委托事项和权限。诉讼代理人代为承认、放弃、变更诉讼请求，进行和解，提起反诉或者上诉，必须有委托人的特别授权。

侨居在国外的中华人民共和国公民从国外寄交或者托交的授权委托书，必须经中华人民共和国驻该国的使领馆证明；没有使领馆的，由与中华人民共和国有外交关系的第三国驻该国的使领馆证明，再转由中华人民共和国驻该第三国使领馆证明，或者由当地的爱国华侨团体证明。

第六十三条 诉讼代理人的权限如果变更或者解除，当事人应当书面告知人民法院，并由人民法院通知对方当事人。

第六十四条 代理诉讼的律师和其他诉讼代理人有权调查收集证据，可以查阅本案有关材料。查阅本案有关材料的范围和办法由最高人民法院规定。

第六十五条 离婚案件有诉讼代理人的，本人除不能表达意思的以外，仍应出庭；确因特殊情况无法出庭的，必须向人民法院提交书面意见。

第六章 证 据

第六十六条 证据包括：

（一）当事人的陈述；

（二）书证；

（三）物证；

（四）视听资料；

（五）电子数据；

（六）证人证言；

（七）鉴定意见；

（八）勘验笔录。

证据必须查证属实，才能作为认定事实的根据。

第六十七条 当事人对自己提出的主张，有责任提供证据。

当事人及其诉讼代理人因客观原因不能自行收集的证据，或者人民法院认为审理案件需要的证据，人民法院应当调查收集。

人民法院应当按照法定程序，全面地、客观地审查核实证据。

第六十八条 当事人对自己提出的主张应当及时提供证据。

人民法院根据当事人的主张和案件审理情况，确定当事人应当提供的证据及其期限。当事人在该期限内提供证据确有困难的，可以向人民法院申请延长期限，人民法院根据当事人的申请适当延长。当事人逾期提供证据的，人民法院应当责令其说明理由；拒不说明理由或者理由不成立的，人民法院根据不同情形可以不予采纳该证据，或者采纳该证据但予以训诫、罚款。

第六十九条 人民法院收到当事人提交的证据材料，应当出具收据，写明证据名称、页数、份数、原件或者复印件以及收到时间等，并由经办人员签名或者盖章。

第七十条 人民法院有权向有关单位和个人调查取证，有关单位和个人不得拒绝。

人民法院对有关单位和个人提出的证明文书，应当辨别真伪，审查确定其效力。

第七十一条 证据应当在法庭上出示，并由当事人互相质证。对涉及国家秘密、商业秘密和个人隐私的证据应当保密，需要在法庭出示的，不得在公开开庭时出示。

第七十二条 经过法定程序公证证明的法律事实和文书，人民法院应当作为认定事实的根据，但有相反证据足以推翻公证证明的除外。

第七十三条 书证应当提交原件。物证应当提交原物。提交原件或者原物确有困难的，可以提交复制品、照片、副本、节录本。

提交外文书证，必须附有中文译本。

第七十四条 人民法院对视听资料，应当辨别真伪，并结合本案的其他证据，审查确定能否作为认定事实的根据。

第七十五条 凡是知道案件情况的单位和个人，都有义务出庭作证。有关单位的负责人应当支持证人作证。

不能正确表达意思的人，不能作证。

第七十六条 经人民法院通知，证人应当出庭作证。有下列情形之一的，经人民法院许可，可以通过书面证言、视听传输技术或者视听资料等方式作证：

（一）因健康原因不能出庭的；

（二）因路途遥远，交通不便不能出庭的；

（三）因自然灾害等不可抗力不能出庭的；

（四）其他有正当理由不能出庭的。

第七十七条 证人因履行出庭作证义务而支出的交通、住宿、就餐等必要费用以及误工损失，由败诉一方当事人负担。当事人申请证人作证的，由该当事人先行垫付；当事人没有申请，人民法院通知证人作证的，由人民法院先行垫付。

第七十八条 人民法院对当事人的陈述，应当结合本案的其他证据，审查确定能否作为认定事实的根据。

当事人拒绝陈述的，不影响人民法院根据证据认定案件事实。

第七十九条 当事人可以就查明事实的专门性问题向人民法院申请鉴定。当事人申请鉴定的，由双方当事人协商确定具备资格的鉴定人；协商不成的，由人民法院指定。

当事人未申请鉴定，人民法院对专门性问题认为需要鉴定的，应当委托具备资格的鉴定人进行鉴定。

第八十条 鉴定人有权了解进行鉴定所需要的案件材料，必要时可以询问当事人、证人。

鉴定人应当提出书面鉴定意见，在鉴定书上签名或者盖章。

第八十一条 当事人对鉴定意见有异议或者人民法院认为鉴定人有必要出庭的，鉴定人应当出庭作证。经人民法院通知，鉴定人拒不出庭作证的，鉴定意见不得作为认定事实的根据；支付鉴定费用的当事人可以要求返还鉴定费用。

第八十二条 当事人可以申请人民法院通知有专门知识的人出庭，就鉴定人作出的鉴定意见或者专业问题提出意见。

第八十三条 勘验物证或者现场，勘验人必须出示人民法院的证件，并邀请当地基层组织或者当事人所在单位派人参加。当事人或者当事人的成年家属应当到场，拒不到场的，不影响勘验的进行。

有关单位和个人根据人民法院的通知，有义务保护现场，协助勘验工作。

勘验人应当将勘验情况和结果制作笔录，由勘验人、当事人和被邀参加人签名或者盖章。

第八十四条 在证据可能灭失或者以后难以取得的情况下，当事人可以在诉讼过程中向人民法院申请保全证据，人民法院也可以主动采取保全措施。

因情况紧急，在证据可能灭失或者以后难以取得的情况下，利害关系人可以在提起诉讼或者申请仲裁前向证据所在地、被申请人住所地或者对案件有管辖权的人民法院申请保全证据。

证据保全的其他程序，参照适用本法第九章保全的有关规定。

第七章　期间、送达

第一节　期　间

第八十五条 期间包括法定期间和人民法院指定的期间。

期间以时、日、月、年计算。期间开始的时和日，不计算在期间内。

期间届满的最后一日是法定休假日的，以法定休假日后的第一日为期间届满的日期。

期间不包括在途时间，诉讼文书在期满前交邮的，不算过期。

第八十六条 当事人因不可抗拒的事由或者其他正当理由耽误期限的,在障碍消除后的十日内,可以申请顺延期限,是否准许,由人民法院决定。

第二节 送 达

第八十七条 送达诉讼文书必须有送达回证,由受送达人在送达回证上记明收到日期,签名或者盖章。

受送达人在送达回证上的签收日期为送达日期。

第八十八条 送达诉讼文书,应当直接送交受送达人。受送达人是公民的,本人不在交他的同住成年家属签收;受送达人是法人或者其他组织的,应当由法人的法定代表人、其他组织的主要负责人或者该法人、组织负责收件的人签收;受送达人有诉讼代理人的,可以送交其代理人签收;受送达人已向人民法院指定代收人的,送交代收人签收。

受送达人的同住成年家属,法人或者其他组织的负责收件的人,诉讼代理人或者代收人在送达回证上签收的日期为送达日期。

第八十九条 受送达人或者他的同住成年家属拒绝接收诉讼文书的,送达人可以邀请有关基层组织或者所在单位的代表到场,说明情况,在送达回证上记明拒收事由和日期,由送达人、见证人签名或者盖章,把诉讼文书留在受送达人的住所;也可以把诉讼文书留在受送达人的住所,并采用拍照、录像等方式记录送达过程,即视为送达。

第九十条 经受送达人同意,人民法院可以采用能够确认其收悉的电子方式送达诉讼文书。通过电子方式送达的判决书、裁定书、调解书,受送达人提出需要纸质文书的,人民法院应当提供。

采用前款方式送达的,以送达信息到达受送达人特定系统的日期为送达日期。

第九十一条 直接送达诉讼文书有困难的,可以委托其他人民法院代为送达,或者邮寄送达。邮寄送达的,以回执上注明的收件日期为送达日期。

第九十二条 受送达人是军人的,通过其所在部队团以上单位的政治机关转交。

第九十三条 受送达人被监禁的,通过其所在监所转交。

受送达人被采取强制性教育措施的,通过其所在强制性教育机构转交。

第九十四条 代为转交的机关、单位收到诉讼文书后,必须立即交受送达人签收,以在送达回证上的签收日期,为送达日期。

第九十五条 受送达人下落不明,或者用本节规定的其他方式无法送达的，公告送达。自发出公告之日起，经过三十日，即视为送达。

公告送达，应当在案卷中记明原因和经过。

第八章 调 解

第九十六条 人民法院审理民事案件，根据当事人自愿的原则，在事实清楚的基础上，分清是非，进行调解。

第九十七条 人民法院进行调解，可以由审判员一人主持，也可以由合议庭主持，并尽可能就地进行。

人民法院进行调解，可以用简便方式通知当事人、证人到庭。

第九十八条 人民法院进行调解，可以邀请有关单位和个人协助。被邀请的单位和个人，应当协助人民法院进行调解。

第九十九条 调解达成协议，必须双方自愿，不得强迫。调解协议的内容不得违反法律规定。

第一百条 调解达成协议，人民法院应当制作调解书。调解书应当写明诉讼请求、案件的事实和调解结果。

调解书由审判人员、书记员署名，加盖人民法院印章，送达双方当事人。

调解书经双方当事人签收后，即具有法律效力。

第一百零一条 下列案件调解达成协议，人民法院可以不制作调解书：

（一）调解和好的离婚案件；

（二）调解维持收养关系的案件；

（三）能够即时履行的案件；

（四）其他不需要制作调解书的案件。

对不需要制作调解书的协议，应当记入笔录，由双方当事人、审判人员、书记员签名或者盖章后，即具有法律效力。

第一百零二条 调解未达成协议或者调解书送达前一方反悔的，人民法院应当及时判决。

第九章 保全和先予执行

第一百零三条 人民法院对于可能因当事人一方的行为或者其他原因，使判决难以执行或者造成当事人其他损害的案件，根据对方当事人的申请，可以裁定对其财产进行保全、责令其作出一定行为或者禁止其作出一定行为；

当事人没有提出申请的，人民法院在必要时也可以裁定采取保全措施。

人民法院采取保全措施，可以责令申请人提供担保，申请人不提供担保的，裁定驳回申请。

人民法院接受申请后，对情况紧急的，必须在四十八小时内作出裁定；裁定采取保全措施的，应当立即开始执行。

第一百零四条 利害关系人因情况紧急，不立即申请保全将会使其合法权益受到难以弥补的损害的，可以在提起诉讼或者申请仲裁前向被保全财产所在地、被申请人住所地或者对案件有管辖权的人民法院申请采取保全措施。申请人应当提供担保，不提供担保的，裁定驳回申请。

人民法院接受申请后，必须在四十八小时内作出裁定；裁定采取保全措施的，应当立即开始执行。

申请人在人民法院采取保全措施后三十日内不依法提起诉讼或者申请仲裁的，人民法院应当解除保全。

第一百零五条 保全限于请求的范围，或者与本案有关的财物。

第一百零六条 财产保全采取查封、扣押、冻结或者法律规定的其他方法。人民法院保全财产后，应当立即通知被保全财产的人。

财产已被查封、冻结的，不得重复查封、冻结。

第一百零七条 财产纠纷案件，被申请人提供担保的，人民法院应当裁定解除保全。

第一百零八条 申请有错误的，申请人应当赔偿被申请人因保全所遭受的损失。

第一百零九条 人民法院对下列案件，根据当事人的申请，可以裁定先予执行：

（一）追索赡养费、扶养费、抚养费、抚恤金、医疗费用的；

（二）追索劳动报酬的；

（三）因情况紧急需要先予执行的。

第一百一十条 人民法院裁定先予执行的，应当符合下列条件：

（一）当事人之间权利义务关系明确，不先予执行将严重影响申请人的生活或者生产经营的；

（二）被申请人有履行能力。

人民法院可以责令申请人提供担保，申请人不提供担保的，驳回申请。

申请人败诉的，应当赔偿被申请人因先予执行遭受的财产损失。

第一百一十一条 当事人对保全或者先予执行的裁定不服的，可以申请复议一次。复议期间不停止裁定的执行。

第十章 对妨害民事诉讼的强制措施

第一百一十二条 人民法院对必须到庭的被告，经两次传票传唤，无正当理由拒不到庭的，可以拘传。

第一百一十三条 诉讼参与人和其他人应当遵守法庭规则。

人民法院对违反法庭规则的人，可以予以训诫，责令退出法庭或者予以罚款、拘留。

人民法院对哄闹、冲击法庭，侮辱、诽谤、威胁、殴打审判人员，严重扰乱法庭秩序的人，依法追究刑事责任；情节较轻的，予以罚款、拘留。

第一百一十四条 诉讼参与人或者其他人有下列行为之一的，人民法院可以根据情节轻重予以罚款、拘留；构成犯罪的，依法追究刑事责任：

（一）伪造、毁灭重要证据，妨碍人民法院审理案件的；

（二）以暴力、威胁、贿买方法阻止证人作证或者指使、贿买、胁迫他人作伪证的；

（三）隐藏、转移、变卖、毁损已被查封、扣押的财产，或者已被清点并责令其保管的财产，转移已被冻结的财产的；

（四）对司法工作人员、诉讼参加人、证人、翻译人员、鉴定人、勘验人、协助执行的人，进行侮辱、诽谤、诬陷、殴打或者打击报复的；

（五）以暴力、威胁或者其他方法阻碍司法工作人员执行职务的；

（六）拒不履行人民法院已经发生法律效力的判决、裁定的。

人民法院对有前款规定的行为之一的单位，可以对其主要负责人或者直接责任人员予以罚款、拘留；构成犯罪的，依法追究刑事责任。

第一百一十五条 当事人之间恶意串通，企图通过诉讼、调解等方式侵害他人合法权益的，人民法院应当驳回其请求，并根据情节轻重予以罚款、拘留；构成犯罪的，依法追究刑事责任。

第一百一十六条 被执行人与他人恶意串通，通过诉讼、仲裁、调解等方式逃避履行法律文书确定的义务的，人民法院应当根据情节轻重予以罚款、拘留；构成犯罪的，依法追究刑事责任。

第一百一十七条 有义务协助调查、执行的单位有下列行为之一的，人

民法院除责令其履行协助义务外,并可以予以罚款:

(一)有关单位拒绝或者妨碍人民法院调查取证的;

(二)有关单位接到人民法院协助执行通知书后,拒不协助查询、扣押、冻结、划拨、变价财产的;

(三)有关单位接到人民法院协助执行通知书后,拒不协助扣留被执行人的收入、办理有关财产权证照转移手续、转交有关票证、证照或者其他财产的;

(四)其他拒绝协助执行的。

人民法院对有前款规定的行为之一的单位,可以对其主要负责人或者直接责任人员予以罚款;对仍不履行协助义务的,可以予以拘留;并可以向监察机关或者有关机关提出予以纪律处分的司法建议。

第一百一十八条 对个人的罚款金额,为人民币十万元以下。对单位的罚款金额,为人民币五万元以上一百万元以下。

拘留的期限,为十五日以下。

被拘留的人,由人民法院交公安机关看管。在拘留期间,被拘留人承认并改正错误的,人民法院可以决定提前解除拘留。

第一百一十九条 拘传、罚款、拘留必须经院长批准。

拘传应当发拘传票。

罚款、拘留应当用决定书。对决定不服的,可以向上一级人民法院申请复议一次。复议期间不停止执行。

第一百二十条 采取对妨害民事诉讼的强制措施必须由人民法院决定。任何单位和个人采取非法拘禁他人或者非法私自扣押他人财产追索债务的,应当依法追究刑事责任,或者予以拘留、罚款。

第十一章 诉讼费用

第一百二十一条 当事人进行民事诉讼,应当按照规定交纳案件受理费。财产案件除交纳案件受理费外,并按照规定交纳其他诉讼费用。

当事人交纳诉讼费用确有困难的,可以按照规定向人民法院申请缓交、减交或者免交。

收取诉讼费用的办法另行制定。

《人民检察院行政诉讼监督规则》理解与适用

第二编 审判程序

第十二章 第一审普通程序

第一节 起诉和受理

第一百二十二条 起诉必须符合下列条件：
（一）原告是与本案有直接利害关系的公民、法人和其他组织；
（二）有明确的被告；
（三）有具体的诉讼请求和事实、理由；
（四）属于人民法院受理民事诉讼的范围和受诉人民法院管辖。

第一百二十三条 起诉应当向人民法院递交起诉状，并按照被告人数提出副本。

书写起诉状确有困难的，可以口头起诉，由人民法院记入笔录，并告知对方当事人。

第一百二十四条 起诉状应当记明下列事项：
（一）原告的姓名、性别、年龄、民族、职业、工作单位、住所、联系方式，法人或者其他组织的名称、住所和法定代表人或者主要负责人的姓名、职务、联系方式；
（二）被告的姓名、性别、工作单位、住所等信息，法人或者其他组织的名称、住所等信息；
（三）诉讼请求和所根据的事实与理由；
（四）证据和证据来源，证人姓名和住所。

第一百二十五条 当事人起诉到人民法院的民事纠纷，适宜调解的，先行调解，但当事人拒绝调解的除外。

第一百二十六条 人民法院应当保障当事人依照法律规定享有的起诉权利。对符合本法第一百二十二条的起诉，必须受理。符合起诉条件的，应当在七日内立案，并通知当事人；不符合起诉条件的，应当在七日内作出裁定书，不予受理；原告对裁定不服的，可以提起上诉。

第一百二十七条 人民法院对下列起诉，分别情形，予以处理：
（一）依照行政诉讼法的规定，属于行政诉讼受案范围的，告知原告提起行政诉讼；
（二）依照法律规定，双方当事人达成书面仲裁协议申请仲裁、不得向人民法院起诉的，告知原告向仲裁机构申请仲裁；

（三）依照法律规定，应当由其他机关处理的争议，告知原告向有关机关申请解决；

（四）对不属于本院管辖的案件，告知原告向有管辖权的人民法院起诉；

（五）对判决、裁定、调解书已经发生法律效力的案件，当事人又起诉的，告知原告申请再审，但人民法院准许撤诉的裁定除外；

（六）依照法律规定，在一定期限内不得起诉的案件，在不得起诉的期限内起诉的，不予受理；

（七）判决不准离婚和调解和好的离婚案件，判决、调解维持收养关系的案件，没有新情况、新理由，原告在六个月内又起诉的，不予受理。

第二节　审理前的准备

第一百二十八条　人民法院应当在立案之日起五日内将起诉状副本发送被告，被告应当在收到之日起十五日内提出答辩状。答辩状应当记明被告的姓名、性别、年龄、民族、职业、工作单位、住所、联系方式；法人或者其他组织的名称、住所和法定代表人或者主要负责人的姓名、职务、联系方式。人民法院应当在收到答辩状之日起五日内将答辩状副本发送原告。

被告不提出答辩状的，不影响人民法院审理。

第一百二十九条　人民法院对决定受理的案件，应当在受理案件通知书和应诉通知书中向当事人告知有关的诉讼权利义务，或者口头告知。

第一百三十条　人民法院受理案件后，当事人对管辖权有异议的，应当在提交答辩状期间提出。人民法院对当事人提出的异议，应当审查。异议成立的，裁定将案件移送有管辖权的人民法院；异议不成立的，裁定驳回。

当事人未提出管辖异议，并应诉答辩的，视为受诉人民法院有管辖权，但违反级别管辖和专属管辖规定的除外。

第一百三十一条　审判人员确定后，应当在三日内告知当事人。

第一百三十二条　审判人员必须认真审核诉讼材料，调查收集必要的证据。

第一百三十三条　人民法院派出人员进行调查时，应当向被调查人出示证件。

调查笔录经被调查人校阅后，由被调查人、调查人签名或者盖章。

第一百三十四条　人民法院在必要时可以委托外地人民法院调查。

委托调查，必须提出明确的项目和要求。受委托人民法院可以主动补充调查。

受委托人民法院收到委托书后，应当在三十日内完成调查。因故不能完成的，应当在上述期限内函告委托人民法院。

第一百三十五条 必须共同进行诉讼的当事人没有参加诉讼的，人民法院应当通知其参加诉讼。

第一百三十六条 人民法院对受理的案件，分别情形，予以处理：

（一）当事人没有争议，符合督促程序规定条件的，可以转入督促程序；

（二）开庭前可以调解的，采取调解方式及时解决纠纷；

（三）根据案件情况，确定适用简易程序或者普通程序；

（四）需要开庭审理的，通过要求当事人交换证据等方式，明确争议焦点。

第三节 开庭审理

第一百三十七条 人民法院审理民事案件，除涉及国家秘密、个人隐私或者法律另有规定的以外，应当公开进行。

离婚案件，涉及商业秘密的案件，当事人申请不公开审理的，可以不公开审理。

第一百三十八条 人民法院审理民事案件，根据需要进行巡回审理，就地办案。

第一百三十九条 人民法院审理民事案件，应当在开庭三日前通知当事人和其他诉讼参与人。公开审理的，应当公告当事人姓名、案由和开庭的时间、地点。

第一百四十条 开庭审理前，书记员应当查明当事人和其他诉讼参与人是否到庭，宣布法庭纪律。

开庭审理时，由审判长或者独任审判员核对当事人，宣布案由，宣布审判人员、书记员名单，告知当事人有关的诉讼权利义务，询问当事人是否提出回避申请。

第一百四十一条 法庭调查按照下列顺序进行：

（一）当事人陈述；

（二）告知证人的权利义务，证人作证，宣读未到庭的证人证言；

（三）出示书证、物证、视听资料和电子数据；

（四）宣读鉴定意见；

（五）宣读勘验笔录。

第一百四十二条 当事人在法庭上可以提出新的证据。

当事人经法庭许可，可以向证人、鉴定人、勘验人发问。

当事人要求重新进行调查、鉴定或者勘验的，是否准许，由人民法院决定。

第一百四十三条 原告增加诉讼请求，被告提出反诉，第三人提出与本案有关的诉讼请求，可以合并审理。

第一百四十四条 法庭辩论按照下列顺序进行：

（一）原告及其诉讼代理人发言；

（二）被告及其诉讼代理人答辩；

（三）第三人及其诉讼代理人发言或者答辩；

（四）互相辩论。

法庭辩论终结，由审判长或者独任审判员按照原告、被告、第三人的先后顺序征询各方最后意见。

第一百四十五条 法庭辩论终结，应当依法作出判决。判决前能够调解的，还可以进行调解，调解不成的，应当及时判决。

第一百四十六条 原告经传票传唤，无正当理由拒不到庭的，或者未经法庭许可中途退庭的，可以按撤诉处理；被告反诉的，可以缺席判决。

第一百四十七条 被告经传票传唤，无正当理由拒不到庭的，或者未经法庭许可中途退庭的，可以缺席判决。

第一百四十八条 宣判前，原告申请撤诉的，是否准许，由人民法院裁定。

人民法院裁定不准许撤诉的，原告经传票传唤，无正当理由拒不到庭的，可以缺席判决。

第一百四十九条 有下列情形之一的，可以延期开庭审理：

（一）必须到庭的当事人和其他诉讼参与人有正当理由没有到庭的；

（二）当事人临时提出回避申请的；

（三）需要通知新的证人到庭，调取新的证据，重新鉴定、勘验，或者需要补充调查的；

（四）其他应当延期的情形。

第一百五十条 书记员应当将法庭审理的全部活动记入笔录，由审判人员和书记员签名。

法庭笔录应当当庭宣读，也可以告知当事人和其他诉讼参与人当庭或者在五日内阅读。当事人和其他诉讼参与人认为对自己的陈述记录有遗漏或者差错的,有权申请补正。如果不予补正,应当将申请记录在案。

法庭笔录由当事人和其他诉讼参与人签名或者盖章。拒绝签名盖章的,记明情况附卷。

第一百五十一条 人民法院对公开审理或者不公开审理的案件,一律公开宣告判决。

当庭宣判的,应当在十日内发送判决书;定期宣判的,宣判后立即发给判决书。

宣告判决时,必须告知当事人上诉权利、上诉期限和上诉的法院。

宣告离婚判决,必须告知当事人在判决发生法律效力前不得另行结婚。

第一百五十二条 人民法院适用普通程序审理的案件,应当在立案之日起六个月内审结。有特殊情况需要延长的,经本院院长批准,可以延长六个月;还需要延长的,报请上级人民法院批准。

第四节 诉讼中止和终结

第一百五十三条 有下列情形之一的,中止诉讼:

(一)一方当事人死亡,需要等待继承人表明是否参加诉讼的;

(二)一方当事人丧失诉讼行为能力,尚未确定法定代理人的;

(三)作为一方当事人的法人或者其他组织终止,尚未确定权利义务承受人的;

(四)一方当事人因不可抗拒的事由,不能参加诉讼的;

(五)本案必须以另一案的审理结果为依据,而另一案尚未审结的;

(六)其他应当中止诉讼的情形。

中止诉讼的原因消除后,恢复诉讼。

第一百五十四条 有下列情形之一的,终结诉讼:

(一)原告死亡,没有继承人,或者继承人放弃诉讼权利的;

(二)被告死亡,没有遗产,也没有应当承担义务的人的;

(三)离婚案件一方当事人死亡的;

(四)追索赡养费、扶养费、抚养费以及解除收养关系案件的一方当事人死亡的。

第五节 判决和裁定

第一百五十五条 判决书应当写明判决结果和作出该判决的理由。判决书内容包括：

（一）案由、诉讼请求、争议的事实和理由；

（二）判决认定的事实和理由、适用的法律和理由；

（三）判决结果和诉讼费用的负担；

（四）上诉期间和上诉的法院。

判决书由审判人员、书记员署名，加盖人民法院印章。

第一百五十六条 人民法院审理案件，其中一部分事实已经清楚，可以就该部分先行判决。

第一百五十七条 裁定适用于下列范围：

（一）不予受理；

（二）对管辖权有异议的；

（三）驳回起诉；

（四）保全和先予执行；

（五）准许或者不准许撤诉；

（六）中止或者终结诉讼；

（七）补正判决书中的笔误；

（八）中止或者终结执行；

（九）撤销或者不予执行仲裁裁决；

（十）不予执行公证机关赋予强制执行效力的债权文书；

（十一）其他需要裁定解决的事项。

对前款第一项至第三项裁定，可以上诉。

裁定书应当写明裁定结果和作出该裁定的理由。裁定书由审判人员、书记员署名，加盖人民法院印章。口头裁定的，记入笔录。

第一百五十八条 最高人民法院的判决、裁定，以及依法不准上诉或者超过上诉期没有上诉的判决、裁定，是发生法律效力的判决、裁定。

第一百五十九条 公众可以查阅发生法律效力的判决书、裁定书，但涉及国家秘密、商业秘密和个人隐私的内容除外。

第十三章　简易程序

第一百六十条 基层人民法院和它派出的法庭审理事实清楚、权利义务关系明确、争议不大的简单的民事案件，适用本章规定。

基层人民法院和它派出的法庭审理前款规定以外的民事案件，当事人双方也可以约定适用简易程序。

第一百六十一条 对简单的民事案件，原告可以口头起诉。

当事人双方可以同时到基层人民法院或者它派出的法庭，请求解决纠纷。基层人民法院或者它派出的法庭可以当即审理，也可以另定日期审理。

第一百六十二条 基层人民法院和它派出的法庭审理简单的民事案件，可以用简便方式传唤当事人和证人、送达诉讼文书、审理案件，但应当保障当事人陈述意见的权利。

第一百六十三条 简单的民事案件由审判员一人独任审理，并不受本法第一百三十九条、第一百四十一条、第一百四十四条规定的限制。

第一百六十四条 人民法院适用简易程序审理案件，应当在立案之日起三个月内审结。有特殊情况需要延长的，经本院院长批准，可以延长一个月。

第一百六十五条 基层人民法院和它派出的法庭审理事实清楚、权利义务关系明确、争议不大的简单金钱给付民事案件，标的额为各省、自治区、直辖市上年度就业人员年平均工资百分之五十以下的，适用小额诉讼的程序审理，实行一审终审。

基层人民法院和它派出的法庭审理前款规定的民事案件，标的额超过各省、自治区、直辖市上年度就业人员年平均工资百分之五十但在二倍以下的，当事人双方也可以约定适用小额诉讼的程序。

第一百六十六条 人民法院审理下列民事案件，不适用小额诉讼的程序：

（一）人身关系、财产确权案件；

（二）涉外案件；

（三）需要评估、鉴定或者对诉前评估、鉴定结果有异议的案件；

（四）一方当事人下落不明的案件；

（五）当事人提出反诉的案件；

（六）其他不宜适用小额诉讼的程序审理的案件。

第一百六十七条 人民法院适用小额诉讼的程序审理案件，可以一次开庭审结并且当庭宣判。

第一百六十八条 人民法院适用小额诉讼的程序审理案件，应当在立案之日起两个月内审结。有特殊情况需要延长的，经本院院长批准，可以延长一个月。

第一百六十九条 人民法院在审理过程中，发现案件不宜适用小额诉讼的程序的,应当适用简易程序的其他规定审理或者裁定转为普通程序。

当事人认为案件适用小额诉讼的程序审理违反法律规定的,可以向人民法院提出异议。人民法院对当事人提出的异议应当审查,异议成立的,应当适用简易程序的其他规定审理或者裁定转为普通程序;异议不成立的,裁定驳回。

第一百七十条 人民法院在审理过程中,发现案件不宜适用简易程序的,裁定转为普通程序。

第十四章　第二审程序

第一百七十一条 当事人不服地方人民法院第一审判决的,有权在判决书送达之日起十五日内向上一级人民法院提起上诉。

当事人不服地方人民法院第一审裁定的,有权在裁定书送达之日起十日内向上一级人民法院提起上诉。

第一百七十二条 上诉应当递交上诉状。上诉状的内容,应当包括当事人的姓名,法人的名称及其法定代表人的姓名或者其他组织的名称及其主要负责人的姓名;原审人民法院名称、案件的编号和案由;上诉的请求和理由。

第一百七十三条 上诉状应当通过原审人民法院提出,并按照对方当事人或者代表人的人数提出副本。

当事人直接向第二审人民法院上诉的,第二审人民法院应当在五日内将上诉状移交原审人民法院。

第一百七十四条 原审人民法院收到上诉状,应当在五日内将上诉状副本送达对方当事人,对方当事人在收到之日起十五日内提出答辩状。人民法院应当在收到答辩状之日起五日内将副本送达上诉人。对方当事人不提出答辩状的,不影响人民法院审理。

原审人民法院收到上诉状、答辩状,应当在五日内连同全部案卷和证据,报送第二审人民法院。

第一百七十五条 第二审人民法院应当对上诉请求的有关事实和适用法律进行审查。

第一百七十六条 第二审人民法院对上诉案件应当开庭审理。经过阅卷、调查和询问当事人,对没有提出新的事实、证据或者理由,人民法院认为不需要开庭审理的,可以不开庭审理。

第二审人民法院审理上诉案件,可以在本院进行,也可以到案件发生地或者原审人民法院所在地进行。

第一百七十七条 第二审人民法院对上诉案件，经过审理，按照下列情形，分别处理：

（一）原判决、裁定认定事实清楚，适用法律正确的，以判决、裁定方式驳回上诉，维持原判决、裁定；

（二）原判决、裁定认定事实错误或者适用法律错误的，以判决、裁定方式依法改判、撤销或者变更；

（三）原判决认定基本事实不清的，裁定撤销原判决，发回原审人民法院重审，或者查清事实后改判；

（四）原判决遗漏当事人或者违法缺席判决等严重违反法定程序的，裁定撤销原判决，发回原审人民法院重审。

原审人民法院对发回重审的案件作出判决后，当事人提起上诉的，第二审人民法院不得再次发回重审。

第一百七十八条 第二审人民法院对不服第一审人民法院裁定的上诉案件的处理，一律使用裁定。

第一百七十九条 第二审人民法院审理上诉案件，可以进行调解。调解达成协议，应当制作调解书，由审判人员、书记员署名，加盖人民法院印章。调解书送达后，原审人民法院的判决即视为撤销。

第一百八十条 第二审人民法院判决宣告前，上诉人申请撤回上诉的，是否准许，由第二审人民法院裁定。

第一百八十一条 第二审人民法院审理上诉案件，除依照本章规定外，适用第一审普通程序。

第一百八十二条 第二审人民法院的判决、裁定，是终审的判决、裁定。

第一百八十三条 人民法院审理对判决的上诉案件，应当在第二审立案之日起三个月内审结。有特殊情况需要延长的，由本院院长批准。

人民法院审理对裁定的上诉案件，应当在第二审立案之日起三十日内作出终审裁定。

第十五章 特别程序

第一节 一般规定

第一百八十四条 人民法院审理选民资格案件、宣告失踪或者宣告死亡案件、认定公民无民事行为能力或者限制民事行为能力案件、认定财产无主案件、确认调解协议案件和实现担保物权案件，适用本章规定。本章没有规定的，适用本法和其他法律的有关规定。

第一百八十五条 依照本章程序审理的案件，实行一审终审。选民资格案件或者重大、疑难的案件，由审判员组成合议庭审理；其他案件由审判员一人独任审理。

第一百八十六条 人民法院在依照本章程序审理案件的过程中，发现本案属于民事权益争议的，应当裁定终结特别程序，并告知利害关系人可以另行起诉。

第一百八十七条 人民法院适用特别程序审理的案件，应当在立案之日起三十日内或者公告期满后三十日内审结。有特殊情况需要延长的，由本院院长批准。但审理选民资格的案件除外。

第二节 选民资格案件

第一百八十八条 公民不服选举委员会对选民资格的申诉所作的处理决定，可以在选举日的五日以前向选区所在地基层人民法院起诉。

第一百八十九条 人民法院受理选民资格案件后，必须在选举日前审结。审理时，起诉人、选举委员会的代表和有关公民必须参加。

人民法院的判决书，应当在选举日前送达选举委员会和起诉人，并通知有关公民。

第三节 宣告失踪、宣告死亡案件

第一百九十条 公民下落不明满二年，利害关系人申请宣告其失踪的，向下落不明人住所地基层人民法院提出。

申请书应当写明失踪的事实、时间和请求，并附有公安机关或者其他有关机关关于该公民下落不明的书面证明。

第一百九十一条 公民下落不明满四年，或者因意外事件下落不明满二年，或者因意外事件下落不明，经有关机关证明该公民不可能生存，利害关系人申请宣告其死亡的，向下落不明人住所地基层人民法院提出。

申请书应当写明下落不明的事实、时间和请求，并附有公安机关或者其他有关机关关于该公民下落不明的书面证明。

第一百九十二条 人民法院受理宣告失踪、宣告死亡案件后,应当发出寻找下落不明人的公告。宣告失踪的公告期间为三个月,宣告死亡的公告期间为一年。因意外事件下落不明,经有关机关证明该公民不可能生存的,宣告死亡的公告期间为三个月。

公告期间届满,人民法院应当根据被宣告失踪、宣告死亡的事实是否得到确认,作出宣告失踪、宣告死亡的判决或者驳回申请的判决。

第一百九十三条 被宣告失踪、宣告死亡的公民重新出现,经本人或者利害关系人申请,人民法院应当作出新判决,撤销原判决。

第四节 认定公民无民事行为能力、限制民事行为能力案件

第一百九十四条 申请认定公民无民事行为能力或者限制民事行为能力,由利害关系人或者有关组织向该公民住所地基层人民法院提出。

申请书应当写明该公民无民事行为能力或者限制民事行为能力的事实和根据。

第一百九十五条 人民法院受理申请后,必要时应当对被请求认定为无民事行为能力或者限制民事行为能力的公民进行鉴定。申请人已提供鉴定意见的,应当对鉴定意见进行审查。

第一百九十六条 人民法院审理认定公民无民事行为能力或者限制民事行为能力的案件,应当由该公民的近亲属为代理人,但申请人除外。近亲属互相推诿的,由人民法院指定其中一人为代理人。该公民健康情况许可的,还应当询问本人的意见。

人民法院经审理认定申请有事实根据的,判决该公民为无民事行为能力或者限制民事行为能力人;认定申请没有事实根据的,应当判决予以驳回。

第一百九十七条 人民法院根据被认定为无民事行为能力人、限制民事行为能力人本人、利害关系人或者有关组织的申请,证实该公民无民事行为能力或者限制民事行为能力的原因已经消除的,应当作出新判决,撤销原判决。

第五节 认定财产无主案件

第一百九十八条 申请认定财产无主,由公民、法人或者其他组织向财产所在地基层人民法院提出。

申请书应当写明财产的种类、数量以及要求认定财产无主的根据。

第一百九十九条 人民法院受理申请后，经审查核实，应当发出财产认领公告。公告满一年无人认领的，判决认定财产无主，收归国家或者集体所有。

第二百条 判决认定财产无主后，原财产所有人或者继承人出现，在民法典规定的诉讼时效期间可以对财产提出请求，人民法院审查属实后，应当作出新判决，撤销原判决。

第六节 确认调解协议案件

第二百零一条 经依法设立的调解组织调解达成调解协议，申请司法确认的，由双方当事人自调解协议生效之日起三十日内，共同向下列人民法院提出：

（一）人民法院邀请调解组织开展先行调解的，向作出邀请的人民法院提出；

（二）调解组织自行开展调解的，向当事人住所地、标的物所在地、调解组织所在地的基层人民法院提出；调解协议所涉纠纷应当由中级人民法院管辖的，向相应的中级人民法院提出。

第二百零二条 人民法院受理申请后，经审查，符合法律规定的，裁定调解协议有效，一方当事人拒绝履行或者未全部履行的，对方当事人可以向人民法院申请执行；不符合法律规定的，裁定驳回申请，当事人可以通过调解方式变更原调解协议或者达成新的调解协议，也可以向人民法院提起诉讼。

第七节 实现担保物权案件

第二百零三条 申请实现担保物权，由担保物权人以及其他有权请求实现担保物权的人依照民法典等法律，向担保财产所在地或者担保物权登记地基层人民法院提出。

第二百零四条 人民法院受理申请后，经审查，符合法律规定的，裁定拍卖、变卖担保财产，当事人依据该裁定可以向人民法院申请执行；不符合法律规定的，裁定驳回申请，当事人可以向人民法院提起诉讼。

第十六章 审判监督程序

第二百零五条 各级人民法院院长对本院已经发生法律效力的判决、裁定、调解书,发现确有错误,认为需要再审的,应当提交审判委员会讨论决定。

最高人民法院对地方各级人民法院已经发生法律效力的判决、裁定、调解书,上级人民法院对下级人民法院已经发生法律效力的判决、裁定、调解书,发现确有错误的,有权提审或者指令下级人民法院再审。

第二百零六条 当事人对已经发生法律效力的判决、裁定,认为有错误的,可以向上一级人民法院申请再审;当事人一方人数众多或者当事人双方为公民的案件,也可以向原审人民法院申请再审。当事人申请再审的,不停止判决、裁定的执行。

第二百零七条 当事人的申请符合下列情形之一的,人民法院应当再审:
(一)有新的证据,足以推翻原判决、裁定的;
(二)原判决、裁定认定的基本事实缺乏证据证明的;
(三)原判决、裁定认定事实的主要证据是伪造的;
(四)原判决、裁定认定事实的主要证据未经质证的;
(五)对审理案件需要的主要证据,当事人因客观原因不能自行收集,书面申请人民法院调查收集,人民法院未调查收集的;
(六)原判决、裁定适用法律确有错误的;
(七)审判组织的组成不合法或者依法应当回避的审判人员没有回避的;
(八)无诉讼行为能力人未经法定代理人代为诉讼或者应当参加诉讼的当事人,因不能归责于本人或者其诉讼代理人的事由,未参加诉讼的;
(九)违反法律规定,剥夺当事人辩论权利的;
(十)未经传票传唤,缺席判决的;
(十一)原判决、裁定遗漏或者超出诉讼请求的;
(十二)据以作出原判决、裁定的法律文书被撤销或者变更的;
(十三)审判人员审理该案件时有贪污受贿,徇私舞弊,枉法裁判行为的。

第二百零八条 当事人对已经发生法律效力的调解书,提出证据证明调解违反自愿原则或者调解协议的内容违反法律的,可以申请再审。经人民法院审查属实的,应当再审。

第二百零九条 当事人对已经发生法律效力的解除婚姻关系的判决、调解书,不得申请再审。

第二百一十条　当事人申请再审的，应当提交再审申请书等材料。人民法院应当自收到再审申请书之日起五日内将再审申请书副本发送对方当事人。对方当事人应当自收到再审申请书副本之日起十五日内提交书面意见；不提交书面意见的，不影响人民法院审查。人民法院可以要求申请人和对方当事人补充有关材料，询问有关事项。

第二百一十一条　人民法院应当自收到再审申请书之日起三个月内审查，符合本法规定的，裁定再审；不符合本法规定的，裁定驳回申请。有特殊情况需要延长的，由本院院长批准。

因当事人申请裁定再审的案件由中级人民法院以上的人民法院审理，但当事人依照本法第二百零六条的规定选择向基层人民法院申请再审的除外。最高人民法院、高级人民法院裁定再审的案件，由本院再审或者交其他人民法院再审，也可以交原审人民法院再审。

第二百一十二条　当事人申请再审，应当在判决、裁定发生法律效力后六个月内提出；有本法第二百零七条第一项、第三项、第十二项、第十三项规定情形的，自知道或者应当知道之日起六个月内提出。

第二百一十三条　按照审判监督程序决定再审的案件，裁定中止原判决、裁定、调解书的执行，但追索赡养费、扶养费、抚养费、抚恤金、医疗费用、劳动报酬等案件，可以不中止执行。

第二百一十四条　人民法院按照审判监督程序再审的案件，发生法律效力的判决、裁定是由第一审法院作出的，按照第一审程序审理，所作的判决、裁定，当事人可以上诉；发生法律效力的判决、裁定是由第二审法院作出的，按照第二审程序审理，所作的判决、裁定，是发生法律效力的判决、裁定；上级人民法院按照审判监督程序提审的，按照第二审程序审理，所作的判决、裁定是发生法律效力的判决、裁定。

人民法院审理再审案件，应当另行组成合议庭。

第二百一十五条　最高人民检察院对各级人民法院已经发生法律效力的判决、裁定，上级人民检察院对下级人民法院已经发生法律效力的判决、裁定，发现有本法第二百零七条规定情形之一的，或者发现调解书损害国家利益、社会公共利益的，应当提出抗诉。

地方各级人民检察院对同级人民法院已经发生法律效力的判决、裁定，发现有本法第二百零七条规定情形之一的，或者发现调解书损害国家利益、社会公共利益的，可以向同级人民法院提出检察建议，并报上级人民检察院备案；也可以提请上级人民检察院向同级人民法院提出抗诉。

各级人民检察院对审判监督程序以外的其他审判程序中审判人员的违法行为，有权向同级人民法院提出检察建议。

第二百一十六条 有下列情形之一的，当事人可以向人民检察院申请检察建议或者抗诉：

（一）人民法院驳回再审申请的；

（二）人民法院逾期未对再审申请作出裁定的；

（三）再审判决、裁定有明显错误的。

人民检察院对当事人的申请应当在三个月内进行审查，作出提出或者不予提出检察建议或者抗诉的决定。当事人不得再次向人民检察院申请检察建议或者抗诉。

第二百一十七条 人民检察院因履行法律监督职责提出检察建议或者抗诉的需要，可以向当事人或者案外人调查核实有关情况。

第二百一十八条 人民检察院提出抗诉的案件，接受抗诉的人民法院应当自收到抗诉书之日起三十日内作出再审的裁定；有本法第二百零七条第一项至第五项规定情形之一的，可以交下一级人民法院再审，但经该下一级人民法院再审的除外。

第二百一十九条 人民检察院决定对人民法院的判决、裁定、调解书提出抗诉的，应当制作抗诉书。

第二百二十条 人民检察院提出抗诉的案件，人民法院再审时，应当通知人民检察院派员出席法庭。

第十七章　督促程序

第二百二十一条 债权人请求债务人给付金钱、有价证券，符合下列条件的，可以向有管辖权的基层人民法院申请支付令：

（一）债权人与债务人没有其他债务纠纷的；

（二）支付令能够送达债务人的。

申请书应当写明请求给付金钱或者有价证券的数量和所根据的事实、证据。

第二百二十二条 债权人提出申请后，人民法院应当在五日内通知债权人是否受理。

第二百二十三条 人民法院受理申请后，经审查债权人提供的事实、证据，对债权债务关系明确、合法的，应当在受理之日起十五日内向债务人发出支付令；申请不成立的，裁定予以驳回。

债务人应当自收到支付令之日起十五日内清偿债务，或者向人民法院提出书面异议。

债务人在前款规定的期间不提出异议又不履行支付令的，债权人可以向人民法院申请执行。

第二百二十四条 人民法院收到债务人提出的书面异议后，经审查，异议成立的，应当裁定终结督促程序，支付令自行失效。

支付令失效的，转入诉讼程序，但申请支付令的一方当事人不同意提起诉讼的除外。

第十八章　公示催告程序

第二百二十五条 按照规定可以背书转让的票据持有人，因票据被盗、遗失或者灭失，可以向票据支付地的基层人民法院申请公示催告。依照法律规定可以申请公示催告的其他事项，适用本章规定。

申请人应当向人民法院递交申请书，写明票面金额、发票人、持票人、背书人等票据主要内容和申请的理由、事实。

第二百二十六条 人民法院决定受理申请，应当同时通知支付人停止支付，并在三日内发出公告，催促利害关系人申报权利。公示催告的期间，由人民法院根据情况决定，但不得少于六十日。

第二百二十七条 支付人收到人民法院停止支付的通知，应当停止支付，至公示催告程序终结。

公示催告期间，转让票据权利的行为无效。

第二百二十八条 利害关系人应当在公示催告期间向人民法院申报。

人民法院收到利害关系人的申报后，应当裁定终结公示催告程序，并通知申请人和支付人。

申请人或者申报人可以向人民法院起诉。

第二百二十九条 没有人申报的，人民法院应当根据申请人的申请，作出判决，宣告票据无效。判决应当公告，并通知支付人。自判决公告之日起，申请人有权向支付人请求支付。

第二百三十条 利害关系人因正当理由不能在判决前向人民法院申报的，自知道或者应当知道判决公告之日起一年内，可以向作出判决的人民法院起诉。

第三编 执行程序

第十九章 一般规定

第二百三十一条 发生法律效力的民事判决、裁定,以及刑事判决、裁定中的财产部分,由第一审人民法院或者与第一审人民法院同级的被执行的财产所在地人民法院执行。

法律规定由人民法院执行的其他法律文书,由被执行人住所地或者被执行的财产所在地人民法院执行。

第二百三十二条 当事人、利害关系人认为执行行为违反法律规定的,可以向负责执行的人民法院提出书面异议。当事人、利害关系人提出书面异议的,人民法院应当自收到书面异议之日起十五日内审查,理由成立的,裁定撤销或者改正;理由不成立的,裁定驳回。当事人、利害关系人对裁定不服的,可以自裁定送达之日起十日内向上一级人民法院申请复议。

第二百三十三条 人民法院自收到申请执行书之日起超过六个月未执行的,申请执行人可以向上一级人民法院申请执行。上一级人民法院经审查,可以责令原人民法院在一定期限内执行,也可以决定由本院执行或者指令其他人民法院执行。

第二百三十四条 执行过程中,案外人对执行标的提出书面异议的,人民法院应当自收到书面异议之日起十五日内审查,理由成立的,裁定中止对该标的的执行;理由不成立的,裁定驳回。案外人、当事人对裁定不服,认为原判决、裁定错误的,依照审判监督程序办理;与原判决、裁定无关的,可以自裁定送达之日起十五日内向人民法院提起诉讼。

第二百三十五条 执行工作由执行员进行。

采取强制执行措施时,执行员应当出示证件。执行完毕后,应当将执行情况制作笔录,由在场的有关人员签名或者盖章。

人民法院根据需要可以设立执行机构。

第二百三十六条 被执行人或者被执行的财产在外地的,可以委托当地人民法院代为执行。受委托人民法院收到委托函件后,必须在十五日内开始执行,不得拒绝。执行完毕后,应当将执行结果及时函复委托人民法院;在三十日内如果还未执行完毕,也应当将执行情况函告委托人民法院。

受委托人民法院自收到委托函件之日起十五日内不执行的,委托人民法院可以请求受委托人民法院的上级人民法院指令受委托人民法院执行。

第二百三十七条 在执行中,双方当事人自行和解达成协议的,执行员应当将协议内容记入笔录,由双方当事人签名或者盖章。

申请执行人因受欺诈、胁迫与被执行人达成和解协议,或者当事人不履行和解协议的,人民法院可以根据当事人的申请,恢复对原生效法律文书的执行。

第二百三十八条 在执行中,被执行人向人民法院提供担保,并经申请执行人同意的,人民法院可以决定暂缓执行及暂缓执行的期限。被执行人逾期仍不履行的,人民法院有权执行被执行人的担保财产或者担保人的财产。

第二百三十九条 作为被执行人的公民死亡的,以其遗产偿还债务。作为被执行人的法人或者其他组织终止的,由其权利义务承受人履行义务。

第二百四十条 执行完毕后,据以执行的判决、裁定和其他法律文书确有错误,被人民法院撤销的,对已被执行的财产,人民法院应当作出裁定,责令取得财产的人返还;拒不返还的,强制执行。

第二百四十一条 人民法院制作的调解书的执行,适用本编的规定。

第二百四十二条 人民检察院有权对民事执行活动实行法律监督。

第二十章 执行的申请和移送

第二百四十三条 发生法律效力的民事判决、裁定,当事人必须履行。一方拒绝履行的,对方当事人可以向人民法院申请执行,也可以由审判员移送执行员执行。

调解书和其他应当由人民法院执行的法律文书,当事人必须履行。一方拒绝履行的,对方当事人可以向人民法院申请执行。

第二百四十四条 对依法设立的仲裁机构的裁决,一方当事人不履行的,对方当事人可以向有管辖权的人民法院申请执行。受申请的人民法院应当执行。

被申请人提出证据证明仲裁裁决有下列情形之一的,经人民法院组成合议庭审查核实,裁定不予执行:

(一)当事人在合同中没有订有仲裁条款或者事后没有达成书面仲裁协议的;

(二)裁决的事项不属于仲裁协议的范围或者仲裁机构无权仲裁的;

(三)仲裁庭的组成或者仲裁的程序违反法定程序的;

(四)裁决所根据的证据是伪造的;

（五）对方当事人向仲裁机构隐瞒了足以影响公正裁决的证据的；

（六）仲裁员在仲裁该案时有贪污受贿，徇私舞弊，枉法裁决行为的。

人民法院认定执行该裁决违背社会公共利益的，裁定不予执行。

裁定书应当送达双方当事人和仲裁机构。

仲裁裁决被人民法院裁定不予执行的，当事人可以根据双方达成的书面仲裁协议重新申请仲裁，也可以向人民法院起诉。

第二百四十五条 对公证机关依法赋予强制执行效力的债权文书，一方当事人不履行的，对方当事人可以向有管辖权的人民法院申请执行，受申请的人民法院应当执行。

公证债权文书确有错误的，人民法院裁定不予执行，并将裁定书送达双方当事人和公证机关。

第二百四十六条 申请执行的期间为二年。申请执行时效的中止、中断，适用法律有关诉讼时效中止、中断的规定。

前款规定的期间，从法律文书规定履行期间的最后一日起计算；法律文书规定分期履行的，从最后一期履行期限届满之日起计算；法律文书未规定履行期间的，从法律文书生效之日起计算。

第二百四十七条 执行员接到申请执行书或者移交执行书，应当向被执行人发出执行通知，并可以立即采取强制执行措施。

第二十一章 执行措施

第二百四十八条 被执行人未按执行通知履行法律文书确定的义务，应当报告当前以及收到执行通知之日前一年的财产情况。被执行人拒绝报告或者虚假报告的，人民法院可以根据情节轻重对被执行人或者其法定代理人、有关单位的主要负责人或者直接责任人员予以罚款、拘留。

第二百四十九条 被执行人未按执行通知履行法律文书确定的义务，人民法院有权向有关单位查询被执行人的存款、债券、股票、基金份额等财产情况。人民法院有权根据不同情形扣押、冻结、划拨、变价被执行人的财产。人民法院查询、扣押、冻结、划拨、变价的财产不得超出被执行人应当履行义务的范围。

人民法院决定扣押、冻结、划拨、变价财产，应当作出裁定，并发出协助执行通知书，有关单位必须办理。

第二百五十条 被执行人未按执行通知履行法律文书确定的义务，人民法院有权扣留、提取被执行人应当履行义务部分的收入。但应当保留被执行人及其所扶养家属的生活必需费用。

人民法院扣留、提取收入时,应当作出裁定,并发出协助执行通知书,被执行人所在单位、银行、信用合作社和其他有储蓄业务的单位必须办理。

第二百五十一条 被执行人未按执行通知履行法律文书确定的义务,人民法院有权查封、扣押、冻结、拍卖、变卖被执行人应当履行义务部分的财产。但应当保留被执行人及其所扶养家属的生活必需品。

采取前款措施,人民法院应当作出裁定。

第二百五十二条 人民法院查封、扣押财产时,被执行人是公民的,应当通知被执行人或者他的成年家属到场;被执行人是法人或者其他组织的,应当通知其法定代表人或者主要负责人到场。拒不到场的,不影响执行。被执行人是公民的,其工作单位或者财产所在地的基层组织应当派人参加。

对被查封、扣押的财产,执行员必须造具清单,由在场人签名或者盖章后,交被执行人一份。被执行人是公民的,也可以交他的成年家属一份。

第二百五十三条 被查封的财产,执行员可以指定被执行人负责保管。因被执行人的过错造成的损失,由被执行人承担。

第二百五十四条 财产被查封、扣押后,执行员应当责令被执行人在指定期间履行法律文书确定的义务。被执行人逾期不履行的,人民法院应当拍卖被查封、扣押的财产;不适于拍卖或者当事人双方同意不进行拍卖的,人民法院可以委托有关单位变卖或者自行变卖。国家禁止自由买卖的物品,交有关单位按照国家规定的价格收购。

第二百五十五条 被执行人不履行法律文书确定的义务,并隐匿财产的,人民法院有权发出搜查令,对被执行人及其住所或者财产隐匿地进行搜查。

采取前款措施,由院长签发搜查令。

第二百五十六条 法律文书指定交付的财物或者票证,由执行员传唤双方当事人当面交付,或者由执行员转交,并由被交付人签收。

有关单位持有该项财物或者票证的,应当根据人民法院的协助执行通知书转交,并由被交付人签收。

有关公民持有该项财物或者票证的,人民法院通知其交出。拒不交出的,强制执行。

第二百五十七条 强制迁出房屋或者强制退出土地,由院长签发公告,责令被执行人在指定期间履行。被执行人逾期不履行的,由执行员强制执行。

强制执行时,被执行人是公民的,应当通知被执行人或者他的成年家属到场；被执行人是法人或者其他组织的，应当通知其法定代表人或者主要负责人到场。拒不到场的，不影响执行。被执行人是公民的，其工作单位或者房屋、土地所在地的基层组织应当派人参加。执行员应当将强制执行情况记入笔录，由在场人签名或者盖章。

强制迁出房屋被搬出的财物，由人民法院派人运至指定处所，交给被执行人。被执行人是公民的，也可以交给他的成年家属。因拒绝接收而造成的损失，由被执行人承担。

第二百五十八条　在执行中，需要办理有关财产权证照转移手续的，人民法院可以向有关单位发出协助执行通知书，有关单位必须办理。

第二百五十九条　对判决、裁定和其他法律文书指定的行为，被执行人未按执行通知履行的，人民法院可以强制执行或者委托有关单位或者其他人完成，费用由被执行人承担。

第二百六十条　被执行人未按判决、裁定和其他法律文书指定的期间履行给付金钱义务的，应当加倍支付迟延履行期间的债务利息。被执行人未按判决、裁定和其他法律文书指定的期间履行其他义务的，应当支付迟延履行金。

第二百六十一条　人民法院采取本法第二百四十九条、第二百五十条、第二百五十一条规定的执行措施后，被执行人仍不能偿还债务的，应当继续履行义务。债权人发现被执行人有其他财产的，可以随时请求人民法院执行。

第二百六十二条　被执行人不履行法律文书确定的义务的，人民法院可以对其采取或者通知有关单位协助采取限制出境，在征信系统记录、通过媒体公布不履行义务信息以及法律规定的其他措施。

第二十二章　执行中止和终结

第二百六十三条　有下列情形之一的，人民法院应当裁定中止执行：

（一）申请人表示可以延期执行的；

（二）案外人对执行标的提出确有理由的异议的；

（三）作为一方当事人的公民死亡，需要等待继承人继承权利或者承担义务的；

（四）作为一方当事人的法人或者其他组织终止，尚未确定权利义务承受人的；

（五）人民法院认为应当中止执行的其他情形。

中止的情形消失后，恢复执行。

第二百六十四条　有下列情形之一的，人民法院裁定终结执行：

（一）申请人撤销申请的；

（二）据以执行的法律文书被撤销的；

（三）作为被执行人的公民死亡，无遗产可供执行，又无义务承担人的；

（四）追索赡养费、扶养费、抚养费案件的权利人死亡的；

（五）作为被执行人的公民因生活困难无力偿还借款，无收入来源，又丧失劳动能力的；

（六）人民法院认为应当终结执行的其他情形。

第二百六十五条　中止和终结执行的裁定，送达当事人后立即生效。

第四编　涉外民事诉讼程序的特别规定

第二十三章　一般原则

第二百六十六条　在中华人民共和国领域内进行涉外民事诉讼，适用本编规定。本编没有规定的，适用本法其他有关规定。

第二百六十七条　中华人民共和国缔结或者参加的国际条约同本法有不同规定的，适用该国际条约的规定，但中华人民共和国声明保留的条款除外。

第二百六十八条　对享有外交特权与豁免的外国人、外国组织或者国际组织提起的民事诉讼，应当依照中华人民共和国有关法律和中华人民共和国缔结或者参加的国际条约的规定办理。

第二百六十九条　人民法院审理涉外民事案件，应当使用中华人民共和国通用的语言、文字。当事人要求提供翻译的，可以提供，费用由当事人承担。

第二百七十条　外国人、无国籍人、外国企业和组织在人民法院起诉、应诉，需要委托律师代理诉讼的，必须委托中华人民共和国的律师。

第二百七十一条　在中华人民共和国领域内没有住所的外国人、无国籍人、外国企业和组织委托中华人民共和国律师或者其他人代理诉讼，从中华人民共和国领域外寄交或者托交的授权委托书，应当经所在国公证机关证明，并经中华人民共和国驻该国使领馆认证，或者履行中华人民共和国与该所在国订立的有关条约中规定的证明手续后，才具有效力。

《人民检察院行政诉讼监督规则》理解与适用

第二十四章 管　辖

第二百七十二条 因合同纠纷或者其他财产权益纠纷，对在中华人民共和国领域内没有住所的被告提起的诉讼，如果合同在中华人民共和国领域内签订或者履行，或者诉讼标的物在中华人民共和国领域内，或者被告在中华人民共和国领域内有可供扣押的财产，或者被告在中华人民共和国领域内设有代表机构，可以由合同签订地、合同履行地、诉讼标的物所在地、可供扣押财产所在地、侵权行为地或者代表机构住所地人民法院管辖。

第二百七十三条 因在中华人民共和国履行中外合资经营企业合同、中外合作经营企业合同、中外合作勘探开发自然资源合同发生纠纷提起的诉讼，由中华人民共和国人民法院管辖。

第二十五章 送达、期间

第二百七十四条 人民法院对在中华人民共和国领域内没有住所的当事人送达诉讼文书，可以采用下列方式：

（一）依照受送达人所在国与中华人民共和国缔结或者共同参加的国际条约中规定的方式送达；

（二）通过外交途径送达；

（三）对具有中华人民共和国国籍的受送达人，可以委托中华人民共和国驻受送达人所在国的使领馆代为送达；

（四）向受送达人委托的有权代其接受送达的诉讼代理人送达；

（五）向受送达人在中华人民共和国领域内设立的代表机构或者有权接受送达的分支机构、业务代办人送达；

（六）受送达人所在国的法律允许邮寄送达的，可以邮寄送达，自邮寄之日起满三个月，送达回证没有退回，但根据各种情况足以认定已经送达的，期间届满之日视为送达；

（七）采用传真、电子邮件等能够确认受送达人收悉的方式送达；

（八）不能用上述方式送达的，公告送达，自公告之日起满三个月，即视为送达。

第二百七十五条 被告在中华人民共和国领域内没有住所的，人民法院应当将起诉状副本送达被告，并通知被告在收到起诉状副本后三十日内提出答辩状。被告申请延期的，是否准许，由人民法院决定。

第二百七十六条 在中华人民共和国领域内没有住所的当事人,不服第一审人民法院判决、裁定的,有权在判决书、裁定书送达之日起三十日内提起上诉。被上诉人在收到上诉状副本后,应当在三十日内提出答辩状。当事人不能在法定期间提起上诉或者提出答辩状,申请延期的,是否准许,由人民法院决定。

第二百七十七条 人民法院审理涉外民事案件的期间,不受本法第一百五十二条、第一百八十三条规定的限制。

第二十六章 仲　裁

第二百七十八条 涉外经济贸易、运输和海事中发生的纠纷,当事人在合同中订有仲裁条款或者事后达成书面仲裁协议,提交中华人民共和国涉外仲裁机构或者其他仲裁机构仲裁的,当事人不得向人民法院起诉。

当事人在合同中没有订有仲裁条款或者事后没有达成书面仲裁协议的,可以向人民法院起诉。

第二百七十九条 当事人申请采取保全的,中华人民共和国的涉外仲裁机构应当将当事人的申请,提交被申请人住所地或者财产所在地的中级人民法院裁定。

第二百八十条 经中华人民共和国涉外仲裁机构裁决的,当事人不得向人民法院起诉。一方当事人不履行仲裁裁决的,对方当事人可以向被申请人住所地或者财产所在地的中级人民法院申请执行。

第二百八十一条 对中华人民共和国涉外仲裁机构作出的裁决,被申请人提出证据证明仲裁裁决有下列情形之一的,经人民法院组成合议庭审查核实,裁定不予执行:

(一)当事人在合同中没有订有仲裁条款或者事后没有达成书面仲裁协议的;

(二)被申请人没有得到指定仲裁员或者进行仲裁程序的通知,或者由于其他不属于被申请人负责的原因未能陈述意见的;

(三)仲裁庭的组成或者仲裁的程序与仲裁规则不符的;

(四)裁决的事项不属于仲裁协议的范围或者仲裁机构无权仲裁的。

人民法院认定执行该裁决违背社会公共利益的,裁定不予执行。

第二百八十二条 仲裁裁决被人民法院裁定不予执行的,当事人可以根据双方达成的书面仲裁协议重新申请仲裁,也可以向人民法院起诉。

第二十七章 司法协助

第二百八十三条 根据中华人民共和国缔结或者参加的国际条约，或者按照互惠原则，人民法院和外国法院可以相互请求，代为送达文书、调查取证以及进行其他诉讼行为。

外国法院请求协助的事项有损于中华人民共和国的主权、安全或者社会公共利益的，人民法院不予执行。

第二百八十四条 请求和提供司法协助，应当依照中华人民共和国缔结或者参加的国际条约所规定的途径进行；没有条约关系的，通过外交途径进行。

外国驻中华人民共和国的使领馆可以向该国公民送达文书和调查取证，但不得违反中华人民共和国的法律，并不得采取强制措施。

除前款规定的情况外，未经中华人民共和国主管机关准许，任何外国机关或者个人不得在中华人民共和国领域内送达文书、调查取证。

第二百八十五条 外国法院请求人民法院提供司法协助的请求书及其所附文件，应当附有中文译本或者国际条约规定的其他文字文本。

人民法院请求外国法院提供司法协助的请求书及其所附文件，应当附有该国文字译本或者国际条约规定的其他文字文本。

第二百八十六条 人民法院提供司法协助，依照中华人民共和国法律规定的程序进行。外国法院请求采用特殊方式的，也可以按照其请求的特殊方式进行，但请求采用的特殊方式不得违反中华人民共和国法律。

第二百八十七条 人民法院作出的发生法律效力的判决、裁定，如果被执行人或者其财产不在中华人民共和国领域内，当事人请求执行的，可以由当事人直接向有管辖权的外国法院申请承认和执行，也可以由人民法院依照中华人民共和国缔结或者参加的国际条约的规定，或者按照互惠原则，请求外国法院承认和执行。

中华人民共和国涉外仲裁机构作出的发生法律效力的仲裁裁决，当事人请求执行的，如果被执行人或者其财产不在中华人民共和国领域内，应当由当事人直接向有管辖权的外国法院申请承认和执行。

第二百八十八条 外国法院作出的发生法律效力的判决、裁定，需要中华人民共和国人民法院承认和执行的，可以由当事人直接向中华人民共和国有管辖权的中级人民法院申请承认和执行，也可以由外国法院依照该国与中华人民共和国缔结或者参加的国际条约的规定，或者按照互惠原则，请求人民法院承认和执行。

第二百八十九条 人民法院对申请或者请求承认和执行的外国法院作出的发生法律效力的判决、裁定,依照中华人民共和国缔结或者参加的国际条约,或者按照互惠原则进行审查后,认为不违反中华人民共和国法律的基本原则或者国家主权、安全、社会公共利益的,裁定承认其效力,需要执行的,发出执行令,依照本法的有关规定执行。违反中华人民共和国法律的基本原则或者国家主权、安全、社会公共利益的,不予承认和执行。

第二百九十条 国外仲裁机构的裁决,需要中华人民共和国人民法院承认和执行的,应当由当事人直接向被执行人住所地或者其财产所在地的中级人民法院申请,人民法院应当依照中华人民共和国缔结或者参加的国际条约,或者按照互惠原则办理。

第二百九十一条 本法自公布之日起施行,《中华人民共和国民事诉讼法(试行)》同时废止。

人民检察院民事诉讼监督规则

（2021年2月9日最高人民检察院第十三届检察委员会第六十二次会议通过　2021年6月26日最高人民检察院公告公布　自2021年8月1日起施行　高检发释字〔2021〕1号）

目　录

第一章　总　则
第二章　回　避
第三章　受　理
第四章　审　查
　　第一节　一般规定
　　第二节　听　证
　　第三节　调查核实
　　第四节　中止审查和终结审查
第五章　对生效判决、裁定、调解书的监督
　　第一节　一般规定
　　第二节　再审检察建议和提请抗诉
　　第三节　抗　诉
　　第四节　出　庭
第六章　对审判程序中审判人员违法行为的监督
第七章　对执行活动的监督
第八章　案件管理
第九章　其他规定
第十章　附　则

第一章　总　则

第一条　为了保障和规范人民检察院依法履行民事检察职责，根据《中华人民共和国民事诉讼法》《中华人民共和国人民检察院组织法》和其他有关规定，结合人民检察院工作实际，制定本规则。

第二条　人民检察院依法独立行使检察权，通过办理民事诉讼监督案件，维护司法公正和司法权威，维护国家利益和社会公共利益，维护自然人、法人和非法人组织的合法权益，保障国家法律的统一正确实施。

第三条　人民检察院通过抗诉、检察建议等方式，对民事诉讼活动实行法律监督。

第四条　人民检察院办理民事诉讼监督案件，应当以事实为根据，以法律为准绳，坚持公开、公平、公正和诚实信用原则，尊重和保障当事人的诉讼权利，监督和支持人民法院依法行使审判权和执行权。

第五条　负责控告申诉检察、民事检察、案件管理的部门分别承担民事诉讼监督案件的受理、办理、管理工作，各部门互相配合，互相制约。

第六条　人民检察院办理民事诉讼监督案件，实行检察官办案责任制，由检察官、检察长、检察委员会在各自职权范围内对办案事项作出决定，并依照规定承担相应司法责任。

第七条　人民检察院办理民事诉讼监督案件，根据案件情况，可以由一名检察官独任办理，也可以由两名以上检察官组成办案组办理。由检察官办案组办理的，检察长应当指定一名检察官担任主办检察官，组织、指挥办案组办理案件。

检察官办理案件，可以根据需要配备检察官助理、书记员、司法警察、检察技术人员等检察辅助人员。检察辅助人员依照有关规定承担相应的检察辅助事务。

第八条　最高人民检察院领导地方各级人民检察院和专门人民检察院的民事诉讼监督工作，上级人民检察院领导下级人民检察院的民事诉讼监督工作。

上级人民检察院认为下级人民检察院的决定错误的，有权指令下级人民检察院纠正，或者依法撤销、变更。上级人民检察院的决定，应当以书面形式作出，下级人民检察院应当执行。下级人民检察院对上级人民检察院的决定有不同意见的，可以在执行的同时向上级人民检察院报告。

《人民检察院行政诉讼监督规则》理解与适用

上级人民检察院可以依法统一调用辖区的检察人员办理民事诉讼监督案件,调用的决定应当以书面形式作出。被调用的检察官可以代表办理案件的人民检察院履行相关检察职责。

第九条 人民检察院检察长或者检察长委托的副检察长在同级人民法院审判委员会讨论民事抗诉案件或者其他与民事诉讼监督工作有关的议题时,可以依照有关规定列席会议。

第十条 人民检察院办理民事诉讼监督案件,实行回避制度。

第十一条 检察人员办理民事诉讼监督案件,应当秉持客观公正的立场,自觉接受监督。

检察人员不得接受当事人及其诉讼代理人、特定关系人、中介组织请客送礼或者其他利益,不得违反规定会见当事人及其委托的人。

检察人员有收受贿赂、徇私枉法等行为的,应当追究纪律责任和法律责任。

检察人员对过问或者干预、插手民事诉讼监督案件办理等重大事项的行为,应当按照有关规定全面、如实、及时记录、报告。

第二章 回 避

第十二条 检察人员有《中华人民共和国民事诉讼法》第四十四条规定情形之一的,应当自行回避,当事人有权申请他们回避。

前款规定,适用于书记员、翻译人员、鉴定人、勘验人等。

第十三条 检察人员自行回避的,可以口头或者书面方式提出,并说明理由。口头提出申请的,应当记录在卷。

第十四条 当事人申请回避,应当在人民检察院作出提出抗诉或者检察建议等决定前以口头或者书面方式提出,并说明理由。口头提出申请的,应当记录在卷。根据《中华人民共和国民事诉讼法》第四十四条第二款规定提出回避申请的,应当提供相关证据。

被申请回避的人员在人民检察院作出是否回避的决定前,应当暂停参与本案工作,但案件需要采取紧急措施的除外。

第十五条 检察人员有应当回避的情形,没有自行回避,当事人也没有申请其回避的,由检察长或者检察委员会决定其回避。

第十六条 检察长的回避,由检察委员会讨论决定;检察人员和其他人员的回避,由检察长决定。检察委员会讨论检察长回避问题时,由副检察长主持，检察长不得参加。

第十七条 人民检察院对当事人提出的回避申请，应当在三日内作出决定，并通知申请人。申请人对决定不服的，可以在接到决定时向原决定机关申请复议一次。人民检察院应当在三日内作出复议决定，并通知复议申请人。复议期间，被申请回避的人员不停止参与本案工作。

第三章 受 理

第十八条 民事诉讼监督案件的来源包括：
（一）当事人向人民检察院申请监督；
（二）当事人以外的自然人、法人和非法人组织向人民检察院控告；
（三）人民检察院在履行职责中发现。

第十九条 有下列情形之一的，当事人可以向人民检察院申请监督：
（一）已经发生法律效力的民事判决、裁定、调解书符合《中华人民共和国民事诉讼法》第二百零九条第一款规定的；
（二）认为民事审判程序中审判人员存在违法行为的；
（三）认为民事执行活动存在违法情形的。

第二十条 当事人依照本规则第十九条第一项规定向人民检察院申请监督，应当在人民法院作出驳回再审申请裁定或者再审判决、裁定发生法律效力之日起两年内提出。

本条规定的期间为不变期间，不适用中止、中断、延长的规定。

人民检察院依职权启动监督程序的案件，不受本条第一款规定期限的限制。

第二十一条 当事人向人民检察院申请监督，应当提交监督申请书、身份证明、相关法律文书及证据材料。提交证据材料的，应当附证据清单。

申请监督材料不齐备的，人民检察院应当要求申请人限期补齐，并一次性明确告知应补齐的全部材料。申请人逾期未补齐的，视为撤回监督申请。

第二十二条 本规则第二十一条规定的监督申请书应当记明下列事项：
（一）申请人的姓名、性别、年龄、民族、职业、工作单位、住所、有效联系方式，法人或者非法人组织的名称、住所和法定代表人或者主要负责人的姓名、职务、有效联系方式；
（二）其他当事人的姓名、性别、工作单位、住所、有效联系方式等信息，法人或者非法人组织的名称、住所、负责人、有效联系方式等信息；

（三）申请监督请求；

（四）申请监督的具体法定情形及事实、理由。

申请人应当按照其他当事人的人数提交监督申请书副本。

第二十三条 本规则第二十一条规定的身份证明包括：

（一）自然人的居民身份证、军官证、士兵证、护照等能够证明本人身份的有效证件；

（二）法人或者非法人组织的统一社会信用代码证书或者营业执照副本、组织机构代码证书和法定代表人或者主要负责人的身份证明等有效证照。

对当事人提交的身份证明，人民检察院经核对无误留存复印件。

第二十四条 本规则第二十一条规定的相关法律文书是指人民法院在该案件诉讼过程中作出的全部判决书、裁定书、决定书、调解书等法律文书。

第二十五条 当事人申请监督，可以依照《中华人民共和国民事诉讼法》的规定委托诉讼代理人。

第二十六条 当事人申请监督符合下列条件的，人民检察院应当受理：

（一）符合本规则第十九条的规定；

（二）申请人提供的材料符合本规则第二十一条至第二十四条的规定；

（三）属于本院受理案件范围；

（四）不具有本规则规定的不予受理情形。

第二十七条 当事人根据《中华人民共和国民事诉讼法》第二百零九条第一款的规定向人民检察院申请监督，有下列情形之一的，人民检察院不予受理：

（一）当事人未向人民法院申请再审的；

（二）当事人申请再审超过法律规定的期限的，但不可归责于其自身原因的除外；

（三）人民法院在法定期限内正在对民事再审申请进行审查的；

（四）人民法院已经裁定再审且尚未审结的；

（五）判决、调解解除婚姻关系的，但对财产分割部分不服的除外；

（六）人民检察院已经审查终结作出决定的；

（七）民事判决、裁定、调解书是人民法院根据人民检察院的抗诉或者再审检察建议再审后作出的；

（八）申请监督超过本规则第二十条规定的期限的；

（九）其他不应受理的情形。

第二十八条 当事人认为民事审判程序或者执行活动存在违法情形，向

人民检察院申请监督,有下列情形之一的,人民检察院不予受理:

(一)法律规定可以提出异议、申请复议或者提起诉讼,当事人没有提出异议、申请复议或者提起诉讼的,但有正当理由的除外;

(二)当事人提出异议、申请复议或者提起诉讼后,人民法院已经受理并正在审查处理的,但超过法定期限未作出处理的除外;

(三)其他不应受理的情形。

当事人对审判、执行人员违法行为申请监督的,不受前款规定的限制。

第二十九条 当事人根据《中华人民共和国民事诉讼法》第二百零九条第一款的规定向人民检察院申请检察建议或者抗诉,由作出生效民事判决、裁定、调解书的人民法院所在地同级人民检察院负责控告申诉检察的部门受理。

人民法院裁定驳回再审申请或者逾期未对再审申请作出裁定,当事人向人民检察院申请监督的,由作出原生效民事判决、裁定、调解书的人民法院所在地同级人民检察院受理。

第三十条 当事人认为民事审判程序中审判人员存在违法行为或者民事执行活动存在违法情形,向人民检察院申请监督的,由审理、执行案件的人民法院所在地同级人民检察院负责控告申诉检察的部门受理。

当事人不服上级人民法院作出的复议裁定、决定等,提出监督申请的,由上级人民法院所在地同级人民检察院受理。人民检察院受理后,可以根据需要依照本规则有关规定将案件交由原审理、执行案件的人民法院所在地同级人民检察院办理。

第三十一条 当事人认为人民检察院不依法受理其监督申请的,可以向上一级人民检察院申请监督。上一级人民检察院认为当事人监督申请符合受理条件的,应当指令下一级人民检察院受理,必要时也可以直接受理。

第三十二条 人民检察院负责控告申诉检察的部门对监督申请,应当根据以下情形作出处理:

(一)符合受理条件的,应当依照本规则规定作出受理决定;

(二)不属于本院受理案件范围的,应当告知申请人向有关人民检察院申请监督;

(三)不属于人民检察院主管范围的,应当告知申请人向有关机关反映;

(四)不符合受理条件,且申请人不撤回监督申请的,可以决定不予受理。

第三十三条 负责控告申诉检察的部门应当在决定受理之日起三日内制

《人民检察院行政诉讼监督规则》理解与适用

作《受理通知书》,发送申请人,并告知其权利义务;同时将《受理通知书》和监督申请书副本发送其他当事人,并告知其权利义务。其他当事人可以在收到监督申请书副本之日起十五日内提出书面意见,不提出意见的不影响人民检察院对案件的审查。

第三十四条 负责控告申诉检察的部门应当在决定受理之日起三日内将案件材料移送本院负责民事检察的部门,同时将《受理通知书》抄送本院负责案件管理的部门。负责控告申诉检察的部门收到其他当事人提交的书面意见等材料,应当及时移送负责民事检察的部门。

第三十五条 当事人以外的自然人、法人和非法人组织认为人民法院民事审判程序中审判人员存在违法行为或者民事执行活动存在违法情形等,可以向同级人民检察院控告。控告由人民检察院负责控告申诉检察的部门受理。

负责控告申诉检察的部门对收到的控告,应当依据《人民检察院信访工作规定》等办理。

第三十六条 负责控告申诉检察的部门可以依据《人民检察院信访工作规定》,向下级人民检察院交办涉及民事诉讼监督的信访案件。

第三十七条 人民检察院在履行职责中发现民事案件有下列情形之一的,应当依职权启动监督程序:

(一)损害国家利益或者社会公共利益的;

(二)审判、执行人员有贪污受贿,徇私舞弊,枉法裁判等违法行为的;

(三)当事人存在虚假诉讼等妨害司法秩序行为的;

(四)人民法院作出的已经发生法律效力的民事公益诉讼判决、裁定、调解书确有错误,审判程序中审判人员存在违法行为,或者执行活动存在违法情形的;

(五)依照有关规定需要人民检察院跟进监督的;

(六)具有重大社会影响等确有必要进行监督的情形。

人民检察院对民事案件依职权启动监督程序,不受当事人是否申请再审的限制。

第三十八条 下级人民检察院提请抗诉、提请其他监督等案件,由上一级人民检察院负责案件管理的部门受理。

依职权启动监督程序的民事诉讼监督案件,负责民事检察的部门应当到负责案件管理的部门登记受理。

第三十九条 负责案件管理的部门接收案件材料后,应当在三日内登记并将案件材料和案件登记表移送负责民事检察的部门;案件材料不符合规定的,应当要求补齐。

负责案件管理的部门登记受理后,需要通知当事人的,负责民事检察的部门应当制作《受理通知书》,并在三日内发送当事人。

第四章 审 查

第一节 一般规定

第四十条 受理后的民事诉讼监督案件由负责民事检察的部门进行审查。

第四十一条 上级人民检察院认为确有必要的,可以办理下级人民检察院受理的民事诉讼监督案件。

下级人民检察院对受理的民事诉讼监督案件,认为需要由上级人民检察院办理的,可以报请上级人民检察院办理。

第四十二条 上级人民检察院可以将受理的民事诉讼监督案件交由下级人民检察院办理,并限定办理期限。交办的案件应当制作《交办通知书》,并将有关材料移送下级人民检察院。下级人民检察院应当依法办理,不得将案件再行交办。除本规则第一百零七条规定外,下级人民检察院应当在规定期限内提出处理意见并报送上级人民检察院,上级人民检察院应当在法定期限内作出决定。

交办案件需要通知当事人的,应当制作《通知书》,并发送当事人。

第四十三条 人民检察院审查民事诉讼监督案件,应当围绕申请人的申请监督请求、争议焦点以及本规则第三十七条规定的情形,对人民法院民事诉讼活动是否合法进行全面审查。其他当事人在人民检察院作出决定前也申请监督的,应当将其列为申请人,对其申请监督请求一并审查。

第四十四条 申请人或者其他当事人对提出的主张,应当提供证据材料。人民检察院收到当事人提交的证据材料,应当出具收据。

第四十五条 人民检察院应当告知当事人有申请回避的权利,并告知办理案件的检察人员、书记员等的姓名、法律职务。

第四十六条 人民检察院审查案件,应当通过适当方式听取当事人意见,必要时可以听证或者调查核实有关情况,也可以依照有关规定组织专家咨询论证。

第四十七条 人民检察院审查案件,可以依照有关规定调阅人民法院的诉讼卷宗。

通过拷贝电子卷、查阅、复制、摘录等方式能够满足办案需要的，可以不调阅诉讼卷宗。

人民检察院认为确有必要，可以依照有关规定调阅人民法院的诉讼卷宗副卷，并采取严格保密措施。

第四十八条 承办检察官审查终结后，应当制作审查终结报告。审查终结报告应当全面、客观、公正地叙述案件事实，依据法律提出处理建议或者意见。

承办检察官通过审查监督申请书等材料即可以认定案件事实的，可以直接制作审查终结报告，提出处理建议或者意见。

第四十九条 承办检察官办理案件过程中，可以提请部门负责人召集检察官联席会议讨论。检察长、部门负责人在审核或者决定案件时，也可以召集检察官联席会议讨论。

检察官联席会议讨论情况和意见应当如实记录，由参加会议的检察官签名后附卷保存。部门负责人或者承办检察官不同意检察官联席会议多数人意见，部门负责人应当报请检察长决定。

检察长认为必要的，可以提请检察委员会讨论决定。检察长、检察委员会对案件作出的决定，承办检察官应当执行。

第五十条 人民检察院对审查终结的案件，应当区分情况作出下列决定：

（一）提出再审检察建议；

（二）提请抗诉或者提请其他监督；

（三）提出抗诉；

（四）提出检察建议；

（五）终结审查；

（六）不支持监督申请；

（七）复查维持。

负责控告申诉检察的部门受理的案件，负责民事检察的部门应当将案件办理结果告知负责控告申诉检察的部门。

第五十一条 人民检察院在办理民事诉讼监督案件过程中，当事人有和解意愿的，可以引导当事人自行和解。

第五十二条 人民检察院受理当事人申请对人民法院已经发生法律效力的民事判决、裁定、调解书监督的案件，应当在三个月内审查终结并作出决定，但调卷、鉴定、评估、审计、专家咨询等期间不计入审查期限。

对民事审判程序中审判人员违法行为监督案件和对民事执行活动监督案

件的审查期限，参照前款规定执行。

第五十三条 人民检察院办理民事诉讼监督案件，可以依照有关规定指派司法警察协助承办检察官履行调查核实、听证等职责。

第二节 听 证

第五十四条 人民检察院审查民事诉讼监督案件，认为确有必要的，可以组织有关当事人听证。

人民检察院审查民事诉讼监督案件，可以邀请与案件没有利害关系的人大代表、政协委员、人民监督员、特约检察员、专家咨询委员、人民调解员或者当事人所在单位、居住地的居民委员会、村民委员会成员以及专家、学者等其他社会人士参加公开听证，但该民事案件涉及国家秘密、个人隐私或者法律另有规定不得公开的除外。

第五十五条 人民检察院组织听证，由承办检察官主持，书记员负责记录。

听证一般在人民检察院专门听证场所内进行。

第五十六条 人民检察院组织听证，应当在听证三日前告知听证会参加人案由、听证时间和地点。

第五十七条 参加听证的当事人和其他相关人员应当按时参加听证，当事人无正当理由缺席或者未经许可中途退席的，不影响听证程序的进行。

第五十八条 听证应当围绕民事诉讼监督案件中的事实认定和法律适用等问题进行。

对当事人提交的证据材料和人民检察院调查取得的证据，应当充分听取各方当事人的意见。

第五十九条 听证会一般按照下列步骤进行：

（一）承办案件的检察官介绍案件情况和需要听证的问题；

（二）当事人及其他参加人就需要听证的问题分别说明情况；

（三）听证员向当事人或者其他参加人提问；

（四）主持人宣布休会，听证员就听证事项进行讨论；

（五）主持人宣布复会，根据案件情况，可以由听证员或者听证员代表发表意见；

（六）当事人发表最后陈述意见；

（七）主持人对听证会进行总结。

第六十条 听证应当制作笔录，经当事人校阅后，由当事人签名或者盖章。拒绝签名盖章的，应当记明情况。

第六十一条 参加听证的人员应当服从听证主持人指挥。

对违反听证秩序的，人民检察院可以予以批评教育，责令退出听证场所；对哄闹、冲击听证场所，侮辱、诽谤、威胁、殴打检察人员等严重扰乱听证秩序的，依法追究相应法律责任。

第三节 调查核实

第六十二条 人民检察院因履行法律监督职责的需要，有下列情形之一的，可以向当事人或者案外人调查核实有关情况：

（一）民事判决、裁定、调解书可能存在法律规定需要监督的情形，仅通过阅卷及审查现有材料难以认定的；

（二）民事审判程序中审判人员可能存在违法行为的；

（三）民事执行活动可能存在违法情形的；

（四）其他需要调查核实的情形。

第六十三条 人民检察院可以采取以下调查核实措施：

（一）查询、调取、复制相关证据材料；

（二）询问当事人或者案外人；

（三）咨询专业人员、相关部门或者行业协会等对专门问题的意见；

（四）委托鉴定、评估、审计；

（五）勘验物证、现场；

（六）查明案件事实所需要采取的其他措施。

人民检察院调查核实，不得采取限制人身自由和查封、扣押、冻结财产等强制性措施。

第六十四条 有下列情形之一的，人民检察院可以向银行业金融机构查询、调取、复制相关证据材料：

（一）可能损害国家利益、社会公共利益的；

（二）审判、执行人员可能存在违法行为的；

（三）涉及《中华人民共和国民事诉讼法》第五十五条规定诉讼的；

（四）当事人有伪造证据、恶意串通损害他人合法权益可能的。

人民检察院可以依照有关规定指派具备相应资格的检察技术人员对民事诉讼监督案件中的鉴定意见等技术性证据进行专门审查，并出具审查意见。

第六十五条 人民检察院可以就专门性问题书面或者口头咨询有关专业人员、相关部门或者行业协会的意见。口头咨询的，应当制作笔录，由接受咨询的专业人员签名或者盖章。拒绝签名盖章的，应当记明情况。

第六十六条 人民检察院对专门性问题认为需要鉴定、评估、审计的，可以委托具备资格的机构进行鉴定、评估、审计。

在诉讼过程中已经进行过鉴定、评估、审计的，一般不再委托鉴定、评估、审计。

第六十七条 人民检察院认为确有必要的，可以勘验物证或者现场。勘验人应当出示人民检察院的证件，并邀请当地基层组织或者当事人所在单位派人参加。当事人或者当事人的成年家属应当到场，拒不到场的，不影响勘验的进行。

勘验人应当将勘验情况和结果制作笔录，由勘验人、当事人和被邀参加人签名或者盖章。

第六十八条 需要调查核实的，由承办检察官在职权范围内决定，或者报检察长决定。

第六十九条 人民检察院调查核实，应当由二人以上共同进行。

调查笔录经被调查人校阅后，由调查人、被调查人签名或者盖章。被调查人拒绝签名盖章的，应当记明情况。

第七十条 人民检察院可以指令下级人民检察院或者委托外地人民检察院调查核实。

人民检察院指令调查或者委托调查的，应当发送《指令调查通知书》或者《委托调查函》，载明调查核实事项、证据线索及要求。受指令或者受委托人民检察院收到《指令调查通知书》或者《委托调查函》后，应当在十五日内完成调查核实工作并书面回复。因客观原因不能完成调查的，应当在上述期限内书面回复指令或者委托的人民检察院。

人民检察院到外地调查的，当地人民检察院应当配合。

第七十一条 人民检察院调查核实，有关单位和个人应当配合。拒绝或者妨碍人民检察院调查核实的，人民检察院可以向有关单位或者其上级主管部门提出检察建议，责令纠正；涉嫌违纪违法犯罪的，依照规定移送有关机关处理。

第四节 中止审查和终结审查

第七十二条 有下列情形之一的，人民检察院可以中止审查：

（一）申请监督的自然人死亡，需要等待继承人表明是否继续申请监督的；

《人民检察院行政诉讼监督规则》理解与适用

（二）申请监督的法人或者非法人组织终止，尚未确定权利义务承受人的；

（三）本案必须以另一案的处理结果为依据，而另一案尚未审结的；

（四）其他可以中止审查的情形。

中止审查的，应当制作《中止审查决定书》，并发送当事人。中止审查的原因消除后，应当及时恢复审查。

第七十三条 有下列情形之一的，人民检察院应当终结审查：

（一）人民法院已经裁定再审或者已经纠正违法行为的；

（二）申请人撤回监督申请，且不损害国家利益、社会公共利益或者他人合法权益的；

（三）申请人在与其他当事人达成的和解协议中声明放弃申请监督权利，且不损害国家利益、社会公共利益或者他人合法权益的；

（四）申请监督的自然人死亡，没有继承人或者继承人放弃申请，且没有发现其他应当监督的违法情形的；

（五）申请监督的法人或者非法人组织终止，没有权利义务承受人或者权利义务承受人放弃申请，且没有发现其他应当监督的违法情形的；

（六）发现已经受理的案件不符合受理条件的；

（七）人民检察院依职权启动监督程序的案件，经审查不需要采取监督措施的；

（八）其他应当终结审查的情形。

终结审查的，应当制作《终结审查决定书》，需要通知当事人的，发送当事人。

第五章 对生效判决、裁定、调解书的监督

第一节 一般规定

第七十四条 人民检察院发现人民法院已经发生法律效力的民事判决、裁定有《中华人民共和国民事诉讼法》第二百条规定情形之一的，依法向人民法院提出再审检察建议或者抗诉。

第七十五条 人民检察院发现民事调解书损害国家利益、社会公共利益的，依法向人民法院提出再审检察建议或者抗诉。

人民检察院对当事人通过虚假诉讼获得的民事调解书应当依照前款规定

监督。

第七十六条 当事人因故意或者重大过失逾期提供的证据，人民检察院不予采纳。但该证据与案件基本事实有关并且能够证明原判决、裁定确有错误的，应当认定为《中华人民共和国民事诉讼法》第二百条第一项规定的情形。

人民检察院依照本规则第六十三条、第六十四条规定调查取得的证据，与案件基本事实有关并且能够证明原判决、裁定确有错误的，应当认定为《中华人民共和国民事诉讼法》第二百条第一项规定的情形。

第七十七条 有下列情形之一的，应当认定为《中华人民共和国民事诉讼法》第二百条第二项规定的"认定的基本事实缺乏证据证明"：

（一）认定的基本事实没有证据支持，或者认定的基本事实所依据的证据虚假、缺乏证明力的；

（二）认定的基本事实所依据的证据不合法的；

（三）对基本事实的认定违反逻辑推理或者日常生活法则的；

（四）认定的基本事实缺乏证据证明的其他情形。

第七十八条 有下列情形之一，导致原判决、裁定结果错误的，应当认定为《中华人民共和国民事诉讼法》第二百条第六项规定的"适用法律确有错误"：

（一）适用的法律与案件性质明显不符的；

（二）确定民事责任明显违背当事人约定或者法律规定的；

（三）适用已经失效或者尚未施行的法律的；

（四）违反法律溯及力规定的；

（五）违反法律适用规则的；

（六）明显违背立法原意的；

（七）适用法律错误的其他情形。

第七十九条 有下列情形之一的，应当认定为《中华人民共和国民事诉讼法》第二百条第七项规定的"审判组织的组成不合法"：

（一）应当组成合议庭审理的案件独任审判的；

（二）人民陪审员参与第二审案件审理的；

（三）再审、发回重审的案件没有另行组成合议庭的；

（四）审理案件的人员不具有审判资格的；

（五）审判组织或者人员不合法的其他情形。

第八十条 有下列情形之一的，应当认定为《中华人民共和国民事诉讼法》第二百条第九项规定的"违反法律规定，剥夺当事人辩论权利"：

（一）不允许或者严重限制当事人行使辩论权利的；

（二）应当开庭审理而未开庭审理的；

（三）违反法律规定送达起诉状副本或者上诉状副本，致使当事人无法行使辩论权利的；

（四）违法剥夺当事人辩论权利的其他情形。

第二节 再审检察建议和提请抗诉

第八十一条 地方各级人民检察院发现同级人民法院已经发生法律效力的民事判决、裁定有下列情形之一的，可以向同级人民法院提出再审检察建议：

（一）有新的证据，足以推翻原判决、裁定的；

（二）原判决、裁定认定的基本事实缺乏证据证明的；

（三）原判决、裁定认定事实的主要证据是伪造的；

（四）原判决、裁定认定事实的主要证据未经质证的；

（五）对审理案件需要的主要证据，当事人因客观原因不能自行收集，书面申请人民法院调查收集，人民法院未调查收集的；

（六）审判组织的组成不合法或者依法应当回避的审判人员没有回避的；

（七）无诉讼行为能力人未经法定代理人代为诉讼或者应当参加诉讼的当事人，因不能归责于本人或者其诉讼代理人的事由，未参加诉讼的；

（八）违反法律规定，剥夺当事人辩论权利的；

（九）未经传票传唤，缺席判决的；

（十）原判决、裁定遗漏或者超出诉讼请求的；

（十一）据以作出原判决、裁定的法律文书被撤销或者变更的。

第八十二条 符合本规则第八十一条规定的案件有下列情形之一的，地方各级人民检察院一般应当提请上一级人民检察院抗诉：

（一）判决、裁定是经同级人民法院再审后作出的；

（二）判决、裁定是经同级人民法院审判委员会讨论作出的。

第八十三条 地方各级人民检察院发现同级人民法院已经发生法律效力的民事判决、裁定有下列情形之一的，一般应当提请上一级人民检察院抗诉：

（一）原判决、裁定适用法律确有错误的；

（二）审判人员在审理该案件时有贪污受贿，徇私舞弊，枉法裁判行为的。

第八十四条 符合本规则第八十二条、第八十三条规定的案件,适宜由同级人民法院再审纠正的,地方各级人民检察院可以向同级人民法院提出再审检察建议。

第八十五条 地方各级人民检察院发现民事调解书损害国家利益、社会公共利益的,可以向同级人民法院提出再审检察建议,也可以提请上一级人民检察院抗诉。

第八十六条 对人民法院已经采纳再审检察建议进行再审的案件,提出再审检察建议的人民检察院一般不得再向上级人民检察院提请抗诉。

第八十七条 人民检察院提出再审检察建议,应当制作《再审检察建议书》,在决定提出再审检察建议之日起十五日内将《再审检察建议书》连同案件卷宗移送同级人民法院,并制作决定提出再审检察建议的《通知书》,发送当事人。

人民检察院提出再审检察建议,应当经本院检察委员会决定,并将《再审检察建议书》报上一级人民检察院备案。

第八十八条 人民检察院提请抗诉,应当制作《提请抗诉报告书》,在决定提请抗诉之日起十五日内将《提请抗诉报告书》连同案件卷宗报送上一级人民检察院,并制作决定提请抗诉的《通知书》,发送当事人。

第八十九条 人民检察院认为当事人的监督申请不符合提出再审检察建议或者提请抗诉条件的,应当作出不支持监督申请的决定,并在决定之日起十五日内制作《不支持监督申请决定书》,发送当事人。

第三节 抗 诉

第九十条 最高人民检察院对各级人民法院已经发生法律效力的民事判决、裁定、调解书,上级人民检察院对下级人民法院已经发生法律效力的民事判决、裁定、调解书,发现有《中华人民共和国民事诉讼法》第二百条、第二百零八条规定情形的,应当向同级人民法院提出抗诉。

第九十一条 人民检察院提出抗诉的案件,接受抗诉的人民法院将案件交下一级人民法院再审,下一级人民法院审理后作出的再审判决、裁定仍有明显错误的,原提出抗诉的人民检察院可以依职权再次提出抗诉。

第九十二条 人民检察院提出抗诉,应当制作《抗诉书》,在决定抗诉之日起十五日内将《抗诉书》连同案件卷宗移送同级人民法院,并由接受抗诉的人民法院向当事人送达再审裁定时一并送达《抗诉书》。

人民检察院应当制作决定抗诉的《通知书》,发送当事人。上级人民检察院可以委托提请抗诉的人民检察院将决定抗诉的《通知书》发送当事人。

第九十三条 人民检察院认为当事人的监督申请不符合抗诉条件的，应当作出不支持监督申请的决定，并在决定之日起十五日内制作《不支持监督申请决定书》，发送当事人。上级人民检察院可以委托提请抗诉的人民检察院将《不支持监督申请决定书》发送当事人。

第四节 出 庭

第九十四条 人民检察院提出抗诉的案件，人民法院再审时，人民检察院应当派员出席法庭。

必要时，人民检察院可以协调人民法院安排人民监督员旁听。

第九十五条 接受抗诉的人民法院将抗诉案件交下级人民法院再审的，提出抗诉的人民检察院可以指令再审人民法院的同级人民检察院派员出庭。

第九十六条 检察人员出席再审法庭的任务是：

（一）宣读抗诉书；

（二）对人民检察院调查取得的证据予以出示和说明；

（三）庭审结束时，经审判长许可，可以发表法律监督意见；

（四）对法庭审理中违反诉讼程序的情况予以记录。

检察人员发现庭审活动违法的，应当待休庭或者庭审结束之后，以人民检察院的名义提出检察建议。

出庭检察人员应当全程参加庭审。

第九十七条 当事人或者其他参加庭审人员在庭审中对检察机关或者出庭检察人员有侮辱、诽谤、威胁等不当言论或者行为的，出庭检察人员应当建议法庭即时予以制止；情节严重的，应当建议法庭依照规定予以处理，并在庭审结束后向检察长报告。

第六章 对审判程序中审判人员违法行为的监督

第九十八条 《中华人民共和国民事诉讼法》第二百零八条第三款规定的审判程序包括：

（一）第一审普通程序；

（二）简易程序；

（三）第二审程序；

（四）特别程序；

（五）审判监督程序；

（六）督促程序；

（七）公示催告程序；

（八）海事诉讼特别程序；

（九）破产程序。

第九十九条 《中华人民共和国民事诉讼法》第二百零八条第三款的规定适用于法官、人民陪审员、法官助理、书记员。

第一百条 人民检察院发现同级人民法院民事审判程序中有下列情形之一的，应当向同级人民法院提出检察建议：

（一）判决、裁定确有错误，但不适用再审程序纠正的；

（二）调解违反自愿原则或者调解协议的内容违反法律的；

（三）符合法律规定的起诉和受理条件，应当立案而不立案的；

（四）审理案件适用审判程序错误的；

（五）保全和先予执行违反法律规定的；

（六）支付令违反法律规定的；

（七）诉讼中止或者诉讼终结违反法律规定的；

（八）违反法定审理期限的；

（九）对当事人采取罚款、拘留等妨害民事诉讼的强制措施违反法律规定的；

（十）违反法律规定送达的；

（十一）其他违反法律规定的情形。

第一百零一条 人民检察院发现同级人民法院民事审判程序中审判人员有《中华人民共和国法官法》第四十六条等规定的违法行为且可能影响案件公正审判、执行的，应当向同级人民法院提出检察建议。

第一百零二条 人民检察院依照本章规定提出检察建议的，应当制作《检察建议书》，在决定提出检察建议之日起十五日内将《检察建议书》连同案件卷宗移送同级人民法院，并制作决定提出检察建议的《通知书》，发送申请人。

第一百零三条 人民检察院认为当事人申请监督的审判程序中审判人员违法行为认定依据不足的，应当作出不支持监督申请的决定，并在决定之日起十五日内制作《不支持监督申请决定书》，发送申请人。

第七章　对执行活动的监督

第一百零四条　人民检察院对人民法院执行生效民事判决、裁定、调解书、支付令、仲裁裁决以及公证债权文书等法律文书的活动实行法律监督。

第一百零五条　人民检察院认为人民法院在执行活动中可能存在怠于履行职责情形的，可以依照有关规定向人民法院发出《说明案件执行情况通知书》，要求说明案件的执行情况及理由。

第一百零六条　人民检察院发现人民法院在执行活动中有下列情形之一的，应当向同级人民法院提出检察建议：

（一）决定是否受理、执行管辖权的移转以及审查和处理执行异议、复议、申诉等执行审查活动存在违法、错误情形的；

（二）实施财产调查、控制、处分、交付和分配以及罚款、拘留、信用惩戒措施等执行实施活动存在违法、错误情形的；

（三）存在消极执行、拖延执行等情形的；

（四）其他执行违法、错误情形。

第一百零七条　人民检察院依照本规则第三十条第二款规定受理后交办的案件，下级人民检察院经审查认为人民法院作出的执行复议裁定、决定等存在违法、错误情形的，应当提请上级人民检察院监督；认为人民法院作出的执行复议裁定、决定等正确的，应当作出不支持监督申请的决定。

第一百零八条　人民检察院对执行活动提出检察建议的，应当经检察长或者检察委员会决定，制作《检察建议书》，在决定之日起十五日内将《检察建议书》连同案件卷宗移送同级人民法院，并制作决定提出检察建议的《通知书》，发送当事人。

第一百零九条　人民检察院认为当事人申请监督的人民法院执行活动不存在违法情形的，应当作出不支持监督申请的决定，并在决定之日起十五日内制作《不支持监督申请决定书》，发送申请人。

第一百一十条　人民检察院发现同级人民法院执行活动中执行人员存在违法行为的，参照本规则第六章有关规定执行。

第八章　案件管理

第一百一十一条　人民检察院负责案件管理的部门对民事诉讼监督案件

的受理、期限、程序、质量等进行管理、监督、预警。

第一百一十二条 负责案件管理的部门发现本院办案活动有下列情形之一的，应当及时提出纠正意见：

（一）法律文书制作、使用不符合法律和有关规定的；

（二）违反办案期限有关规定的；

（三）侵害当事人、诉讼代理人诉讼权利的；

（四）未依法对民事审判活动以及执行活动中的违法行为履行法律监督职责的；

（五）其他应当提出纠正意见的情形。

情节轻微的，可以口头提示；情节较重的，应当发送《案件流程监控通知书》，提示办案部门及时查明情况并予以纠正；情节严重的，应当同时向检察长报告。

办案部门收到《案件流程监控通知书》后，应当在十日内将核查情况书面回复负责案件管理的部门。

第一百一十三条 负责案件管理的部门对以本院名义制发民事诉讼监督法律文书实施监督管理。

第一百一十四条 人民检察院办理的民事诉讼监督案件，办结后需要向其他单位移送案卷材料的，统一由负责案件管理的部门审核移送材料是否规范、齐备。负责案件管理的部门认为材料规范、齐备，符合移送条件的，应当立即由办案部门按照规定移送；认为材料不符合要求的，应当及时通知办案部门补送、更正。

第一百一十五条 人民法院向人民检察院送达的民事判决书、裁定书或者调解书等法律文书，由负责案件管理的部门负责接收，并即时登记移送负责民事检察的部门。

第一百一十六条 人民检察院在办理民事诉讼监督案件过程中，当事人及其诉讼代理人提出有关申请、要求或者提交有关书面材料的，由负责案件管理的部门负责接收，需要出具相关手续的，负责案件管理的部门应当出具。负责案件管理的部门接收材料后应当及时移送负责民事检察的部门。

第九章 其他规定

第一百一十七条 人民检察院发现人民法院在多起同一类型民事案件中有下列情形之一的，可以提出检察建议：

（一）同类问题适用法律不一致的；
（二）适用法律存在同类错误的；
（三）其他同类违法行为。

人民检察院发现有关单位的工作制度、管理方法、工作程序违法或者不当，需要改正、改进的，可以提出检察建议。

第一百一十八条 申请人向人民检察院提交的新证据是伪造的，或者对案件重要事实作虚假陈述的，人民检察院应当予以批评教育，并可以终结审查，但确有必要进行监督的除外；涉嫌违纪违法犯罪的，依照规定移送有关机关处理。

其他当事人有前款规定情形的，人民检察院应当予以批评教育；涉嫌违纪违法犯罪的，依照规定移送有关机关处理。

第一百一十九条 人民检察院发现人民法院审查和处理当事人申请执行、撤销仲裁裁决或者申请执行公证债权文书存在违法、错误情形的，参照本规则第六章、第七章有关规定执行。

第一百二十条 负责民事检察的部门在履行职责过程中，发现涉嫌违纪违法犯罪以及需要追究司法责任的行为，应当报检察长决定，及时将相关线索及材料移送有管辖权的机关或者部门。

人民检察院其他职能部门在履行职责中发现符合本规则规定的应当依职权启动监督程序的民事诉讼监督案件线索，应当及时向负责民事检察的部门通报。

第一百二十一条 人民检察院发现作出的相关决定确有错误需要纠正或者有其他情形需要撤回的，应当经本院检察长或者检察委员会决定。

第一百二十二条 人民法院对人民检察院监督行为提出建议的，人民检察院应当在一个月内将处理结果书面回复人民法院。人民法院对回复意见有异议，并通过上一级人民法院向上一级人民检察院提出的，上一级人民检察院认为人民法院建议正确，应当要求下级人民检察院及时纠正。

第一百二十三条 人民法院对民事诉讼监督案件作出再审判决、裁定或者其他处理决定后，提出监督意见的人民检察院应当对处理结果进行审查，并填写《民事诉讼监督案件处理结果审查登记表》。

第一百二十四条 有下列情形之一的，人民检察院可以按照有关规定再次监督或者提请上级人民检察院监督：

（一）人民法院审理民事抗诉案件作出的判决、裁定、调解书仍有明显错误的；

（二）人民法院对检察建议未在规定的期限内作出处理并书面回复的；

（三）人民法院对检察建议的处理结果错误的。

第一百二十五条　地方各级人民检察院对适用法律确属疑难、复杂，本院难以决断的重大民事诉讼监督案件，可以向上一级人民检察院请示。

请示案件依照最高人民检察院关于办理下级人民检察院请示件、下级人民检察院向最高人民检察院报送公文的相关规定办理。

第一百二十六条　当事人认为人民检察院对同级人民法院已经发生法律效力的民事判决、裁定、调解书作出的不支持监督申请决定存在明显错误的，可以在不支持监督申请决定作出之日起一年内向上一级人民检察院申请复查一次。负责控告申诉检察的部门经初核，发现可能有以下情形之一的，可以移送本院负责民事检察的部门审查处理：

（一）有新的证据，足以推翻原判决、裁定的；

（二）有证据证明原判决、裁定认定事实的主要证据是伪造的；

（三）据以作出原判决、裁定的法律文书被撤销或者变更的；

（四）有证据证明审判人员审理该案件时有贪污受贿，徇私舞弊，枉法裁判等行为的；

（五）有证据证明检察人员办理该案件时有贪污受贿，徇私舞弊，滥用职权等行为的；

（六）其他确有必要进行复查的。

负责民事检察的部门审查后，认为下一级人民检察院不支持监督申请决定错误，应当以人民检察院的名义予以撤销并依法提出抗诉；认为不存在错误，应当决定复查维持，并制作《复查决定书》，发送申请人。

上级人民检察院可以依职权复查下级人民检察院对同级人民法院已经发生法律效力的民事判决、裁定、调解书作出不支持监督申请决定的案件。

对复查案件的审查期限，参照本规则第五十二条第一款规定执行。

第一百二十七条　制作民事诉讼监督法律文书，应当符合规定的格式。

民事诉讼监督法律文书的格式另行制定。

第一百二十八条　人民检察院可以参照《中华人民共和国民事诉讼法》有关规定发送法律文书。

第一百二十九条　人民检察院发现制作的法律文书存在笔误的，应当作出《补正决定书》予以补正。

第一百三十条　人民检察院办理民事诉讼监督案件，应当按照规定建立民事诉讼监督案卷。

第一百三十一条 人民检察院办理民事诉讼监督案件,不收取案件受理费。申请复印、鉴定、审计、勘验等产生的费用由申请人直接支付给有关机构或者单位,人民检察院不得代收代付。

第十章 附 则

第一百三十二条 检察建议案件的办理,本规则未规定的,适用《人民检察院检察建议工作规定》。

第一百三十三条 民事公益诉讼监督案件的办理,适用本规则及有关公益诉讼检察司法解释的规定。

第一百三十四条 军事检察院等专门人民检察院对民事诉讼监督案件的办理,以及人民检察院对其他专门人民法院的民事诉讼监督案件的办理,适用本规则和其他有关规定。

第一百三十五条 本规则自2021年8月1日起施行,《人民检察院民事诉讼监督规则(试行)》同时废止。本院之前公布的其他规定与本规则内容不一致的,以本规则为准。

人民检察院检察建议工作规定

（2018年12月25日最高人民检察院第十三届检察委员会第十二次会议通过 2019年2月26日最高人民检察院公告公布 自公布之日起施行 高检发释字〔2019〕1号）

第一章 总 则

第一条 为了进一步加强和规范检察建议工作，确保检察建议的质量和效果，充分发挥检察建议的作用，根据《中华人民共和国人民检察院组织法》等法律规定，结合检察工作实际，制定本规定。

第二条 检察建议是人民检察院依法履行法律监督职责，参与社会治理，维护司法公正，促进依法行政，预防和减少违法犯罪，保护国家利益和社会公共利益，维护个人和组织合法权益，保障法律统一正确实施的重要方式。

第三条 人民检察院可以直接向本院所办理案件的涉案单位、本级有关主管机关以及其他有关单位提出检察建议。

需要向涉案单位以外的上级有关主管机关提出检察建议的，应当层报被建议单位的同级人民检察院决定并提出检察建议，或者由办理案件的人民检察院制作检察建议书后，报被建议单位的同级人民检察院审核并转送被建议单位。

需要向下级有关单位提出检察建议的，应当指令对应的下级人民检察院提出检察建议。

需要向异地有关单位提出检察建议的，应当征求被建议单位所在地同级人民检察院意见。被建议单位所在地同级人民检察院提出不同意见，办理案件的人民检察院坚持认为应当提出检察建议的，层报共同的上级人民检察院决定。

第四条 提出检察建议，应当立足检察职能，结合司法办案工作，坚持严格依法、准确及时、必要审慎、注重实效的原则。

第五条 检察建议主要包括以下类型：
（一）再审检察建议；
（二）纠正违法检察建议；
（三）公益诉讼检察建议；
（四）社会治理检察建议；
（五）其他检察建议。

第六条 检察建议应当由检察官办案组或者检察官办理。

第七条 制发检察建议应当在统一业务应用系统中进行，实行以院名义统一编号、统一签发、全程留痕、全程监督。

第二章 适用范围

第八条 人民检察院发现同级人民法院已经发生法律效力的判决、裁定具有法律规定的应当再审情形的，或者发现调解书损害国家利益、社会公共利益的，可以向同级人民法院提出再审检察建议。

第九条 人民检察院在履行对诉讼活动的法律监督职责中发现有关执法、司法机关具有下列情形之一的，可以向有关执法、司法机关提出纠正违法检察建议：

（一）人民法院审判人员在民事、行政审判活动中存在违法行为的；

（二）人民法院在执行生效民事、行政判决、裁定、决定或者调解书、支付令、仲裁裁决书、公证债权文书等法律文书过程中存在违法执行、不执行、怠于执行等行为，或者有其他重大隐患的；

（三）人民检察院办理行政诉讼监督案件或者执行监督案件，发现行政机关有违反法律规定、可能影响人民法院公正审理和执行的行为的；

（四）公安机关、人民法院、监狱、社区矫正机构、强制医疗执行机构等在刑事诉讼活动中或者执行人民法院生效刑事判决、裁定、决定等法律文书过程中存在普遍性、倾向性违法问题，或者有其他重大隐患，需要引起重视予以解决的；

（五）诉讼活动中其他需要以检察建议形式纠正违法的情形。

第十条 人民检察院在履行职责中发现生态环境和资源保护、食品药品安全、国有财产保护、国有土地使用权出让等领域负有监督管理职责的行政机关违法行使职权或者不作为，致使国家利益或者社会公共利益受到侵害，符合法律规定的公益诉讼条件的,应当按照公益诉讼案件办理程序向行政机关提出督促依法履职的检察建议。

第十一条 人民检察院在办理案件中发现社会治理工作存在下列情形之一的,可以向有关单位和部门提出改进工作、完善治理的检察建议:

(一)涉案单位在预防违法犯罪方面制度不健全、不落实,管理不完善,存在违法犯罪隐患,需要及时消除的;

(二)一定时期某类违法犯罪案件多发、频发,或者已发生的案件暴露出明显的管理监督漏洞,需要督促行业主管部门加强和改进管理监督工作的;

(三)涉及一定群体的民间纠纷问题突出,可能导致发生群体性事件或者恶性案件,需要督促相关部门完善风险预警防范措施,加强调解疏导工作的;

(四)相关单位或者部门不依法及时履行职责,致使个人或者组织合法权益受到损害或者存在损害危险,需要及时整改消除的;

(五)需要给予有关涉案人员、责任人员或者组织行政处罚、政务处分、行业惩戒,或者需要追究有关责任人员的司法责任的;

(六)其他需要提出检察建议的情形。

第十二条 对执法、司法机关在诉讼活动中的违法情形,以及需要对被不起诉人给予行政处罚、处分或者需要没收其违法所得,法律、司法解释和其他有关规范性文件明确规定应当发出纠正违法通知书、检察意见书的,依照相关规定执行。

第三章 调查办理和督促落实

第十三条 检察官在履行职责中发现有应当依照本规定提出检察建议情形的,应当报经检察长决定,对相关事项进行调查核实,做到事实清楚、准确。

第十四条 检察官可以采取以下措施进行调查核实:

(一)查询、调取、复制相关证据材料;

(二)向当事人、有关知情人员或者其他相关人员了解情况;

(三)听取被建议单位意见;

(四)咨询专业人员、相关部门或者行业协会等对专门问题的意见;

(五)委托鉴定、评估、审计;

(六)现场走访、查验;

(七)查明事实所需要采取的其他措施。

进行调查核实，不得采取限制人身自由和查封、扣押、冻结财产等强制性措施。

第十五条 检察官一般应当在检察长作出决定后两个月以内完成检察建议事项的调查核实。情况紧急的，应当及时办结。

检察官调查核实完毕，应当制作调查终结报告，写明调查过程和认定的事实与证据，提出处理意见。认为需要提出检察建议的，应当起草检察建议书，一并报送检察长，由检察长或者检察委员会讨论决定是否提出检察建议。

经调查核实，查明相关单位不存在需要纠正或者整改的违法事实或者重大隐患，决定不提出检察建议的，检察官应当将调查终结报告连同相关材料订卷存档。

第十六条 检察建议书要阐明相关的事实和依据，提出的建议应当符合法律、法规及其他有关规定，明确具体、说理充分、论证严谨、语言简洁、有操作性。

检察建议书一般包括以下内容：

（一）案件或者问题的来源；

（二）依法认定的案件事实或者经调查核实的事实及其证据；

（三）存在的违法情形或者应当消除的隐患；

（四）建议的具体内容及所依据的法律、法规和有关文件等的规定；

（五）被建议单位提出异议的期限；

（六）被建议单位书面回复落实情况的期限；

（七）其他需要说明的事项。

第十七条 检察官依据本规定第十一条的规定起草的检察建议书，报送检察长前，应当送本院负责法律政策研究的部门对检察建议的必要性、合法性、说理性等进行审核。

检察建议书正式发出前，可以征求被建议单位的意见。

第十八条 检察建议书应当以人民检察院的名义送达有关单位。送达检察建议书，可以书面送达，也可以现场宣告送达。

宣告送达检察建议书应当商被建议单位同意，可以在人民检察院、被建议单位或者其他适宜场所进行，由检察官向被建议单位负责人当面宣读检察建议书并进行示证、说理，听取被建议单位负责人意见。必要时，可以邀请人大代表、政协委员或者特约检察员、人民监督员等第三方人员参加。

第十九条 人民检察院提出检察建议，除另有规定外，应当要求被建议单位自收到检察建议书之日起两个月以内作出相应处理，并书面回复人民检察院。因情况紧急需要被建议单位尽快处理的，可以根据实际情况确定相应的回复期限。

第二十条　涉及事项社会影响大、群众关注度高、违法情形具有典型性、所涉问题应当引起有关部门重视的检察建议书，可以抄送同级党委、人大、政府、纪检监察机关或者被建议单位的上级机关、行政主管部门以及行业自律组织等。

第二十一条　发出的检察建议书，应当于五日内报上一级人民检察院对口业务部门和负责法律政策研究的部门备案。

第二十二条　检察长认为本院发出的检察建议书确有不当的，应当决定变更或者撤回，并及时通知有关单位，说明理由。

上级人民检察院认为下级人民检察院发出的检察建议书确有不当的，应当指令下级人民检察院变更或者撤回，并及时通知有关单位，说明理由。

第二十三条　被建议单位对检察建议提出异议的，检察官应当立即进行复核。经复核，异议成立的，应当报经检察长或者检察委员会讨论决定后，及时对检察建议书作出修改或者撤回检察建议书；异议不成立的，应当报经检察长同意后，向被建议单位说明理由。

第二十四条　人民检察院应当积极督促和支持配合被建议单位落实检察建议。督促落实工作由原承办检察官办理，可以采取询问、走访、不定期会商、召开联席会议等方式，并制作笔录或者工作记录。

第二十五条　被建议单位在规定期限内经督促无正当理由不予整改或者整改不到位的，经检察长决定，可以将相关情况报告上级人民检察院，通报被建议单位的上级机关、行政主管部门或者行业自律组织等，必要时可以报告同级党委、人大，通报同级政府、纪检监察机关。符合提起公益诉讼条件的，依法提起公益诉讼。

第四章　监督管理

第二十六条　各级人民检察院检察委员会应当定期对本院制发的检察建议的落实效果进行评估。

第二十七条　人民检察院案件管理部门负责检察建议的流程监控和分类统计，定期组织对检察建议进行质量评查，对检察建议工作情况进行综合分析。

第二十八条　人民检察院应当将制发检察建议的质量和效果纳入检察官

履职绩效考核。

第二十九条　上级人民检察院应当加强对下级人民检察院开展检察建议工作的指导，及时通报情况，帮助解决检察建议工作中的问题。

第五章　附　则

第三十条　法律、司法解释和其他有关规范性文件对再审检察建议、纠正违法检察建议和公益诉讼检察建议的办理有规定的，依照其规定办理；没有规定的，参照本规定办理。

第三十一条　本规定由最高人民检察院负责解释。

第三十二条　本规定自公布之日起施行，2009年印发的《人民检察院检察建议工作规定（试行）》同时废止。

最高人民检察院
关于做好《人民检察院行政诉讼监督规则》施行衔接工作的通知

2021年8月27日　　高检发办字〔2021〕61号

各省、自治区、直辖市人民检察院，解放军军事检察院，新疆生产建设兵团人民检察院：

《人民检察院行政诉讼监督规则》已经2021年4月8日最高人民检察院第十三届检察委员会第六十五次会议通过，自2021年9月1日起施行，《人民检察院行政诉讼监督规则（试行）》同时废止。为做好施行衔接工作，现将有关事项通知如下。

一、自2021年9月1日起，行政诉讼监督案件的受理、办理应当适用《人民检察院行政诉讼监督规则》。

二、《人民检察院行政诉讼监督规则》施行后，人民检察院在2021年9月1日前受理但尚未办结的行政诉讼监督案件，适用《人民检察院行政诉讼监督规则》继续办理；已经依照《人民检察院行政诉讼监督规则（试行）》完成的程序事项，仍然有效。

三、《人民检察院行政诉讼监督规则》第七条第二款新增规定，当事人不服人民法院生效行政赔偿判决、裁定、调解书的案件，由负责行政检察的部门办理，适用本规则规定。《人民检察院行政诉讼监督规则》施行后，人民检察院国家赔偿工作办公室在2021年9月1日前受理但尚未办结的行政赔偿监督案件，由国家赔偿工作办公室依照《人民检察院行政诉讼监督规则》继续办理。

四、《人民检察院行政诉讼监督规则》第二十九条第二款新增对不服上级人民法院复议裁定、决定的申请监督案件的受理规定。《人民检察院行政诉讼监督规则》施行后，人民检察院在2021年9月1日前受理但尚未办结的前述行政诉讼监督案件，原办理的下级人民检察院可以依照《人民检察院行政诉讼监督规则》第二十九条第二款、第四十二条第二款的规定移送上级人民检察院办理。审查期限自上级人民检察院收到案件之日起重新计算。上级人民检察院对下级人民检察院移送的案件不再交由下级人民检察院办理。

五、军事检察院等专门人民检察院受理、办理行政诉讼监督案件适用《人民检察院行政诉讼监督规则》，可以结合履行军事行政诉讼监督等职责实际，根据《人民检察院行政诉讼监督规则》精神制定有关规定，报最高人民检察院批准后施行。

六、《人民检察院行政诉讼监督规则》第三十六条第一款第四项规定，人民检察院在履行职责中发现人民检察院作出的不支持监督申请决定确有错误的，应当依职权监督。《人民检察院民事诉讼监督规则》第一百二十六条关于复查程序的规定不适用于行政诉讼监督案件的受理、办理。

七、《人民检察院行政诉讼监督规则》施行后，行政诉讼监督法律文书不再引用《人民检察院行政诉讼监督规则（试行）》和《人民检察院民事诉讼监督规则（试行）》条文。

各地执行中遇到的其他问题，请及时报告最高人民检察院。